10|18
12, avenue d'Italie — Paris XIIIe

MA VIE SECRÈTE

Traduit de l'anglais

Préface de G. Legman

10|18

« Domaine étranger »
dirigé par Jean-Claude Zylberstein

Si vous désirez être régulièrement tenu au courant
de nos publications, écrivez-nous :
Éditions 10/18
12, avenue d'Italie
75627 Paris Cedex 13

ISBN 2-264-02406-2

PRÉFACE

Le monde secret de la littérature érotique pose au bibliographe le plus difficile des problèmes, plus ardu encore que celui du recensement des incunables du XVe siècle ou des pamphlets religieux et politiques publiés sous le manteau. Tous ces textes s'abritent derrière un même anonymat, leur édition originale ne mentionnant ni le lieu ni la date de leur publication — ou en mentionnant de manifestement fantaisistes — et ne portant aucune indication qui permette d'identifier l'auteur, l'éditeur ou l'imprimeur. Il y a pourtant une différence : l'origine des premiers incunables et des écrits politiques ou religieux peut généralement être découverte par une analyse de leur typographie, ou parce que leurs auteurs ou éditeurs ont fini par sortir de l'ombre pour signer leurs dernières productions, parfois même revendiquer la paternité des premières. Les auteurs et éditeurs de littérature érotique, en revanche, ne se sont jamais démasqués, du moins dans le monde occidental, avant une date très récente. Seuls des démêlés accidentels avec la police et les tribunaux ont pu faire apparaître fugitivement leur identité. Depuis la naissance d'une littérature érotique en Occident, dans l'Italie des années 1530, avec les sonnets et les

contes paillards de l'Arétin, de Vignale et d'autres représentants de la même école, ses auteurs et éditeurs, constamment pourchassés, ont appris à se dissimuler.

Le seul atout dont dispose le bibliographe de littérature érotique, c'est la nécessité pour les éditeurs de faire connaître leur marchandise, généralement par la publication d'ouvrages semi-érotiques, pseudo-scientifiques ou simplement galants (baptisés « l'officiel » dans l'argot de l'édition française) dont le but est de garnir la vitrine et de justifier aux yeux des autorités une activité autrement inexplicable. Ces livres indiquent évidemment le nom et l'adresse exacts de l'éditeur. Une analyse attentive de leur typographie permet généralement d'identifier sans trop de mal les ouvrages publiés sous le manteau par le même éditeur. C'est le cas pour les livres publiés à Bruxelles à la fin du XIXe siècle par Poulet-Malassis, Gay (père et fils), Vital-Puissant, Kistemaeckers, et à Paris au début du XXe siècle par Carrington, Hirsch, Fort, les frères Briffaut, Seheur et plusieurs autres.

Quelques livres érotiques, cependant, résistent à cette méthode d'identification. Ce sont en particulier les autobiographies érotiques et les œuvres poétiques d'amateurs, imprimées par les auteurs eux-mêmes ou pour leur compte et tirées à un très petit nombre d'exemplaires (à la différence de certaines éditions prétendument « limitées » et dont le numérotage est tout simplement truqué). Le style typographique de ces ouvrages ne se retrouvant dans aucune collection galante « officielle » publiée par le même éditeur, leur origine ne peut être déterminée que par la découverte d'un exemplaire indiscrètement dédicacé ou par les révélations de collectionneurs, de bibliographes, d'amis — ou parfois d'ennemis — contemporains de l'auteur.

En France, la réputation littéraire d'écrivains comme Alfred de Musset, Théophile Gautier, Henry Monnier, Maupassant, Verlaine, Pierre Louÿs et beaucoup d'autres n'a jamais été sérieusement entamée, dans les milieux ayant quelques prétentions à la culture, par la conviction que les chansons, saynètes, contes et poèmes érotiques qui circulaient confidentiellement sous leur nom étaient réellement les œuvres de jeunesse ou les divertissements tardifs de ces hommes connus pour leurs ouvrages plus sérieux. Au contraire, les collectionneurs de leurs œuvres mettent une passion particulière à se procurer l'édition originale — ou toutes les éditions — de ces textes érotiques dans lesquels leurs auteurs favoris se présentent pour une fois dans toute leur vérité, sans la feuille de vigne qui orne leurs statues officielles et leurs écrits publics. Il en va tout différemment dans les pays anglo-saxons : jusqu'à l'apparition de James Joyce, de D.H. Lawrence et de Henry Miller (qui ont d'ailleurs été attaqués toute leur vie pour « l'obscénité » de leurs œuvres), l'attribution d'un écrit érotique à n'importe quel écrivain ou personnage public suffisait à briser sa carrière. L'exemple le plus classique est celui de John Wilkes, parlementaire libéral anglais du XVIIIe *siècle, que ses ennemis ont abattu politiquement en lisant devant le Parlement des extraits de l'*Essai sur la femme, *parodie érotique de l'*Essai sur l'homme *de Pope écrite par Thomas Potter, mais imprimée sur les presses particulières de Wilkes.*

On ne s'étonnera pas, par conséquent, que les principales autobiographies érotiques rédigées en anglais n'aient été imprimées qu'à un très petit nombre d'exemplaires et figurent aujourd'hui parmi les livres les plus difficiles à se procurer. Les seules exceptions sont les Tropiques *de Henry Miller,*

publiés en France, ainsi que leurs innombrables suites, et dont le premier volume, le seul important, Tropique du Cancer, *vient seulement d'être édité et mis en vente aux États-Unis. (Un tirage privé de 1940, portant la mention « Mexico : Medusa », mais réalisé en fait à New York, avait valu une peine de prison à son éditeur.) Les éditions originales des quelques autres autobiographies de ce genre rédigées en anglais sont absolument introuvables aujourd'hui, quelle que soit la diligence des recherches. Ce sont :* My Life and Loves *de Frank Harris (1922-1927, quatre volumes)* ; The Confessions of Nemesis Hunt *(1902-1903, trois volumes, apparemment écrits par une femme) ;* Suburban Souls *(1901, trois volumes, peut-être une œuvre de fiction) et surtout* My Secret Life, *en onze volumes dont les premiers sont ici traduits en français.*

Disons franchement, avant d'aller plus loin, que tout ce qu'on peut dire de My Secret Life *— si l'on excepte la description purement bibliographique des volumes imprimés eux-mêmes — se fonde sur des suppositions, des déductions et des témoignages indirects souvent intéressés, comme celui de l'éditeur Carrington. La première référence à cette œuvre mystérieuse se trouve dans le très ambitieux catalogue publié anonymement en 1902 par Carrington. Présenté comme le catalogue d'une collection privée et maladroitement calqué sur les grandes bibliographies érotiques de « Pisanus Fraxi », il avait pour titre : « Livres interdits : Notes et Indiscrétions sur la Littérature Taboue, par un vieux bibliophile. Paris. Pour l'auteur et ses amis. 1902. » Un exemplaire de l'original se trouve à la Bibliothèque nationale de Paris, sous le numéro 8º Q. 4665 ; il en existe également une contrefaçon mal imprimée de 227 pages (réalisée par Roth, à New York, vers 1929) destinée à*

être présentée comme l'original. Ma vie secrète *était le troisième ouvrage décrit. La façon dont il était mis en valeur indiquait clairement que Carrington était entré en possession des exemplaires restants de l'édition originale et qu'il cherchait à les écouler. Il en demandait 60 livres sterling, somme astronomique pour l'époque. Voici le début de sa notice, sur laquelle se sont fondées toutes les légendes ultérieures :*

« Ma vie secrète — *Amsterdam — Publication interdite. 11 volumes, couronne in-8°, de 378, 373, 379, 380, 388, 384, 369, 383, 396, 376 et 394 pages. (Le premier volume contient une introduction, une préface et une seconde préface. Le dernier volume ne contient que 255 pages de texte, le reste, jusqu'à la page 394, étant constitué par un index alphabétique exhaustif.)*

« *Vers l'année 1888, un libraire et éditeur connu d'Amsterdam, spécialisé dans la littérature d'un genre incandescent, fut appelé à Londres par l'un de ses clients, un vieil Anglais fortuné qui désirait faire imprimer pour son plaisir personnel un énorme manuscrit où il avait consigné, dans leurs moindres détails, toutes les pensées érotiques de son existence. Il était prêt à couvrir tous les frais d'impression à condition qu'il ne soit pas tiré plus de six exemplaires de son texte. Quelques années plus tard, cet amateur excentrique quittait les tourments de ce monde et quelques exemplaires de son extraordinaire confession commençaient à faire une apparition timide sur le marché, au prix élevé de 100 livres. Il est évident qu'il en avait été imprimé beaucoup plus que la demi-douzaine prévue — environ vingt-cinq, sans doute —, car j'ai pu en voir plusieurs séries complètes. A l'époque où j'écris, on peut, par une recherche sérieuse, se procurer l'ouvrage, pour un prix allant de 60 à 75 livres, selon l'état des volumes.*

« En juillet 1894, l'éditeur a publié un volume sans aucun titre, portant seulement en avant-titre les mots "Ma vie secrète, Table des matières". Il contenait simplement la liste des chapitres, l'introduction, les préfaces et l'index alphabétique des onze volumes. Son but était évidemment d'exciter la curiosité des collectionneurs et de servir, en quelque sorte, de prospectus...

« Les six premiers chapitres du premier volume ont été réimprimés récemment sous le titre L'Aube de la sensualité, Lutetia (Bruxelles), 1901, petit in-8°, 170 pages, 200 exemplaires sur papier hollande. Ils contiennent le récit de la vie de l'auteur et de ses frasques sensuelles jusqu'à l'âge de dix-sept ans. »

Le reste de la notice de Carrington se composait d'un extrait du remarquable index alphabétique de Ma vie secrète et d'un long fragment du texte — environ seize pages — qui n'a jamais été reproduit et qui raconte une aventure « entièrement différente de toutes celles qui sont relatées dans les onze volumes ». C'est le récit — fait par elle-même à l'auteur — d'une Française qui, visitant l'Italie avec sa sœur en 1859, est violée par douze soldats autrichiens la veille de la bataille de Solferino. Lorsqu'elle tente de résister, les Autrichiens lui disent : « Tiens-toi tranquille, sinon on te baise et ta sœur avec, on vous tue et on fout le feu à la maison. Tout le monde croira que ce sont les Français qui l'ont fait. » Un autre soldat ajoute, plus cyniquement encore, qu'elles ont de la chance d'être violées par des Autrichiens et non par des Français, parce que « si les Français vous attrapent, non seulement ils vous baiseront, mais ils vous enculeront et vous égorgeront certainement après ». Toute la scène, avec ses répercussions émotives, est décrite du point de vue de la femme avec une intelligence et une force excep-

tionnelles. Elle peut se comparer à des scènes analogues de la remarquable autobiographie érotique d'une prostituée de la Seconde Guerre mondiale, Marie-Thérèse *(traduction anglaise : « I'm for hire », Paris, 1955). Le contraste est frappant, en revanche, avec la scène du viol dans* Week-end à Zuydcoote, *de Robert Merle (Prix Goncourt 1949), racontée du point de vue du soldat bien intentionné, mais entraîné par son désir sexuel, et qui ne contient, bien entendu, aucun détail érotique.*

Ma vie secrète *a ceci d'exceptionnel, pour une autobiographie érotique, qu'elle traite presque exclusivement des expériences érotiques physiques, ignorant délibérément les relations sentimentales. L'auteur se montre d'une discrétion absolue sur toutes les femmes qu'il a réellement aimées, en particulier sur sa propre femme. Cette réserve britannique tranche élégamment sur la façon dont Henry Miller a sali et abaissé publiquement sa première femme dans sa série pornographique et prétendument autobiographique,* Sexus, Nexus, Plexus, *et (en préparation)* Drexus. *Le style de* Ma vie secrète *est direct et sans recherche, parfaitement adapté aux intentions avouées de l'auteur, qui sont de livrer la simple vérité sur sa vie sexuelle, d'écrire, selon ses propres termes, « une relation factuelle et non une analyse psychologique ». Cette œuvre s'oppose donc en tout point — et pas seulement par son souci de véracité — aux* Mémoires *de Casanova, dont Brockhaus vient de publier pour la première fois, en 1960-1961, à Wiesbaden et à Paris, le texte original écrit dans un français rapide et familier, pour remplacer la version ampoulée et expurgée (par un professeur d'Université) dans laquelle ces* Mémoires *étaient connus jusqu'ici. Même dans son texte original, cependant, Casanova se préoccupe moins de son activité*

sexuelle que des émotions qu'elle lui procure, des satisfactions d'amour-propre qu'il en retire, de l'opinion qu'il a de ses femmes et de celle qu'elles semblent se faire de lui, etc. Il conserve un égocentrisme latin typique, même dans l'émotion amoureuse qui devrait pourtant se caractériser — selon Stendhal — par une immense surestimation et une cristallisation des vertus de l'autre. *Cette obsession de soi est encore renforcée par un besoin évident de retrouver une assurance que ne pouvait donner à Casanova sa triste carrière d'aventurier, d'escroc international, de dramaturge raté (il a collaboré avec Da Ponte sur le* Don Juan *de Mozart, n'imaginant sans doute pas que l'Histoire l'identifierait plus tard à son héros), de tricheur et d'espion qui a même fini par se faire chasser pour toujours de sa Venise bien-aimée pour avoir « révélé » dans* Ne' amori, ne' donne, *en 1782, qu'il était le fils naturel du noble Michel Grimani et qu'il avait, à ce titre, des droits à la fortune des Grimani.*

L'auteur de Ma vie secrète, *lui, occupe une position sociale parfaitement assurée et ne se soucie en aucune façon d'améliorer une opinion de lui-même qui est déjà, de toute évidence, excellente. Il ne recherche pas les femmes, comme Casanova, pour les aimer brièvement avant de les abandonner, mais dans le but simple et direct d'obtenir un plaisir sexuel. Lorsqu'il trouve ce plaisir avec une femme — et chacun sait que ce n'est ni aussi simple, ni aussi commun que l'anatomie le laisserait croire —, il fait tous ses efforts pour prolonger cette relation et la renouveler aussi souvent que possible. Son tempérament, là encore, est à l'inverse de celui de Casanova, qui passe la moitié de son temps entre deux aventures — fuyant son dernier échec pour courir vers sa prochaine « victoire » — et qui ne semble jamais vrai-*

ment ému par aucune femme, sauf pendant sa liaison profondément masochiste avec la Charpillon. C'est de ce dernier épisode, on le sait, que Pierre Louÿs s'est inspiré dans La Femme et le Pantin *(ainsi que dans sa version érotique du même thème,* Trois Filles de leur mère[1], *le plus extraordinaire roman érotique en français moderne), empruntant aussi largement à la* Carmen *de Mérimée, ou plutôt à l'adaptation lyrique qu'en avait tirée Halévy et qui accentuait dramatiquement les éléments sadomasochistes de l'histoire.*

Il serait évidemment d'un grand intérêt d'identifier l'auteur de Ma vie secrète. *J'ai une théorie à ce sujet, qui se fonde sur l'histoire bibliographique du livre lui-même et sur celle de l'éditeur qui se faisait appeler « Charles Carrington ». Ce fournisseur parisien de littérature sadique et érotique, qui domina le marché des publications pornographiques en langue anglaise de 1895 à 1915, était en réalité un Portugais du nom de Paul Ferdinando. A ma connaissance, il n'a utilisé ce vrai nom qu'une seule fois au cours de sa longue carrière, sur la page de titre d'un ouvrage excentrique publié à frais d'auteur par un certain Célestin Demblon et intitulé* Lord Ruthland EST Shakespeare *(1912). Le livre contenait peu d'informations intéressantes sur Shakespeare, mais il indiquait la véritable identité de l'éditeur : « Paul Ferdinando, libraire-éditeur, Ancienne Maison Charles Carrington, 11, rue de Châteaudun. » C'était aussi la véritable adresse. La « Maison d'Éditions Scientifiques » du 13, Faubourg Montmartre (seule adresse indiquée pour les clients éventuels dans le catalogue des « Livres interdits ») n'était qu'une « couverture ». C'est là qu'étaient exposées*

1. 10/18, n° 2472.

les publications officielles de Ferdinando, « ouvrages médicaux, folkloriques et historiques ».

Dans Verlainiens et Décadents *(Paris, Marcel Seheur, 1928), Gaston Le Roux nous a laissé un étonnant portrait de Carrington, qu'il décrit comme une sorte de satyre drogué paraissant surgi d'une de ses publications. Le Roux évoque ce personnage à propos de l'écrivain Hugues Rebell qui, ruiné, vivait en écrivant des récits de flagellation érotique pour Carrington. Il est l'auteur, en particulier, d'un curieux roman,* Les Mémoires de Dolly Morton, *dont l'action se déroule pendant la guerre de Sécession. Carrington en a publié une édition « officielle » — expurgée de tous les passages érotiques, mais conservant les scènes de flagellation — sous le titre* En Virginie *et la signature « Jean de Villiot ». La version érotique du texte français,* Dolly Morton, *qui ne figure pas dans la bibliographie de Perceau, est signée « Donovan Kipps », au moins sur le prospectus. Une bibliographie très complète des autres ouvrages de flagellation érotique occupait près de la moitié d'*En Virginie, *des pages 187 à 343.*

Il va de soi qu'on ne peut accorder beaucoup de crédit aux informations données par un éditeur-caméléon comme Carrington, en particulier sur l'identité des auteurs de son écurie clandestine. Dans le cas de Ma vie secrète, *pourtant, les seuls renseignements dont nous disposions viennent de lui et la logique de la situation semble plaider en faveur de leur véracité. Une chose est certaine : ce n'est pas Carrington qui a imprimé le livre. Il s'est contenté de revendre les exemplaires restants de l'édition originale. Le style typographique de l'ouvrage est entièrement différent de celui des publications « officielles » ou clandestines de Carrington, mais s'apparente de très près à celui des livres pornographiques hollan-*

dais et belges publiés à la fin du XIXe siècle, en anglais ou en français. Le lieu de publication indiqué, « Amsterdam », étant certainement faux, et Carrington ayant été en relations étroites avec le maître imprimeur Thieme, de Nimègue — qui a imprimé ses deux plus beaux livres, Le Fléau de la luxure dans l'Antiquité classique *de Rosenbaum (1898-1901, livre « officiel ») et le* Manuel d'érotologie classique *de Forberg, « Manchester, 1884 » (en réalité 1899, livre clandestin) —, il est fort possible que ce soit Thieme qui ait imprimé* Ma vie secrète *et qui en ait cédé ultérieurement les exemplaires qui lui restaient à Carrington. (C'est ce dernier, bien entendu, qui a édité en 1901 le volume-prospectus intitulé* L'Aube de la sensualité.*)*

Peu après 1920, devenu aveugle — de syphilis, dit-on —, Carrington céda sa maison d'édition française à deux jeunes assistants (qui continuent — l'un d'eux de Mexico — à faire fructifier l'affaire) et sa nombreuse clientèle étrangère à un charmant vieux roué répondant avec fierté au nom de St George Best et mort maintenant depuis longtemps. Le rôle de Best consistait à introduire clandestinement les ouvrages de Carrington aux États-Unis, par Cuba et le Mexique, et à les livrer aux amateurs et aux libraires spécialisés américains. A partir de 1930, Carrington étant mort et les exemplaires de ses publications clandestines se faisant de plus en plus rares, l'activité principale de Best devint la recherche des livres, bien plus que celle des clients, la demande excédant l'offre de beaucoup. C'est ainsi qu'il est venu me trouver, dans l'espoir — vite déçu — que j'accepterais de lui céder pour un amateur plus fortuné un exemplaire de Ma vie secrète. *En fait, je ne possédais pas l'édition originale, mais seulement une réimpression des trois premiers volumes (faite par Smith, à*

*New York, en 1932, la sortie des volumes suivants ayant été empêchée par une saisie de la police) et un exemplaire du cinquième volume (réédité par les Millers, à New York également, vers 1934, sous le titre typiquement « porno » d'*Ébats conjugaux*).*

Dans son catalogue des « Livres interdits », Carrington laisse entendre qu'il a eu accès à au moins vingt-cinq séries complètes, et affirme clairement que l'imprimeur hollandais en a tiré beaucoup plus d'exemplaires que l'auteur ne l'avait spécifié. J'ai demandé à Best combien de séries de l'édition originale il avait personnellement vendues pour le compte de Carrington, mais il n'a jamais voulu me le dire. Il est clair, en tout cas, même si le premier tirage a été réellement de vingt-cinq exemplaires au lieu des six prévus, que Carrington s'est toujours efforcé de réduire ce chiffre pour pouvoir maintenir des prix élevés. Six séries complètes ont pu être localisées depuis. Cinq se trouvent aux États-Unis (dont une à l'Institut Kinsey et une rapportée à Yale) et la sixième dans une remarquable collection privée anglaise, déjà léguée par testament au British Museum.

Best m'a appris deux choses très intéressantes sur Ma vie secrète. *La première, c'est que le livre a fait l'objet d'un énorme supplément, presque aussi long que les 4 200 pages de l'original, rédigé par un obscur écrivain américain. Cette imitation a été vendue volume par volume, à mesure de sa composition, à un vieux pétrolier milliardaire d'Ardmore, dans l'Oklahoma, qui possédait déjà « toutes » les œuvres érotiques imprimées en langue anglaise. Il les tenait enfermées à son bureau dans des coffres d'acier, sa femme lui interdisant de les emporter chez lui. Cet amateur, avec lequel j'ai correspondu par la suite, ne connaissait pas d'autre langue que l'anglais et expli-*

quait franchement que « son imagination n'était excitée qu'une seule fois » par un livre, si bien qu'il ne pouvait le relire « utilement » qu'après l'avoir complètement oublié — problème identique à celui qui se pose aux lecteurs de romans policiers. Il s'était donc arrangé pour se faire livrer chaque semaine deux manuscrits spécialement composés pour lui et — ce qui est tout à son honneur — ne comportant, comme Ma vie secrète, *aucune scène de flagellation ou de sadisme. Les manuscrits étaient l'œuvre d'auteurs à court d'argent recrutés par un agent littéraire de Hollywood et un libraire new-yorkais qui se partageaient, avec leurs nombreux « démarcheurs », une part importante du prix payé par le milliardaire. Les auteurs ne recevaient pas plus de 50 à 100 dollars par manuscrit de 100 pages, le tarif variant selon leur réputation littéraire, mais surtout selon la fermeté qu'ils manifestaient dans leurs discussions avec les démarcheurs. Jack Hanley a décrit très drôlement une de ces discussions dans un article signé d'un pseudonyme et publié dans les années 1930 par le magazine* For Men Only.

Hormis le fait qu'elle était au service d'un seul collectionneur privé, l'organisation que nous venons de décrire n'avait rien d'exceptionnel. Ce sont les mêmes méthodes qu'utilisent les éditeurs de tous les pays pour se procurer des manuscrits érotiques. J'ai eu entre les mains, à un moment ou à un autre, plus de cinquante des manuscrits rédigés par différents écrivains pour le milliardaire de l'Oklahoma, sous la forme de copies carbone conservées par les intermédiaires pour être publiées plus tard, après la mort du collectionneur. Plusieurs de ces textes ont déjà été édités — escroquerie analogue à celle dont a été victime l'auteur de Ma vie secrète *et que Carrington rapporte candidement dans sa notice. Des fragments*

du supplément à Ma vie secrète *figuraient parmi les manuscrits qui m'ont été confiés, mais leur caractère apocryphe était si manifeste que je n'ai pas pris la peine de les examiner attentivement. D'autres pastiches pornographiques ont été écrits à partir des* Tropiques *de Henry Miller ; ils ne se distinguent pas beaucoup des chefs-d'œuvre du genre que Miller lui-même a publiés depuis sous son propre nom. Cependant, ces pastiches ayant été présentés au milliardaire comme provenant « indirectement » de Miller et continuant de circuler sous cette fausse étiquette, je tiens à préciser nettement ici qu'ils ne sont pas de lui. La plupart ont été écrits vers 1940 par un jeune Américain d'un grand talent, R. S..., exceptionnellement doué pour le pastiche et qui est également l'auteur de* L'Avocat du Diable *(polycopié à New York en 1942). Ce roman érotique remarquablement écrit est signé, sur sa page de titre, « Wood C. Lamont », afin que la paternité en soit attribuée au poète et littérateur américain Clement Wood, décédé depuis, qui avait effectivement rédigé de nombreux manuscrits pour le même réseau — mais non celui-là ! Telles sont les mœurs dans ces milieux, et c'est pourquoi les fausses attributions de paternité y sont si nombreuses.*

On comprendra aisément, dans ces conditions, que j'aie accueilli avec la plus grande réserve la seconde révélation qui m'a été faite par Best concernant Ma vie secrète, *à savoir que Carrington lui avait toujours dit que l'auteur en était le grand bibliographe de littérature érotique « Pisanus Fraxi », c'est-à-dire Sir Henry Spencer Ashbee, également bibliographe du* Don Quichotte *de Cervantès. Des libraires m'ont également donné son nom comme celui de l'auteur de* Ma vie secrète, *mais je présume qu'ils tenaient cette « information » de St George Best, qui faisait chaque*

année la tournée des meilleurs libraires d'Angleterre et des États-Unis. Cette hypothèse n'est cependant pas sans vraisemblance, le personnage d'Ashbee correspondant en tout point à celui du vieil amateur anglais fortuné que Carrington décrit dans son catalogue des « Livres interdits » — cet ouvrage n'étant lui-même qu'une imitation des trois grands volumes bibliographiques d'Ashbee, sous-titrés « Notes sur les livres curieux et rares », et intitulés Index Librorum Prohibitorum *(1877),* Centuria Librorum Absconditorum *(1879) et* Catena Librorum Tacendorum *(1885). Le lieu de publication indiqué sur ces grands volumes in-4°, élégamment imprimés en rouge et noir, est « Londres ». Bien qu'il semble improbable qu'un imprimeur ait osé publier un tel texte, émaillé de passages érotiques cités in extenso, dans l'Angleterre de la fin du XIXe siècle, c'est un fait que ces trois volumes viennent d'être réédités ouvertement, en 1960, sous forme de fac-similé de l'original, par le courageux éditeur londonien Charles Skilton Ltd.*

L'élément le plus singulier des trois bibliographies érotiques d'Ashbee est certainement l'énorme « Index alphabétique et analytique » publié en appendice à chaque volume et qui, sans la moindre trace d'humour, subdivise à l'infini chacun des sujets abordés, fût-ce en passant (on trouve, par exemple, dans le premier volume seulement, neuf colonnes de références sous la rubrique « Bibliographie »), en vertu du principe selon lequel « un bon livre ne pouvant être trop précis, un index ne saurait être trop prolixe ». Ces index présentent une frappante analogie de style — spécialement dans la rubrique « Copulation » — avec l'extraordinaire index publié en annexe à Ma vie secrète. *Sans doute est-ce la seule biographie érotique publiée à frais d'auteur dont l'index occupe à lui seul un total de 87 pages (XI —*

307-394) et qui comporte également une table des matières de 46 pages (XI — 257-303) couvrant les onze volumes précédents. Nous donnons ci-dessous les premières et les dernières têtes de chapitre de la rubrique « Copulation » dans les deux ouvrages. La liste complète, pour Ma vie secrète, *figure dans le catalogue des « Livres interdits » (six colonnes !), accompagnée de ce pieux commentaire : « Les termes communs et vulgaires sont utilisés dans l'original. »*

Index Librorum Prohibitorum

Copulation.

— *Les deux modes les plus naturels sont les meilleurs.*

— *Une femme peut être prise par deux hommes à la fois.*

— *La femme ne doit pas être entièrement nue.*

— *La femme a plus de plaisir que l'homme.*

— *Plaisirs du viol.*

— *Moment auquel doit être prise une vierge.*

— *Description des préliminaires.*

— *Énumération des différentes postures.*

— *Condamnation de la monotonie.*

My Secret Life

Copulation et organes sexuels.

— *Essai sûr.*

— *Leur nature.*

— *Description complète.*

— *Aspects esthétiques.*

— *Ils ne sont ni obscènes ni sales.*

— *Obéissance au commandement divin, « Croissez et multipliez ».*

— *Positions excentriques :*

— *Contre des barrières,*
— *Contre des balustrades,*
— *Contre des arbres,*
— *Contre des fenêtres,*
— *Contre un lit,*
— *Contre un buffet de cuisine.*

Ce n'est qu'un exemple. Il faut lire ces index en entier pour en apprécier la saveur.

On peut imaginer Ashbee, son œuvre d'érudit terminée, s'asseyant à sa table pour rédiger ses Mémoires érotiques — si l'on peut qualifier ainsi Ma vie secrète — *ou simplement pour corriger, en vue de sa publication, un journal érotique tenu depuis de nombreuses années (pratique beaucoup plus courante chez les don Juans des trois sexes qu'on ne le croit généralement et que ne l'imaginent, en particulier, leurs conquêtes!). A en juger par sa typographie,* Ma vie secrète *a certainement été imprimé vers la même époque que le dernier des grands ouvrages bibliographiques d'Ashbee. La date indiquée par Carrington — 1888 — peut évidemment être avancée jusqu'à 1890 pour le dernier des onze volumes et nous savons — toujours par Carrington — que le premier prospectus offrant les exemplaires originaux que l'éditeur avait frauduleusement conservés a été publié en juillet 1894. Dans le seul ouvrage bibliographique qui en fasse une description correcte (*Registrum Librorum Eroticorum, *Londres, 1936, par « Rolf S. Reade » [Alfred Rose], n° 3136), la première édition de* Ma vie secrète *est datée des alentours de 1890.*

On peut remarquer que la publication du catalogue des « Livres interdits » de Carrington (1902) et de son volume-prospectus L'Aube de la sensualité *(1901), offrant* Ma vie secrète *au « prix choc » de*

60 livres au lieu des 100 livres de l'éditeur hollandais, a suivi presque immédiatement la mort d'Ashbee, en 1900. La collection de catalogues et de prospectus d'Ashbee — s'il en avait constitué une — n'a pas été retrouvée (son article, « Le Distributeur de prospectus », a paru dans Paris qui crie, *mais il est certain qu'il avait eu connaissance des premières publications de Carrington. Étant le plus important collectionneur de littérature érotique, c'était un homme à ménager, et il eût été peu diplomatique de la part de Carrington de mentionner* Ma vie secrète *avant la mort d'Ashbee si le livre avait quelque chance d'être de lui. De toute façon, Ashbee n'eût certainement pas apprécié l'ignorante et impertinente imitation de ses chefs-d'œuvre bibliographiques que constituait le catalogue des « Livres interdits » lui-même.*

Le peu que l'on sait de la vie publique d'Ashbee se limite à une sèche biographie officielle. Elle est résumée brièvement par le Dr Paul Englisch, en tête d'un beau portrait d'Ashbee en ex-libris, dans la plus belle et la seule illustrée des bibliographies érotiques existantes, les volumes II et IV du célèbre Bilder-Lexikon der Erotik *(Vienne, 1928-1931), dont on annonce une nouvelle édition augmentée. Presque rien n'avait été révélé de la vie d'Ashbee, à part son pseudonyme de « Pisanus Fraxi », dans la trop discrète notice nécrologique parue dans l'*Annuaire de la Société des amis des livres *(Paris, 1901) XXII-45-52, société dont Ashbee avait été le principal membre étranger et dont le secrétaire, Alfred Bégis — coauteur avec Duponchel de Hankey de* L'École des Biches *—, possédait une collection de livres érotiques qui s'est ajoutée, par la grâce d'une saisie policière, à l'« Enfer » de la Bibliothèque nationale. (Le vingtième volume de l'*Annuaire, *paru en 1899, était entièrement consacré*

à la « Revendication » de Bégis, dont les efforts pour récupérer ses livres sont toujours restés infructueux.)

Résumons brièvement les faits connus. Sir Henry Spencer Ashbee naquit en avril 1834. Il fit une carrière d'homme d'affaires et devint président de la firme internationale Charles Lavy & Co, négociants en « huiles essentielles ». Il voyagea dans le monde entier — Asie, Afrique, Amérique, Chine, Japon — et son livre Voyages en Tunisie *garde encore de l'intérêt. Il passait presque tous ses hivers en Espagne, où il réunit l'une des meilleures collections privées mondiales des éditions du* Don Quichotte *de Cervantès, dont il publia un élégant catalogue. Activité plus importante encore, il se constitua aussi ce qui demeure la plus belle collection de livres érotiques dans toutes les langues européennes — les trois magnifiques volumes de sa bibliographie érotique publiée sous le pseudonyme de « Pisanus Fraxi » ne constituent pas, il faut y insister, le catalogue de cette collection. Au cours d'un dernier voyage en Espagne et au Maroc, à l'âge de soixante-sept ans, il eut une sérieuse attaque cardiaque alors qu'il se trouvait à Burgos. Il réussit à regagner l'Angleterre, mais mourut dans son domaine de Fowlers, à Hawkhurst, dans le Kent, le 29 juillet 1900. Ce n'est là, évidemment, que le squelette de sa biographie. L'homme est ailleurs.*

Parlant de l'amitié d'Ashbee avec l'autre grand collectionneur anglais de livres érotiques, le très excentrique Frederic Hankey, l'éditeur parisien Hirsch a écrit (dans l'ouvrage d'Apollinaire et Perceau, L'Enfer de la Bibliothèque nationale *(1913), à l'article n° 21 : « L'École des Biches ») : « La bibliothèque érotique de M. Hankey fut en partie cédée à l'amiable à M. Ashbee, riche commerçant de Londres, plus connu sous le pseudonyme de Pisanus*

Fraxi, duquel il signa ses trois célèbres ouvrages de bibliographie sotadique. La bibliothèque érotique de M. Ashbee, mort il y a peu d'années, a été donnée au British Museum, qui songea d'abord à refuser le don, mais l'accepta finalement parce que M. Ashbee, ayant légué en même temps sa collection de toutes les éditions et traductions de Don Quichotte, avait mis comme condition à ce legs que le British Museum conservât aussi sa bibliothèque érotique. Elle s'y trouve maintenant. » La collection Ashbee constitue en fait — avec un groupe important de bibliographies manuscrites et d'ouvrages similaires conservés au Département des Manuscrits, parmi lesquels l'exemplaire de Hankey (ou de Lord Houghton) de The Rodiad de Coleman, somptueusement relié — le noyau du « Private Case », ou « Enfer », du British Museum. A la différence des livres de l'« Enfer » de la Bibliothèque nationale, qui figurent tous dans le catalogue imprimé, ceux du « Private Case » sont rigoureusement exclus du catalogue. Le seul recensement qu'on en connaisse est celui d'Alfred Rose dans son Registrum Librorum Eroticorum. La collection d'œuvres d'art et de gravures d'Ashbee a été léguée à la National Gallery, South Kensington Museum, mais on ignore — ce qu'il serait intéressant de savoir — si elle comporte des œuvres érotiques.

C'est dans la Bibliographie du roman érotique (1930) de Louis Perceau, au n° 322, qu'on trouve la première référence à la présente traduction française de Ma vie secrète : « Ma vie secrète (My Secret Life). "Mon enfance et mon adolescence amoureuses." Traduit pour la première fois de l'anglais sur l'un des dix emplaires [sic] de l'édition originale et unique. Paris : Collection de l'Académie des Dames, 1923 », deux volumes in-12 de 183 et 175 pages. Le seul exemplaire que signale Perceau est le sien, mais sa

trace a été perdue du fait d'un fâcheux contretemps. Perceau avait explicitement écrit, dans l'Avertissement à sa Bibliographie, *que son désir était de voir un jour sa collection, « peut-être unique et qu'il serait certainement impossible de constituer maintenant »... « réunie à celle de la Bibliothèque nationale ». Son vœu, cependant, n'a pas été exaucé. Depuis sa mort, survenue à la fin de la Seconde Guerre mondiale, sa collection est restée entre les mains de sa famille. Pendant les dix dernières années, j'ai essayé sans succès d'organiser une souscription parmi les bibliophiles français et étrangers pour le rachat en bloc de cette collection irremplaçable, afin qu'elle puisse être transférée à la Bibliothèque nationale avant que les continuelles tentations monétaires que constituent pour les dépositaires d'un tel héritage les offres de libraires égoïstes entraînent sa dispersion. Jusqu'ici, malheureusement, il a été impossible de faire comprendre aux bibliophiles la nécessité évidente et l'intérêt historique de ce geste peu coûteux qui ne représenterait pas plus, pour chacun d'eux, que l'achat d'un seul ouvrage érotique médiocrement relié.*

En attendant, on peut noter que l'existence d'un exemplaire de l'édition originale de la présente traduction de Ma vie secrète *(n° 322 de la* Bibliographie *de Perceau) était signalée par le* Registrum Librorum Eroticorum *de Rose (n° 4730) à la bibliothèque de la Guildhall Annex, à Londres. (Les livres érotiques de cette bibliothèque ont été transférés depuis la guerre au British Museum.) Sous le n° 4731, Rose classe également une édition ultérieure de la même traduction, de 405 pages, en trois petits volumes, portant la fausse indication « Londres, 1885 ». Cette réimpression est décrite dans la plus récente des bibliographies érotiques —* Bibliothèque « La Leonina »,

III. Curiosa, *Monte-Carlo, 1955, par M. Jacques Pley, pages 61-62 — comme ayant été en réalité publiée à Paris vers 1930 par Marcel Seheur (éditeur du livre de Gaston Le Roux mentionné plus haut) sur les publications clandestines duquel les notes de M. René Bonnel dans la bibliographie de Pley apportent de précieux renseignements. L'édition Seheur est ornée d'une « suite libre » de 26 planches érotiques en couleurs et de 40 en-têtes et culs-de-lampe en sanguine, également érotiques, attribués à Berthommé Saint-André et dont tous les personnages sont en costumes de la fin du* XIX*e* *siècle. Cette édition se présente dans le petit format carré et sous la jaquette de papier rose qui sont les « clefs » typographiques de la plupart des publications de Seheur (comme* Éveline, *« Londres, 1911 », également traduit de l'anglais — voir Pley, page 58). Elle reproduit simplement le texte de l'édition de 1923. Perceau note à ce sujet que d'autres volumes devaient être traduits en français et publiés en 1924, mais que « la suite n'est jamais parue ». C'est grand dommage, car la présente traduction pour passionnante qu'elle soit n'offre qu'un échantillon des 4 200 pages du texte original anglais.*

Perceau ajoute : « J'ai pu obtenir quelques renseignements sur cette traduction. Elle avait préalablement été faite — pour les deux seuls tomes publiés — avec des atténuations sensibles, par un professeur de lettres. L'éditeur demanda à un écrivain de revoir cette traduction, faite au courant de la plume, et de la corser (!) en rétablissant les mots crus qui avaient été remplacés par des termes plus décents. » (Destin identique, en somme, à celui des Mémoires *de Casanova, malmenés eux aussi par un « professeur de lettres » !) Ce qu'on ne nous dit pas, c'est si l'écrivain chargé de réviser le texte l'a fait*

d'après l'original anglais ou selon sa propre inspiration. Il faut espérer qu'une traduction complète — et, en fait, une réédition complète — des onze volumes de l'édition originale anglaise sera un jour entreprise. Très peu d'authentiques autobiographies érotiques ont été publiées. Ma vie secrète *est peut-être la seule, avec les* Mémoires *de Casanova, aujourd'hui disponibles dans leur version originale, et les* Confessions de Jean-Jacques Bouchard, *écrites en 1630 mais publiées pour la première fois en 1881 par le prêtre défroqué, grand érudit et bibliophile, Isidore Liseux. Quant à l'attribution de* Ma vie secrète *à Sir Henry Spencer Ashbee,* si non è vero, è ben trovato. *Un candidat plus vraisemblable sera difficile à découvrir.*

G. Legman.

LIVRE PREMIER

CHAPITRE PREMIER

Je devais avoir de cinq à huit ans lorsque se déroulèrent les premiers incidents érotiques dont je me souvienne. Ma nourrice était une jeune femme petite et grasse. Elle me touchait souvent la quéquette, et quand j'avais envie de pisser, elle la tenait toujours dans sa main. Un jour, elle essaya de ramener en arrière la peau de mon prépuce. D'abord, je me laissai faire, puis ses mouvements devenant plus saccadés, cela me fit mal et je me mis à crier. Un autre jour, elle m'embrassa, sortit ma petite pine et joua avec, puis elle prit une de mes mains et la plaça sous ses jupons. Elle me la faisait remuer avec force, tout en me tripotant la queue à me faire mal. Je me souviens que le petit bout rouge apparaissait à chaque mouvement de son poignet. Puis elle se mit sur le dos, releva ses jupes et écarta les jambes. Elle me plaça entre ses cuisses et me serra tellement que je pleurai. Elle me rejeta de côté sans s'occuper de mes cris et je vis qu'une de ses mains s'agitait violemment entre ses cuisses. Enfin, elle poussa quelques soupirs et ne bougea plus.

Je passe sur divers incidents sans importance : une invitée de ma mère, que je vis pisser avant de se mettre au lit; une autre qui changea de chemise

devant moi et dont je vis les poils noirs qui garnissaient sa motte, etc. A douze ans, en rôdant autour de l'écurie, je vis un jour un étalon en train de saillir une jument. L'énorme pine s'enfonçait dans le derrière de la jument et j'étais tout absorbé par ce spectacle, lorsque mon père survint et me fit déguerpir.

Vers le même âge, un de mes cousins me demanda de pisser avec lui le long d'une haie. Nous nous montrâmes mutuellement notre queue et nous l'examinâmes. Il me fit ramener son prépuce en arrière, mais n'en put faire autant avec moi. Alors, il se mit à rire et j'en fus très mortifié. Je note cet incident, car je crus longtemps que j'étais atteint d'une infirmité et cela me retint parfois dans mes tentatives amoureuses.

Mon cousin Fred, qui fut par la suite mon compagnon de débauche, m'initia à la théorie de la différence des sexes, bien qu'il ne fût guère savant en pareille matière. Il serait fastidieux de raconter ici toutes les tentatives que nous fîmes ensemble pour nous instruire sur ce sujet. Nous nous cachions dans l'espoir de surprendre des femmes en train de pisser et nous y réussîmes plusieurs fois. Un jour que nous étions cachés sous un massif, nous surprîmes ma tante dans cet exercice. Nous étions couchés à plat ventre et nous vîmes son gros derrière tout à loisir. Elle avait une grande touffe de poils tout frisés, d'où un gros jet d'urine s'échappait avec bruit.

Je me souviens d'une dispute entre Fred et moi, au sujet de la forme des cons. Il me soutenait qu'ils étaient fendus en long et je croyais, moi, que c'était un trou rond comme celui du derrière. Ce fut un camarade qui nous départagea en nous montrant une peinture érotique en couleurs où nous pûmes admirer cet objet à loisir. Cependant, je ne fus qu'à demi convaincu de mon erreur.

Une fois, en compagnie de Fred et d'autres gamins, nous pûmes assister aux ébats d'un chien et d'une chienne. Nous fîmes le cercle et nous assistâmes à l'opération jusqu'à la fin. Cela suscita de multiples questions des uns ou des autres. Les hommes et les femmes font-ils de même ? Restent-ils également collés un certain temps ? De l'avis unanime, on résolut ces deux questions par l'affirmative.

A treize ans, on me changea d'école, et j'appris de mes nouveaux camarades comment on pouvait se branler. Je les regardais faire, mais je n'essayais pas. A la même époque, un parent d'une quinzaine d'années, fils d'un clergyman, passa quelque temps chez nous et on le fit coucher avec moi. Nous commençâmes par nous toucher la queue. Un matin, en m'éveillant, je sentis son ventre contre mes fesses et sa pine entre mes cuisses. Il s'agitait et la faisait aller et venir. En même temps, il avait saisi la mienne et la secouait. Je ne voulus pas le laisser achever. Une autre nuit, en se déshabillant, il me montra sa queue toute raide. Elle était étonnamment longue, mais toute mince. Il s'assit nu sur une chaise et commença à se branler. Tout à coup, il allongea brusquement les jambes et se renversa en arrière en fermant les yeux et en respirant bruyamment. En même temps, quelque chose de blanc et de sirupeux giclait de sa pine et se répandait sur le tapis. Je le crus malade, mais il m'assura avec éloquence qu'il avait éprouvé un grand plaisir. Plusieurs fois, par la suite, je le branlai moi-même, mais ne le laissai essayer sur moi qu'une fois. Je n'eus aucune sensation de plaisir et je refusai de le laisser recommencer.

C'est quelque temps après seulement que j'eus mes premières érections. Du jour où je sentis ma pine se durcir, je fus attiré vers les femmes par tout autre chose que la curiosité qui m'avait mû jusqu'ici. Je me

mis à tourner autour de nos servantes et il n'y en eut bientôt pas une que je n'eusse embrassée. Je pense qu'elles devaient en être flattées, car elles y mettaient de la complaisance et me laissaient les embrasser durant une bonne minute. Il y en avait même une, je m'en souviens, qui semblait y prendre grand plaisir et qui frottait ses lèvres sur les miennes jusqu'à me toucher les dents. Une autre, à qui je demandais un jour de voir ses nichons, me dit : « Attendez une minute. » Elle en sortit alors un et m'en présenta le bout. Je me jetai dessus et y enfouis mon visage. « Oh ! lui dis-je, comme j'aime l'odeur de votre chair ! » Elle était potelée et bien faite. Je sentais l'odeur de ses seins et celle de son aisselle. Je ne l'embrassai jamais, par la suite, sans qu'elle me fît mettre la figure entre ses tétons : cela me causait un énervement délicieux, mais je ne poussai pas les choses plus avant.

Ce sens délicat que je possédais de savourer le parfum de la femme, je le conservai toute ma vie. Il me causa par la suite de grands ravissements.

Deux de nos servantes étaient sœurs. L'une était très grosse et m'excitait beaucoup. Quand j'étais souffrant et qu'elle m'apportait à manger au lit, je l'attirais à moi et gardais mes lèvres sur les siennes. Elle se laissait faire et je crois qu'elle y trouvait du plaisir. J'embrassais aussi sa sœur, qui était fort jolie. Mais chacune me recommandait de n'en pas parler à l'autre. Quand la seconde faisait jouer mon jeune frère, je me couchais à même le tapis, sur un oreiller, faisant semblant de lire. Elle venait souvent tourner autour de moi. Parfois, elle se baissait brusquement et me recouvrait avec ses jupes. Un jour, j'étendis soudain la main en haut. Elle tomba sur le dos, les jambes en l'air, et y resta plusieurs secondes. « J'ai vu vos cuisses, lui dis-je. — Eh bien, après ? » me répondit-elle. Un autre jour, elle me fit mettre la main

dans son corsage. La plus grosse des deux sœurs s'appelait Betsy. Malgré sa grande taille et sa grosseur, elle avait une voix d'une douceur infinie. Elle avait vingt-deux ans au plus. J'en devins amoureux et l'embrassai régulièrement.

Un jour que j'étais avec elle dans le salon, je lui dis brusquement que je l'avais entendue pisser. Elle éclata de rire. J'étais sur un sofa et elle sur une chaise. Je lui demandai de s'approcher et elle m'obéit. Je la touchai à la cheville, près du mollet, sans qu'elle fît la moindre résistance. Alors, je fis remonter graduellement ma main jusqu'au-dessus de sa jarretière et je touchai sa chair nue. Mais elle mit ses deux mains entre ses cuisses en me disant :

— Voyons, Wattie, vous prenez trop de libertés !

— Oh ! dites, chérie, embrassez-moi, lui répliquai-je, et laissez-moi le toucher.

Se penchant alors, elle posa ses lèvres sur les miennes. Ses mains se relâchèrent bientôt. Elle se redressa et rit. Ma main toucha alors son ventre. Je ne pus qu'enrouler mes doigts autour de ses poils, qu'elle avait fort doux et fort longs.

Elle se remit à m'embrasser en disant :

— Oh ! quel gamin vous êtes ! quel gamin !

Mais elle avait les cuisses étroitement serrées et je ne touchais que ses poils.

Il me vint alors une sensation voluptueuse. C'était comme si j'avais défailli de plaisir. Ses lèvres pressèrent les miennes. Elle murmura :

— Oh ! quelle honte !

La chaleur de ses cuisses nues me monta à la tête en me causant une étrange sensation de moiteur. Et ce fut tout. Elle m'accorda plusieurs fois les mêmes privautés.

Un jour, je bandais en la lutinant. J'étais au lit.

— Écartez la lumière, lui dis-je, j'ai quelque chose à vous montrer.

Elle alla pousser la porte et éloigna la lumière, laissant mon lit dans l'ombre. Nous nous embrassâmes. De nouveau, je touchai ses cuisses, son ventre et ses poils. Je pris sa main, la glissai sous les draps et la mis en contact avec ma pine. Elle l'empoigna, puis, se baissant, elle m'embrassa en disant : « Polisson ! Polisson ! » Mais elle ne lâchait pas ma queue et glissait la main tout autour. Puis, brusquement, elle s'en alla.

Quand j'allai mieux, elle ne me laissa plus la toucher. Mais je la surpris un soir qu'elle fermait les persiennes de la salle à manger. Je l'embrassai brusquement, puis, me baissant par-derrière, je ramassai ses jupes et les relevai jusqu'à la taille. Elle me montra ainsi ses fesses. Elles étaient grosses et blanches. Elle continua de fermer les volets et se contenta de dire doucement :

— Qu'est-ce que vous faites donc, Wattie ? Il ne faut pas !

Je dévorai son cul des yeux. J'y portai les deux mains que je fis glisser tout autour de ses cuisses, puis je collai mes lèvres sur la chair blanche des fesses. Les cotillons m'étaient retombés sur la tête. Elle se dégagea et jura qu'elle ne me parlerait plus jamais. Elle tint parole jusqu'au jour où elle nous quitta.

Mes organes sexuels ne devaient pas encore avoir atteint leur entier développement, car à treize ans je n'avais jamais déchargé.

Un peu plus tard, je restai quelque temps à la maison en compagnie d'une tante, d'une cousine, grande et belle jeune fille de seize ans, et d'une servante à tout faire. Celle-ci était agréable et jolie, avec de longs cheveux noirs, et toujours souriante.

Quand j'étais seul avec elle (et je m'arrangeais pour que cela nous arrivât souvent), je la lutinais et

elle me répondait en riant. Mais j'étais d'une grande timidité. Un jour, je la culbutai sur son lit et lui vis les mollets. Je lui en fis compliment, mais n'allai pas plus loin. Une autre fois, nous jouions à nous lancer des oreillers. Elle était en haut d'un escalier, et moi plus bas. Je lui voyais les jambes, et elle s'en apercevait bien. Puis je me mis à lutter avec elle et la renversai sur le palier. Je plongeai ma main sous ses jupes, j'atteignis ses cuisses et je touchai ses poils.

— Cette fois, lui dis-je, j'ai touché votre affaire !

Elle se mit à rire :

— Qu'est-ce que vous me racontez ? Quelle affaire ?

— Le trou du bas de votre ventre.

— Qu'est-ce que vous voulez dire ? Qui vous a appris cela ? Mais je n'ai pas de trou !

J'étais rouge de confusion et je la quittai.

Elle recherchait toutes les occasions de m'exciter, mais ma timidité m'empêchait d'en profiter. Un jour même, elle me dit :

— Vous n'êtes pas en état de bien jouer, tout grand que vous êtes.

Et elle m'embrassa avec une fougue passionnée.

Plus tard, je la rejoignis dans la cuisine. Nous nous mîmes à jouer et je commençai à retrousser ses jupes. Elle m'arrêta en disant :

— Attendez que j'aille fermer la porte. Ainsi, si votre tante arrive, elle sera obligée de sonner.

Je la pris sur mes genoux et ma main glissa sous ses jupons. Elle me donna, par-dessus mes vêtements, une si forte pression sur la queue que je ne pus retenir un cri. Je sortis ma pine. Elle la prit et la tâta tout autour et par en dessous.

— Tiens, dit-elle, vous n'avez pas de poils.

Cela me causa du dépit. Elle vint avec moi dans le salon. Nous étions dans l'obscurité. Nous nous

assîmes tous les deux sur un sofa. Elle m'avait empoigné la pine et j'avais enfin la pleine possession de son con, car elle tenait ses cuisses bien ouvertes. Elle s'ingéniait à me le faire toucher et tâter. Il était bien poilu, délicieusement mouillé, chaud et glissant.

— Dépêchez-vous, me dit-elle, votre tante va bientôt arriver.

Elle cessa de me toucher la queue et se coucha à moitié sur le sofa.

— Je ne puis plus y tenir, reprit-elle, mettez-vous sur moi.

Je me couchai sur elle. Ma pine heurta son con et y pénétra. Je poussais, je sentais que c'était chaud et glissant... Puis, brusquement, me vint la crainte d'une de ces maladies dont mes amis m'avaient parlé, et je m'arrêtai.

— Ah ! continuez ! continuez ! dit-elle en soulevant son ventre.

Mais je ne pouvais plus, car ma pine s'était dégonflée.

Elle la prit, et dit avec dépit :

— Vous n'êtes pas encore assez homme.

Puis elle se mit à me branler, pendant que ma main reprenait possession de son con.

— Laissez-moi essayer, lui dis-je.

Complaisante, elle se recoucha sur le sofa. Je ne fus pas plus heureux.

— Décidément, dit-elle, vous n'êtes pas un homme.

A ce moment, ma tante sonna et nous nous rajustâmes en hâte.

Je regagnai ma chambre, me couchai et passai une partie de la nuit à sentir mes doigts dont l'odeur me grisait.

C'est quelques jours plus tard que je devins un homme. La peur de la maladie contagieuse me faisait

examiner ma queue fréquemment, depuis cette aventure. Un jour, je m'aperçus que mon gland se découvrait en entier et qu'il dégageait une forte odeur. En regardant de plus près, je le vis recouvert d'une sécrétion blanchâtre. Je le lavai à l'eau tiède plusieurs fois par jour. Durant un de ces lavages, comme je passais doucement ma main sur ma pine, je ressentis une émotion voluptueuse. Je continuai naturellement, me souvenant du branlage de mon cousin, le fils du clergyman. La sensation de volupté s'accentua et devint si aiguë et si envahissante que je ne l'oublierai jamais. Je déchargeai sur le tapis et un liquide plus clair me coula jusque sur les couilles. Quand je fus revenu à moi, j'allai verrouiller la porte et me branlai jusqu'à épuisement de chaleur vitale.

Je racontai cet exploit à deux amis de mon âge, qui étaient frères. Depuis, nous nous réunissions au jardin fréquemment et nous nous branlions mutuellement dans une petite cabane isolée.

Naturellement, je tentai de recommencer avec la servante. Mais j'avais beau lui dire que j'étais parvenu à décharger, elle ne me croyait pas. Un jour, je la vis sortir furtivement de la cabane du jardinier. Le lendemain matin, comme j'étais descendu de bonne heure à la cuisine pour la trouver, je ne la vis pas. Elle arriva du jardin au bout d'un instant. D'un bond, je fus sur elle et parvins à lui saisir le con. Il était tout gluant, et j'en fus étonné. Elle me prit la main, me l'essuya longuement et prétexta, pour me renvoyer, qu'elle venait d'entendre du bruit. Remonté dans ma chambre, je fus tout surpris de l'odeur de mes doigts, comme je l'avais été au contact de son con gluant.

Quelques jours après, ma mère revint et renvoya la servante. J'ai pensé depuis qu'elle allait retrouver le matin le jardinier et que ce fut la cause de son renvoi. Et j'ai compris alors quelle odeur différente j'avais sentie ce jour-là...

En attendant, j'étais toujours vierge.

Mon cousin Fred étant revenu à la maison, nous nous contâmes nos exploits mutuels et un jour nous imaginâmes de nous toucher la queue et de faire sentir l'odeur de nos doigts à des femmes. J'usai de ce procédé avec ma cousine.

— Oh, là ! me dit-elle, ça sent mauvais. C'est encore une de vos drogues chimiques.

— Non, sentez encore et dites-moi à quoi cette odeur ressemble.

— Je ne me souviens pas d'avoir jamais senti une odeur semblable, mais à sentir de près, cela ne sent pas si mauvais ; c'est comme une odeur de bois des îles.

Je me demande si, quand elle fut mariée, elle eut l'occasion de sentir cette odeur et si elle la reconnut. En tout cas, je répétai plusieurs fois l'expérience avec elle. Je prenais un grand plaisir à penser que ma cousine sentait l'odeur de ma pine sans s'en douter. Ce qui prouve bien que chez le mâle l'amour de la lubricité est un sentiment naturel.

A l'approche de ma seizième année, je m'éveillai une nuit en proie à un songe voluptueux et je trouvai ma chemise de nuit toute souillée de sperme. Cette constatation m'amena à nouveau à me branler, mais au bout d'un certain temps je pus refréner cette passion.

Il nous advint alors, à Fred et à moi, une mésaventure que je veux conter ici avant d'en terminer avec la période de mon enfance érotique.

Un après-midi, nous revenions tous deux de chez un ami. Il était neuf heures du soir et il faisait nuit. Nous vîmes une femme qui stationnait près d'un mur.

— C'est une putain, dit Fred, elle nous permettra de la peloter si nous lui donnons de l'argent.

Nous vérifiâmes notre fortune, puis nous nous

remîmes en marche. Nous dépassâmes la femme, et nous nous retournâmes pour la regarder. Elle vint à nous.

— Que regardez-vous, les enfants ?

Je tentai de m'éloigner, mais Fred me retint et la conversation continua.

— Combien avez-vous d'argent ? demanda la femme.

Nous lui donnâmes ce que nous avions.

— Vous voudrez bien, dit Fred, que nous vous touchions tous les deux ?

— Naturellement. Est-ce que vous avez déjà peloté une femme ?

Nous répondîmes oui avec assurance.

— Donnez-moi un autre shilling et vous me toucherez le con tous les deux tant que vous voudrez. Vous allez voir comme j'en ai, du poil !

En fouillant à nouveau nos poches, nous trouvâmes le shilling demandé et nous le donnâmes à la femme. Mais elle s'éloigna alors sans vergogne en nous disant :

— Si vous courez après moi, je le dirai à vos mères !

Tels furent les principaux incidents lubriques de ma première jeunesse. Tous montrent que les désirs sexuels s'étaient éveillés chez moi bien avant la puberté ; ils étaient comme l'avant-goût des plaisirs que la vie devait me réserver.

CHAPITRE 2

J'arrive maintenant à mes débuts dans la carrière érotique.

J'avais environ seize ans ; j'étais grand et portais de légers favoris, avec un soupçon de moustaches. J'avais l'air d'avoir dix-sept ou dix-huit ans. Le branlage ne m'était pas désagréable, mais j'étais loin d'en abuser. Cependant, je bouillais de désir.

Une femme de chambre nous arriva un jour, juste comme je revenais du collège. J'étais sur la porte avec la cuisinière, Mary, aimable et fraîche personne de vingt-cinq ans. La nouvelle femme de chambre était dans une carriole conduite par son père. C'était une charmante fille de dix-huit ans environ. Comme elle se disposait à descendre, le cheval fit un écart. Elle mit le pied par terre, mais ses vêtements s'étant accrochés à la carriole, je vis apparaître rapidement ses bas blancs, puis ses jarretières, puis ses cuisses, et enfin une jolie touffe de poils du plus beau noir. Ce fut une vision rapide, car elle se dégagea aussitôt sans même soupçonner qu'elle nous avait montré tant de trésors.

Au bout de deux jours, j'étais amoureux de Charlotte. Elle avait des lèvres vermeilles, les dents blanches, les cheveux noirs, des yeux noisette et un

joli petit nez légèrement relevé. Ses épaules étaient potelées, ainsi que ses tétons. Dans l'ensemble, elle était grassouillette et assez grande. Je me mis bientôt à lui parler gentiment, puis je devins plus libre dans mes propos. Au passage, je lui pinçais le bras ou frôlais rapidement son corsage. Un jour qu'elle m'ouvrait la porte, je lui saisis le cul et le pinçais doucement. Puis j'arrivais à l'embrasser et elle me rendit mon baiser. Une fois, j'eus l'audace de la prendre et de la serrer dans mes bras, en pressant son ventre contre le mien et en le frottant. Mais ma mère survint à l'instant même. Enfin, je me décidai. Je lui dis, à brûle-pourpoint, comme je la trouvais dans la cuisine :

— Oh ! que je voudrais presser ma pine contre votre ventre tout nu, au lieu de le toucher par-dessus les vêtements !

Elle sembla révoltée par ce propos et jura qu'elle ne me parlerait plus jamais.

Mais je ne laissais passer aucune occasion de renouveler mes offres. Je lui dis une autre fois :

— J'ai vu votre con, lorsque vous êtes descendue de la carriole de votre père. Regardez ma pine, voyez comme elle est raide. Elle voudrait entrer dans votre con.

Je lui récitais presque mot à mot, on le voit, deux vers d'une chanson obscène. Elle sortit sans mot dire.

Je la rejoignis en répétant ma proposition. Elle me menaça d'appeler la cuisinière.

— Oh ! lui dis-je, elle doit avoir vu votre con aussi bien que moi !

Alors, elle se mit à pleurer. Profitant de son émotion, je me baissais et, par-dessous ses jupes, je saisis rapidement son cul d'une main et sa motte de l'autre. Elle poussa un cri et je me sauvai, cependant qu'elle menaçait de tout dire à la cuisinière et à ma mère.

Le lendemain, je lui promis de ne pas recommencer et nous fîmes la paix en nous embrassant.

Au bout de quelques jours, je recommençai à lui dire des cochonneries. J'attrapais parfois une gifle, mais c'était tout.

Un beau jour d'automne que ma mère était sortie, ainsi que la cuisinière, Charlotte se tenait dans le salon avec mon petit frère Tom. Nous étions assis tous deux sur le sofa. Je l'embrassai, puis je me mis à lui chanter la chanson de la queue et du con. Elle se mit en colère, mais je ne m'en souciai guère. Un instant après, comme elle voulait rattacher le lacet de son soulier, elle croisa ses jambes l'une sur l'autre. Je me proposai pour l'attacher et me mis à genoux devant elle. Je m'arrangeai alors pour retrousser sa robe, mais elle se trouvait prise entre les deux jambes et je n'y gagnais pas grand-chose. Je fis alors l'éloge de sa cheville et ce compliment flatta Charlotte. Soudain, je lui donnai une forte poussée qui la renversa sur le sofa. Instantanément, ma main droite fut entre ses cuisses. Je sentais la fente, les poils, la moiteur des chairs secrètes.

Elle se redressa en disant :

— Ah ! le saligaud ! la brute ! le cochon !

Mais je ne lâchais pas prise. Elle avait beau se débattre, je tenais bon. Et ma main gauche ne restait pas inactive. Je déboutonnai mon pantalon et sortis ma pine, qui s'exhiba aussi raide qu'un piquet. Charlotte était forcée de la voir. Je lui pris alors la main et la mis dessus ma queue. Puis j'attirai à moi sa jolie tête et la couvris de baisers. Elle essaya encore de se dégager, mais j'avais maintenant les doigts entre ses lèvres d'en bas et je les pinçais durement. Elle me saisit les cheveux à poignées et me tira brusquement la tête en arrière. Je crus qu'elle allait m'arracher le crâne, mais je tins bon. Je tirai alors les poils de son

con assez brutalement en lui disant que j'étais décidé à lui rendre mal pour mal. Elle me traita de brute, mais ce jeu cessa. J'étais maintenant sur les genoux devant elle, la pine en l'air et la main droite à son con. J'y restai bien une demi-heure ! Soudain, je m'aperçus que son con me mouillait les doigts. Je crus qu'elle pissait et le lui dis. Cela la mit en furie, puis la fit éclater en sanglots. Je ne pouvais plus tenir sur mes genoux. J'essayai de lui prendre le cul par-derrière pour me relever sans lâcher prise, mais elle s'échappa enfin.

Je m'assis sur le sofa, tout endolori. Tom se mit soudain à hurler et Charlotte dut revenir. Elle prit le gosse dans ses bras et partit à la cuisine, où je la suivis. Elle me traita de « gosse impudent », injure terrible pour moi, et me menaça de tout dire à ma mère. Je la suivais partout en lui disant des cochonneries. Je lui montrais mes couilles et je sentais mes doigts en disant que j'adorais l'odeur de son con. Mais tout cela avait duré des heures et ma mère allait rentrer. J'eus peur alors et je suppliais Charlotte de ne rien dire. Elle me répondit qu'elle dirait tout ce que j'avais fait.

Je courus me mettre au lit et, quand ma mère arriva, je prétendis être malade.

Charlotte, naturellement, ne parla pas. Les jours suivants, je repris mes propos avec une audace accrue, et aussi mes attouchements à chaque occasion qui s'offrait. Je parlais librement de ses cuisses, de son cul, de son con poilu et de ses belles fesses. Elle s'y accoutumait et me répétait seulement qu'elle détestait un pareil langage. Mais parfois, elle ne pouvait s'empêcher d'en sourire. Nos baisers devenaient plus fervents. Elle résistait toujours aux assauts de mes mains, mais nous nous collions souvent l'un à l'autre en nous frottant le ventre et nous baisant sur les lèvres durant plusieurs minutes.

Une fois, je la poussai contre un mur et lui relevai les jupes. Elle résista à peine, mais ma mère sonna et je dus cesser. Quelques minutes après, ma mère cria. Je vins et je vis Charlotte évanouie. Elle eut ainsi, en peu de jours, plusieurs attaques qui la laissaient sans connaissance.

Un samedi, la sachant seule en bas, je revins la trouver. La cuisinière était dans sa chambre. J'attirai Charlotte sur le sofa du petit salon, je m'agenouillai devant elle et lui mis les mains sur les cuisses.

Elle fit peu de résistance. Elle se défendait faiblement, sans faire de bruit et sans dire mot. Elle m'embrassa en me demandant gentiment de retirer ma main. Je me gardai bien d'obéir, car je l'avais en plein sur sa vulve où je pouvais cette fois la mouvoir avec la plus grande facilité. Je caressais les lèvres, la fente, la chair humide de l'intérieur. La jeune fille était maintenant extraordinairement calme.

Soudain, son regard changea. Ses yeux s'ouvraient largement, puis se fermaient. Elle soupira longuement et dit :

— Oh ! Oh ! Oôô... dites ! Oh ! enlevez... oh ! votre main ! Walter chéri... Oh !... je serai malade... Oh ! Oh ! O ô ô ô ô !...

Sa jolie tête s'inclina sur mon épaule. Ses cuisses s'écartaient et se fermaient sur ma main, puis je les sentais frissonner d'un mouvement convulsif. Finalement, elle resta sur moi comme anéantie.

Brusquement, elle se releva, saisit Tom qui jouait à terre, et s'enfuit sans rien dire. Mes doigts étaient tout mouillés.

Les deux ou trois jours qui suivirent elle semblait honteuse et évitait mes regards. Je ne compris que plus tard que je l'avais branlée sans m'en douter et qu'elle avait copieusement déchargé.

Durant trois mois, je m'amusais ainsi délicieuse-

ment avec elle. J'aurais voulu toujours lui palper le con et je lui demandais de se laisser enfiler par moi ; mais malgré ma tentative avec l'autre bonne, je ne savais pas au juste ce que je demandais. Je désirais surtout faire plaisir à Charlotte, que j'aimais à la folie.

Un beau jour, ma mère sortit avec Tom, après avoir donné congé à la cuisinière. Je devais aller les chercher chez une tante à la fin de l'après-midi.

Quand Charlotte me vit venir, à la sortie du collège, elle se montra agitée. Elle devait avoir une vague idée de ce qui allait se passer. Nous nous embrassâmes dans une étreinte prolongée, mais je vis bien qu'elle se réservait et ne se donnait pas comme avant.

Je commençai à lui peloter les nichons, puis je lui mis la main au cul. Elle lutta bien un peu, mais le ton dont elle me disait de cesser était bien plus tendre qu'à l'ordinaire. Il y avait déjà une heure que je la pelotais lorsque je réussis à l'attirer dans le salon et à la renverser sur le sofa. Je lui dis que je voulais l'enfiler, lorsqu'on sonna. C'était le laitier. Elle alla ouvrir, mais en revenant se sauva dans sa chambre où elle s'enferma. Elle me cria qu'elle ne sortirait pas sans entendre sonner tant que je serais là. Au bout d'une demi-heure, je lui dis en colère que je m'en allais. Je descendis bruyamment l'escalier, j'ouvris et fermai violemment la porte. Mais je m'étais bien gardé de sortir. J'enlevai mes chaussures et me faufilai jusqu'à ma chambre, qui était près de la sienne. Là, j'attendis longtemps. Enfin, Charlotte sortit. Elle appela à voix haute :

— Wattie ! Wattie ! Il est parti...

Cette dernière observation fut faite d'un ton chagrin. J'ouvris alors ma porte. Elle jeta un cri et rentra chez elle, mais je l'y suivis. Rapidement, je la saisis

et l'embrassai. Elle était renversée sur le lit, les jupes relevées, et j'étais penché sur elle, la queue à la main. Je voyais ses poils, je touchais sa fente. J'ignorais où se trouvait au juste le trou où je voulais pénétrer. Je savais seulement qu'il était entre ses cuisses et j'appuyais de toutes mes forces. Elle se plaignit :

— Oh ! vous me faites mal ! Je serai malade ! Je vous en prie... cessez !

M'eût-elle dit qu'elle allait mourir, je ne me fusse pas arrêté. Bientôt, un délire s'empara de tous mes sens. Ma pine déchargeait sa chaude rosée et l'injectait à Charlotte à chaque secousse nouvelle. Je ressentais avec mon plaisir une légère douleur qui me le rendait plus troublant. Tout mon être frémissait de jouissance. Mais sans doute mon sperme s'épanchait-il plutôt sur ce con vierge qu'à l'intérieur !

Combien dura cette extase ? Je l'ignore. Elle dut être courte, car à cet âge, un premier plaisir ne suffit pas. Je m'aperçus que Charlotte me repoussait, se relevait et cherchait à s'asseoir. Puis elle se mit à rire, à crier, et retomba en arrière, en proie à une attaque semblable à celles qu'elle avait eues déjà.

Je lui fis boire du brandy avec un peu d'eau, puis je l'étendis sur le lit. Alors, toute malade qu'elle fût, et en dépit de mes craintes, je mis à profit son évanouissement. Je levai ses jupes et vis son con tout mouillé de mon foutre.

Elle revint à elle, rabattit vivement ses jupes et se jeta de l'autre côté du lit. Je lui demandai pardon. Je lui demandai aussi si elle avait été heureuse comme je l'avais été, mais elle me regardait en face, d'un air égaré, en me suppliant de la laisser. A nouveau, je sentai ma pine se raidir. Je la lui montrai. Elle la regarda avec des yeux troubles. Son bonnet était tombé, ses cheveux pendaient sur ses épaules et son corsage était déchiré. Plus que jamais je la trouvais

belle. Elle semblait trop faible pour résister à mes exigences.

— Non ! Oh ! je vous en prie, non !

C'est tout ce qu'elle put dire quand je me jetai sur elle et que je pointai mon vit vers sa fente toute mouillée de mon sperme. Ma pine s'en alla tout droit vers le canal désiré, puis s'arrêta contre quelque chose qu'elle se mit à battre furieusement. Charlotte cria, en grinçant des dents.

— Oh ! vous me faites mal ! Oh ! oh !

Je sentais la tête de ma pine enserrée plus étroitement. Je donnai une poussée furieuse, puis une autre. Charlotte poussa un cri aigu, mais je ne sentis plus de résistance. Ma queue tout entière s'était enfoncée dans le vagin. J'en eus aussitôt la sensation bien nette. Je regardai Charlotte. Elle était maintenant très calme. Son con semblait se fermer sur ma pine. J'y glissai la main et tâtai tout autour. Oh ! quel ravissement de sentir mon outil englouti jusqu'à la garde ! Je ne pouvais plus toucher que mes couilles. Les poils de son con, tout gluants de sperme, se mêlaient aux miens. Aussitôt, je déchargeai, arrosant copieusement notre double pucelage. Charlotte s'agitait doucement lorsque soudain un coup sourd retentit.

— Ciel ! c'est votre maman

Je me rajustai et courus ouvrir. C'était seulement le facteur.

Quand je remontai, Charlotte était assise sur son lit. Je m'assis près d'elle et voulus lui voir le con à nouveau, mais ce fut en vain. Elle me permit toutefois de le tripoter à mon aise, pendant qu'elle-même me caressait les couilles et la queue. Nous jouâmes ainsi en parlant de notre aventure, puis nous nous livrâmes à une nouvelle copulation. Il se faisait tard. J'aidai Charlotte à refaire le lit. Puis je m'aperçus que ma pine se collait à ma chemise. Je regardai et je vis

mon linge tout couvert de sperme et de taches de sang. Je dis à Charlotte qu'elle avait dû saigner. Elle me supplia de sortir pour qu'elle pût changer de linge avant l'arrivée de la cuisinière. Je ne savais que faire de ma chemise. Je décidai de la laver moi-même avant de me coucher. Nous convînmes de dire que je n'avais pas paru à la maison. Enfin, après beaucoup de baisers et de larmes de sa part, je la quittai pour aller chercher ma mère.

La nuit qui suivit, ma verge me fit mal. Le prépuce avait été déchiré et je le trouvai douloureux durant quelques jours. Mais je pouvais désormais le ramener en arrière sans trop de peine.

Naturellement, je voulus prendre à nouveau Charlotte. Mais elle s'y refusait énergiquement. Cependant, je constatais que sa résistance tombait dès que j'avais pu mettre la main dans sa fente et qu'elle me laissait la manier en toute tranquillité.

Résolu à tout risquer, je revins à la maison un jour que ma mère était sortie et que la cuisinière s'habillait dans sa chambre. Elle en avait pour une bonne heure, je le savais. Je trouvai Charlotte au salon. Je la priai et la suppliai, lui tâtant la vulve par-dessus ses vêtements. Elle répondait toujours que nous allions être surpris par la cuisinière. D'ailleurs, la pièce était trop claire, etc. J'allai fermer les persiennes. Elle résistait moins. Elle sentait sur son con ma caresse excitante.

— Que pensera la cuisinière, si elle vous trouve ici ?

— Qu'importe ! Oh ! dites, Charlotte, laissez-vous faire ! Je vais verrouiller la porte. Si elle vient, je me cacherai sous le sofa et vous lui direz que vous ne savez pas comment le verrou a pu se trouver poussé.

C'était tout ce que je trouvais à répondre ! Mais cela devait suffire, car nous étions tous deux très

excités. Je verrouillai donc la porte. Déjà, ma pine est dehors. Je pose dessus la main hésitante de Charlotte. Les miennes, à leur tour, fouillent sous ses jupes ; mais trop impatient pour attendre, je la renverse sur le sofa et mets au jour son con chéri.

— Oh ! ne me faites pas mal encore, dites ! Oh ! ne poussez pas si fort !... Oh ! quelles délices ! Oh ! O ô ô ô !

En une minute, nous déchargeâmes tous les deux, et cette fois-ci avec ensemble.

Je déverrouillai la porte et je retournai à la salle à manger. Charlotte alla dans le jardin, où je la rejoignis bientôt. C'est à peine si elle osait me regarder en face. Elle rougissait comme une rose.

— Eh bien, Charlotte, est-ce que ce n'était pas bon, dites ? Oh ! comme votre petite affaire doit être mouillée !

Sans répondre, elle rentra et je la suivis. La cuisinière était toujours dans sa chambre.

— Venez, me dit Charlotte, et faites vite !

Nous tirâmes rapidement notre coup, puis elle retourna au jardin où, le con tout barbouillé de ma décharge, elle plaisanta avec la cuisinière qui s'était mise à sa fenêtre.

Toute pudeur disparut après cette séance. Quelquefois Charlotte se refusait, mais, le plus souvent, elle s'offrait d'elle-même, quand elle savait que nous pouvions le faire sans risque de surprise. En trois semaines, nous le fîmes une douzaine de fois.

Je mourais d'envie de voir son con, car je ne l'avais vu qu'une minute en tout. Je rêvais d'entrelacer nos membres nus, de nous frotter les chairs l'un à l'autre.

J'avais entendu parler de certaines maisons discrètes où les amoureux pouvaient louer des chambres, et des camarades m'en avaient montré une dans

les environs. Quand Charlotte eut son jour de sortie, je l'attendis près de chez nous ; nous prîmes une voiture de place et nous fîmes conduire à la maison des amoureux. J'étais un peu honteux en y entrant, mais je retrouvai vite mon aplomb. La chambre qu'on nous donna pour cinq shillings était propre et confortable.

De tous mes souvenirs voluptueux, ceux de ce jour-là sont restés en moi les plus nets. Pour la première fois, en effet, je vis une femme nue et pus contempler tous ses charmes secrets, et je me montrai pour la première fois à une femme dans tout l'orgueil de ma virilité. Tous les deux, nous étions quasi ignorants de ce qui constitue le sexe opposé, et, en tout cas, nous n'avions jamais eu l'occasion de le voir

Charlotte ne se déshabilla pas sans faire des difficultés, mais elle fut assez vite en chemise, et moi aussi. Avec quel ravissement je promenai mes doigts de sa nuque à ses chevilles en les attardant dans chaque fossette ou sur chaque renflement de ce corps divin ! Les seins, les fesses, les aisselles, le con, tout était nouveau pour moi.

Puis je lui fis ouvrir les cuisses et mes yeux ardents purent contempler son con tout à mon aise. J'admirai la toison qui couvrait la motte, les grandes lèvres, que j'écartai pour mieux voir la chair rose, les petites lèvres si mignonnes, en haut un tout petit bouton frétillant, et en bas une gaine, un écrin rosé tout prêt pour y glisser ma pine. Comme un enragé, soudain, je me jetai sur la jeune fille, mon membre pénétra en trois coups dans sa vulve, je frottai quelques secondes et déchargeai avec extase. Puis nous nous endormîmes.

Quand nous nous éveillâmes, il était près de trois heures et nous n'avions pas déjeuné. Charlotte hésitait à se laver et à pisser devant moi. Et moi, je brûlais de la voir pisser. Je la suppliai tant qu'elle y

consentit. Face à la fenêtre qui l'éclairait en plein, elle s'accroupit au-dessus de la cuvette. Je la vis se baisser et étaler son cul. Qu'elle était belle ainsi, avec l'ovale de ses deux fesses se creusant au-dessus du vase et sa fente qui s'entrebâillait ! Elle voulait pisser et ne pouvait pas. Je voyais les chairs roses de son con se contracter, les petites lèvres frémir.

— Je ne pourrai jamais...

— Oh, si ! chérie, pissez... Si vous saviez comme vous êtes jolie ainsi, comme je bande à vous regarder et comme je vous aimerai mieux après !

Un premier jet gicla, bientôt suivi par une contraction spasmodique des chairs, puis un clair filet liquide jaillit dans la cuvette, caressant au passage les petites lèvres et emperlant les poils. Je voyais l'urine sortir comme si j'avais pissé moi-même. Quel plaisir ! Et quelle différence avec les spectacles furtifs de mon enfance !

Quand Charlotte eut pissé, sans lui permettre de s'essuyer, je la jetai sur le lit et plongeai ma pine dans ce con tout emperlé d'urine. Pendant qu'elle pissait, je bandais si furieusement que c'en était douloureux. Aussi ne fus-je pas long à décharger, et elle aussi. Elle m'avoua avoir ressenti une volupté singulière à pisser sous mes yeux et que son plaisir en avait été ensuite plus intense.

Je la laissai se laver tranquillement. Nous nous habillâmes et allâmes déjeuner dans un restaurant voisin. Ce repas nous ranima et nous sentîmes bientôt l'un et l'autre un furieux désir de recommencer nos ébats. Nous revînmes à la maison et la femme sourit en nous revoyant. Une fois enfermés, les baisers et les pelotages recommencèrent. Avec quelle furie maintenant Charlotte maniait et caressait ma pine ! Elle ne s'opposait plus à mes curiosités ; au contraire, ses cuisses largement ouvertes me montraient la fente

poilue aux lèvres rouges. J'embrassai cette mignonne fente. Charlotte me rendit mon baiser sur ma queue. Ainsi la nature nous enseignait.

Je l'enfilai de nouveau. Cette fois, nous eûmes le temps de savourer notre plaisir. Mais quand je voulus recommencer, après avoir joui copieusement je me rendis compte que les forces masculines ont des limites. Enfin, exténués de jouissance, nous partîmes.

A dater de ce jour, la luxure nous tint. Nous pouvions difficilement nous voir seuls, pourtant nous copulâmes plusieurs fois par semaine. Quand je pouvais être seul avec Charlotte dans le salon, vite elle s'étendait sur le sofa, relevait ses jupes et écartait les cuisses. J'embrassais son adorable con, je le caressais, je le frottais ; elle faisait de même avec ma pine. Nous étions vite en rut et, une fois accolés, nous déchargions avec des transports fous.

Mon petit frère assistait à toutes nos séances. Nous lui donnions son plus beau jouet pour qu'il se tînt tranquille ; néanmoins, j'étais assez inquiet, car je tremblais qu'il ne nous trahît. Un jour, sur le sofa, j'étais en train de décharger dans le con de Charlotte quand je sentis une petite main se glisser entre nos ventres, en même temps la petite voix de Tom disait :

— Faut pas faire bobo à Lotty, Wattie, elle est gentille !

Nous croyions alors que Tom était bien trop jeune pour comprendre ce que nous faisions, mais j'en suis bien moins convaincu aujourd'hui.

Un jour, j'enfilai Charlotte debout, dans le couloir qui précédait ma chambre. Ma mère était au premier et la cuisinière en bas. Cela décupla notre plaisir. Nous devenions hardis et à peine étions-nous seuls une minute que je portais ma main sous ses jupes et elle la sienne à ma braguette. Puis nous nous donnâmes rendez-vous dans les cabinets réservés aux

domestiques. Elle s'appuyait au mur, retroussant elle-même ses jupes. Je l'enfilais par-derrière et, sentant ses fesses qui reculaient et me poussaient le ventre, pour mieux engloutir ma pine, je déchargeais dans son voluptueux vagin. Sachant quel plaisir j'en éprouvais, elle ne manquait jamais ensuite de monter sur le siège, de bien se retrousser, d'écarter largement les cuisses en s'accroupissant et de pisser sous mes yeux ravis. Elle portait la fente en avant pour que je ne perdisse rien de ce délicieux spectacle, et se déclarait heureuse de me faire plaisir de la sorte. Il était rare que nous ne recommencions pas une seconde copulation, tellement cela nous excitait.

Un jour, je la foutis sur la table de la cuisine et une autre fois sur celle de la salle à manger. Nous foutions sans compter, beaucoup trop pour notre santé, sans doute, et sans souci des terribles dangers qui nous menaçaient. Souvent, elle devait reprendre son travail aussitôt, et je ne pensais pas sans plaisir qu'en nous servant à table Charlotte avait encore le con tout rempli de mon sperme qui devait lui couler lentement sur les cuisses.

Nous retournâmes plusieurs fois à la maison des amoureux. Mais Charlotte l'appelait un mauvais lieu et trouvait que j'y dépensais trop d'argent. Nous fîmes alors connaissance d'une vieille qui nous reçut dans sa chambre, où se trouvait un sofa. Sa fille était couturière et habillait Charlotte. Quand nous partions, la vieille ne nous laissait pas sortir ensemble, de peur des commérages. La première fois, nous restâmes chez elle de onze heures du matin à neuf heures du soir. Nous ne fîmes que regarder nos sexes, les embrasser, nous enfiler et dormir. Je lui fournis des explications sur mon sexe et lui expliquai comment jaillissait la semence. Elle me dit le plaisir qu'elle éprouvait quand je lui chatouillais le con avec les

doigts. Nous nous branlâmes. Je m'appliquais à la faire jouir. Elle me disait :

— Chéri, ne changez pas de place. Là où vous étiez, c'est bien meilleur. Oh ! oh ! Ça vient... je suis en train... Oh ! je le fais... Oh ! O ô ô ô ô !

Je lui parlais de la cuisinière, qui couchait avec elle.

— Mary doit avoir un bien gros cul ?

— C'est une belle femme. Elle est deux fois aussi grosse que moi. Son cul pourrait couvrir tout le siège des cabinets. Naturellement, je l'ai vue toute nue, morceau par morceau. Cet été, un matin, nous étions couchées. Il faisait très chaud. Je me levai pour faire pipi. Tous les draps étaient tombés. Mary était couchée sur le dos, sa chemise roulée sous les bras, et dormait. Je ne pus m'empêcher de regarder entre ses cuisses. Elles étaient belles, et blanches comme la neige...

— Avait-elle beaucoup de poil au con ?

— Oui. Elle en a deux fois plus que moi. Il est blond, tirant sur le brun.

— Sans doute son con est-il plus grand que le vôtre ?

— En effet, car elle est bien plus grande que moi. Je voudrais bien être aussi belle femme qu'elle.

— Oui, mais moi je n'aime pas les blondes. J'aime mieux du poil noir sur un con. Il me semble que du poil blond ça ne doit pas être joli.

— Je l'aime bien. C'est une gentille personne, mais un peu triste. La nuit dernière, elle m'a prise dans ses bras et m'a serrée très fort en disant : « Oh ! si vous étiez seulement un jeune homme, on pourrait mélanger ensemble nos affaires et faire des bébés ! » Sûrement, elle devait être en pleine crise amoureuse.

Pendant que Charlotte parlait, je lui patinais doucement la vulve. Cela la fit rire soudain. Elle dit :

— Savez-vous bien, ce que vous m'avez fait l'autre jour, avec votre doigt ?

— Je vous ai branlée.

— C'est cela. Eh bien, Mary se branle aussi. Une nuit, j'étais éveillée, et tranquille, quand j'entendis Mary respirer très fort. Son coude me frottait la hanche et cela faisait *jog, jog...* Enfin, elle soupira longuement, étendit ses jambes, puis ne bougea plus. Tenez, je me souviens d'une autre fois. Nous avions célébré la fête de votre maman, et nous étions un peu grises. Quand Mary fut déshabillée, elle retroussa sa chemise au-dessus de ses hanches, se regarda avec attention et me dit : « Mes jambes sont deux fois plus grosses que les vôtres. » Je pariai que non, et nous nous amusâmes à mesurer nos cuisses. Elle perdit son pari. Après cela, elle se renversa sur le dos et lança les jambes en l'air, en les tenant ouvertes une bonne minute, comme heureuse et fière d'étaler son cul. « Seigneur ! lui dis-je, mais que faites-vous donc, Mary ? » Elle répondit : « Je lui fais prendre l'air, à ce chéri. D'ailleurs, les jambes des femmes sont faites pour être ouvertes. » En même temps, elle me montrait du doigt son con que je voyais s'entre-bâiller sous les poils blonds.

Nos amours furent bientôt troublées. Le père de Charlotte lui écrivit pour se plaindre qu'elle eût passé son congé sans l'aller voir. Le mois suivant, ses règles ne vinrent pas. Cependant, ce ne fut qu'un retard. C'est par Charlotte que j'avais eu connaissance des mystères de la menstruation. Plus tard, son père vint la voir et lui fit une scène pour savoir où elle passait ses congés. Elle alla chez elle un jour et revint en pleurs. On avait écrit une lettre anonyme à son père pour lui apprendre qu'on l'avait vue avec un jeune homme. Sa mère l'avait menacée de la faire examiner par un docteur. Son père voulait la

reprendre chez lui. Il voulait, en outre, la marier à un jeune fermier. J'étais allé au-devant d'elle sur la route. Il pleuvait.

Quelques jours après, son père vint la chercher et l'emmena avec sa malle. Je réussis à la voir quelque temps après, dans une salle d'école, que nous avait prêtée une institutrice de ses amies. Nous baisâmes sur un banc très dur. Cette rencontre fut arrosée de larmes et empoisonnée par la terreur d'être enceinte qu'avait Charlotte.

Une autre fois, nous nous rejoignîmes chez la mère de la couturière. Nous pleurâmes encore un peu, mais je l'enfilai avec rage plusieurs fois, jusqu'à ce que je ne puisse plus bander.

Elle se maria pour avoir la paix. J'essayai deux fois de la revoir ensuite. La seconde fois seulement je pus l'apercevoir, mais elle se réfugia dans sa maison et je n'osais pas poursuivre. Puis je reçus d'elle une lettre toute vibrante d'amour, mais dans laquelle elle me suppliait de ne pas aller la voir, pour lui épargner des ennuis. Je n'insistai plus.

CHAPITRE 3

Quand je vis que tout était terminé avec Charlotte, je finis par me raisonner. La nouvelle femme de chambre était laide, aussi me retournai-je naturellement vers la cuisinière. J'avais alors dix-sept ans, et Mary environ vingt-six.

J'ai dit qu'elle était grande et bien faite. Elle avait de belles dents, des yeux bleus et un teint d'une fraîcheur remarquable. Ses manières étaient réservées, et elle me traitait comme un gosse sans importance. Je ne pouvais m'empêcher de penser aux poils blonds de son con, et à tout ce que m'avait décrit Charlotte. Je songeais aussi qu'elle se branlait la nuit et devait avoir soif de jouir. Et je me disais qu'après tout elle pouvait bien me laisser lui faire ce que j'avais fait à Charlotte.

J'essayai de l'embrasser. Elle se laissa faire et me rendit mes baisers, mais de l'air de quelqu'un qui se débarrasse d'un importun. J'en fus extrêmement mortifié. Comme j'étudiais alors la chimie, on me relégua à la cuisine pour mes expériences et j'en fus bien content. J'étais heureux de voir Mary prendre le passage conduisant aux cabinets, et je prenais plaisir à me l'imaginer en train de pisser. Un jour qu'elle en sortait, elle se tamponnait l'entrejambe avec ses vête-

ments. J'ouvris la porte et elle s'aperçut que je la regardais, ce qui la fit rougir. Je l'embrassai et me hasardai à lui demander si elle l'avait bien essuyé. Elle rougit à nouveau et me planta là. Un autre jour qu'elle montait l'escalier, je vis ses jambes et lui dis qu'elles étaient bien faites. Alors, elle cessa de me parler, mais je ne me rebutai pas. Nous étions en mars. Je la trouvai un matin devant le feu, reprisant un bas, les jambes écartées sur le foyer. Je lui mis les mains sur les cuisses, cherchant le nœud de ses jarretières. Je bandais comme un carme.

— Dites, Mary, n'avez-vous pas de belles grosses cuisses ? J'en ai entendu parler. Et aussi de la belle collection de poils entre les deux...

— Vrai, à vous voir, qui vous croirait si menteur et si dévergondé !

Elle se leva, prit un broc d'eau et monta les escaliers... Je la suivis et, glissant la main sous ses jupes, j'empoignais sa cuisse, juste au-dessous de son derrière. Elle se retourna et s'assit sur une marche, mais comme j'avais maintenu ma main sur sa cuisse, je touchais les poils de son con. Alors, elle me donna une poussée et je dégringolai l'escalier. Je remontai et tentai à nouveau de lui toucher les cuisses. Elle me vida tout le broc sur la tête, en disant :

— Maintenant, allez vous plaindre à votre mère.

Elle ajouta :

— Vrai, si je n'étais pas aussi bien ici, je lâcherais la place dès demain. Mais je ne voudrais pas, pour cinq fois mes gages, laisser ici une de mes jeunes sœurs. Moi, encore, je suis assez grande pour vous tenir à distance.

De fait, j'étais étonné de la différence entre elle et Charlotte. Quand je touchais la chair de Mary, elle n'était ni troublée ni affolée ; elle me repoussait tranquillement et ne semblait pas s'émouvoir.

J'étais comme un enragé après elle, et je la suivais partout. J'allais jusqu'à pénétrer dans sa chambre, un jour qu'elle faisait sa toilette. Elle était en train de se coiffer, en chemise et en corset. Ses gros nichons blancs sortaient en haut, et en bas ses jambes magnifiques se voyaient jusqu'au milieu des cuisses. Elle mit les mains sur sa poitrine, se recula jusqu'au lit et dit :

— Oh ! allez-vous-en, monsieur Walter, allez-vous-en !

Je l'enlaçai, la serrai étroitement, et couvris de baisers ses deux tétons qui débordaient.

— Oh ! dites, Mary ! laissez-moi faire, dites ! laissez-moi faire !

Elle voulut me repousser. Je tombai à genoux, relevai sa chemise et saisis à pleines mains son gros cul, pendant que ma bouche s'enfonçait dans la chaude toison ; j'étais enivré de sentir son odeur et la chaude moiteur qui l'imprégnait.

Nous nous mîmes alors à lutter, elle pour se dégager, moi pour conserver ma position. Nous roulâmes par terre ; je renversai le vase de nuit ; je déchirais sa chemise jusqu'au corset. Quand elle put se relever, je vis ses belles cuisses nues, son cul énorme et magnifique. Elle ouvrit la fenêtre et appela la femme de chambre :

— Élisa ! venez vite, j'ai besoin de vous.

Soudain, je me rendis compte que je saignais du nez. Je dus me sauver dans ma chambre, non sans avoir aperçu son con poilu, qu'elle ne songeait plus à cacher.

Un instant après, elle descendit à la cuisine. Je la suivis. Comme elle allait fermer les volets, je jetai la main sous ses jupes et empoignai ses poils à pleine main, du premier coup. Je les entrelaçai dans mes doigts, et quand elle voulut se dégager, je tirais,

comme j'avais fait avec Charlotte. Ma pine se raidissait d'impatience. Je menaçais de tirer plus fort si elle ne me laissait pas la tâter à ma guise. J'avais sorti ma pine. Je me mis à genoux. Elle recula son derrière et sa figure s'approcha ainsi de la mienne.

— Oh ! dites, Mary, embrassez-moi, touchez ma pine et je vous jure que je vous laisserai...

Elle mit son beau visage sur le mien et m'embrassa. Sa main droite s'abaissa doucement et s'empara gentiment de ma pine. Ses cuisses s'ouvrirent juste assez pour permettre à mes doigts de pénétrer entre les poils et de sentir la douceur chaude et moite des grandes lèvres. C'en était trop pour moi. Je sentis venir la jouissance et ne pus me retenir. Mon cul se contracta, et poussant ma pine entre les doigts de Mary, je déchargeai dans sa main.

La honte me prit alors et je courus m'enfermer dans ma chambre. Jamais, pensais-je, je n'oserais maintenant lui parler. Je sortis me promener. Quand je rentrai, le soir, c'est Mary qui vint m'ouvrir. Elle me dit que ma mère n'était pas encore rentrée. Elle était calme, comme toujours. Elle allait finir de coucher Tom, car la bonne aussi était absente. Je me mis à bander et repris un peu d'audace. Quand Mary descendit, je lui sautai au cou et la suppliai de me pardonner.

— Je n'ai pas pu m'en empêcher !

Elle ne dit rien et se laissa pousser facilement dans le salon, jusque sur le sofa. Je voyais à peine son visage, dans la demi-obscurité. Je mis ma main à ses cuisses, puis à ses genoux, puis à ses pieds. Elle ne bougeait pas. Ma main s'insinua sous les jupes. Elle gagna peu à peu la cheville, le mollet, le genou, la jarretière, puis la chair nue de la cuisse. Je lui demandai pardon à nouveau de ma décharge. Aucune

réponse et aucun mouvement. Je gagnai alors le haut des cuisses, qui n'étaient pas serrées. Ma main put se glisser entre elles, et Mary poussa un long soupir quand mes doigts s'enfoncèrent dans sa vulve grasse et chaude. Je la repoussai doucement en arrière, et prenant sa main, je la mis sur ma queue. Elle s'en empara avec hâte, et me dit dans un souffle :

— Vous ne le direz à personne, au moins ?

Je le lui jurai sur ma vie. Alors ses cuisses s'ouvrirent plus largement, son corps s'inclina en arrière et se mit en position sur le sofa. Mes mains couraient sur une vaste étendue de chair satinée. Je ne voyais que la blancheur de cette chair de femme, tout le reste me paraissait noir. Je me penchais sur le con et baisais la toison. Je tâtais la douceur veloutée des hanches et me jetais comme un enragé sur ce ventre blanc et large, l'un des plus beaux que je vis jamais dans ma vie. Les cuisses s'ouvrirent pour me recevoir et en un clin d'œil ma pine lui fouilla le con, car elle n'était plus vierge.

Quelle béatitude ! Mes mains tâtaient tout autour des lèvres grasses, pour m'assurer que j'étais bien englouti en entier dans ce divin fourreau. Je compris la différence entre Mary et Charlotte. Cette manière tranquille de se donner était si différente de l'autre ! Et la nouveauté me faisait la chose plus délicieuse. Mais je ne pouvais plus m'attarder et Mary était aussi excitée que moi. Elle resserrait étroitement son con autour de ma queue ; tout son corps frissonnait dans l'attente du spasme. Chaque fois que son con me pressait, j'enfonçais ma pine plus avant. Ses bras m'enlaçaient, elle m'attirait à elle comme dans un étau. Son ventre se mouvait lentement contre le mien, me repoussant jusqu'à me faire souffrir, puis s'abaissant à nouveau avec une pression du vagin qui me faisait tressaillir d'aise. Enfin, elle remua plus fort

deux ou trois fois, comme dans un spasme... Elle soupira, et son ventre s'affaissa aussi lentement qu'il s'était levé, pompant mon sperme en même temps qu'elle exhalait son propre foutre.

Nous restâmes un long moment sans bouger, savourant notre plaisir. Ma pine s'attardait en elle comme si elle eût voulu s'y fixer. De son côté, Mary ne faisait rien pour la déloger. Je portai la main à nos ventres. Ma queue et sa vulve étaient mouillées comme si on les avait trempées dans un bain savonneux. J'étais toujours aussi raide. J'embrassais Mary, je la pelotais, et elle remuait gentiment son cul. Je poussai plus fort et je sentis la douce pression de son con. Le ventre de Mary vint à la rencontre du mien, gentiment, et nous voici à nouveau à chevaucher. Ce fut bien plus long, mais je sentis plus de mouvement dans ses fesses; ses soupirs furent plus nourris; sa main me glissait sur le dos avec plus de force, et nos deux bouches étaient collées l'une sur l'autre. Mary avait les lèvres humides, et ce me fut une sensation nouvelle et voluptueuse; bientôt, je sentis entre mes lèvres le petit bout de sa langue. Ce fut une révélation. Je lui dardai la mienne à mon tour, et dans un spasme qui nous crispa tous les deux, comme j'avais ma pine tout au fond de son vagin, nous déchargeâmes ensemble. Jamais encore je n'avais ressenti un plaisir aussi vif.

Elle se releva, se jeta à mon cou, me donna un long baiser, puis me supplia de ne pas la suivre dans sa chambre.

Les jours suivants, elle me fit des sermons de prédicateur :

— Nous devrions avoir honte tous les deux, moi surtout, qui suis mariée et bien plus âgée. J'aurais dû mieux me garder. Si j'en suis punie, ce sera bien fait pour moi. Et si vous ne tenez pas votre langue, je risque plus que vous ne sauriez croire.

Elle résista quelque temps, puis finit par céder à nouveau à mes attouchements, en disant :

— Mon Dieu, daignez pardonner à ma faiblesse !

Ce jour-là, je la baisai une première fois debout, dans la cuisine, et une seconde fois quelques heures plus tard, quand l'obscurité fut venue.

Dès lors, ses manières changèrent et elle cessa de me résister. Elle était plus capricieuse que je ne l'aurais cru. Parfois, elle se donnait avec une sorte d'impatience, comme pour se délivrer de mes importunités ; d'autres fois, au contraire, elle se livrait avec un désir évident de jouissance. Elle consentit, enfin, un jour de congé, à m'accompagner à la maison des amoureux. Ce fut une joyeuse journée. Elle s'abandonna au plaisir sexuel comme elle ne l'avait encore jamais fait. Quand elle fut nue devant moi, n'ayant gardé que ses bas et ses chaussures, je pus contempler un délicieux tableau. Elle était grande et belle, la chair ferme et satinée, sans aucune trace de rides. Elle avait dénoué ses beaux cheveux qui lui tombaient jusqu'à la taille. Les poils de son con et de ses aisselles étaient d'une jolie couleur d'or brun et formaient des buissons délicieux sous ses bras et entre ses cuisses. Ils étaient si fournis qu'ils en paraissaient plus foncés. Ses mollets, ses cuisses, ses fesses et ses tétons étaient fermes et ronds. Jusqu'ici, je n'avais pas aimé les blondes, mais je changeai vite d'avis.

Elle se montra d'une complaisance qui me ravit. Je n'avais pas encore la notion des postures amoureuses, mais j'avais déjà l'intuition de certaines poses favorables à ma lubricité. Je la plaçais tantôt sur le dos, tantôt sur le ventre ou sur le côté. Elle se pliait avec joie à mes désirs, et quand je lui écartais les jambes, pour pénétrer en elle, elle venait au-devant de mon membre avec une ardeur agissante et fort agréable.

La fermeté de sa chair me surprenait. Quand je

mettais mon doigt entre ses cuisses jointes, ou dans la fente de ses fesses, j'avais peine à le retirer. Ses poils étaient longs, mais bouclés, je comprends maintenant qu'elle n'aurait pu pisser sans les mouiller. Son con me semblait beaucoup plus grand que celui de Charlotte, mais le vagin était bien plus étroit, et quand ma pine y était entrée, je la sentais étroitement serrée tout autour. Quand je déchargeais, il me pressait si délicieusement que cela prolongeait ma jouissance. Elle ne donnait ni violentes secousses, ni fortes poussées, ne tortillait pas son cul et ne se contorsionnait pas en jouissant, mais juste au moment où mes poussées se faisaient plus pressées, elle soulevait graduellement son ventre comme si elle eût voulu m'engloutir tout entier après ma pine, et elle semblait me sucer le membre tandis que je déchargeais. Charlotte, au contraire, se plaignait toujours quand j'enfonçais ma pine trop profondément.

Quand son plaisir commençait, Mary roulait sa langue contre la mienne, me la suçait pour ainsi dire, et se détendait lentement dans la volupté jusqu'à ce qu'elle me reprît dans ses bras avec une force accrue pour me baiser la bouche.

Je demandai à Mary de pisser devant moi et elle ne se fit pas prier. Pourtant, elle y mit tant de répugnance que je ne le lui redemandai jamais.

Quand je rentrai chez nous, j'étais tellement épuisé que ma mère s'en aperçut et me reprocha de prendre trop à cœur mes études !

Je pus difficilement joindre Mary à la maison. Mais son prochain jour de congé me fut à nouveau consacré. La semaine suivante, elle demanda à ma mère un nouveau jour, ce qui parut surprenant. Nous allâmes encore à la maison des amoureux. Quel jus de couilles fut répandu ce jour-là ! Pourtant, nous nous querellâmes. J'étais curieux de savoir qui l'avait

enfilée avant moi, et comme nous étions étendus nus sur le lit, je le lui demandai à brûle-pourpoint. Elle se redressa :

— Vous n'avez pas le droit de me questionner. Vous n'êtes pas mon mari.

J'insistai, et lui dis que je l'avais trouvée différente de... (j'allais dire Charlotte, mais je me retins à temps), d'une autre femme que j'avais foutue. Chez elle, au contraire, j'avais pénétré sans difficulté. Elle me répondit que c'était sûrement Charlotte. Je niai, mais elle en resta convaincue. Elle ajouta :

— Quel malheur que vous ayez abîmé une aussi jolie fille ! Vous êtes tous pareils, les hommes !

Là-dessus elle redevint voluptueuse et câline. Mais je reposai ma question.

— Si vous me questionnez encore, dit-elle, vous ne m'aurez jamais plus !

A la grande surprise de ma mère, elle demanda un nouveau congé supplémentaire, que nous passâmes ensemble, comme le premier. Deux jours après, je pus la prendre à la maison et nous nous baisâmes furieusement. Depuis mon premier assaut, Mary était dans un état de luxure latente et sa vulve la démangeait toujours. Elle m'appelait maintenant son « gentil mignon ». Quand elle jouissait, elle suçait toujours ma langue. C'était, disait-elle, un élément de luxure important pour elle à cet instant.

Enfin, un soir, elle me raconta son histoire. Elle s'était mariée à un homme qui la délaissa et se ruina. Elle lui pardonna tout, mais comme il lui communiqua, un jour, une maladie contractée avec des femmes, elle le quitta pour se placer comme cuisinière. Elle me jura qu'aucun autre homme que son mari et moi ne l'avait baisée. Elle me dit qu'avant de m'avoir cédé, elle calmait ses ardeurs comme le font toutes les femmes dans une situation analogue.

Vous vous branliez, alors?

Naturellement, mais pas trop souvent.

Son mari lui écrivit qu'il avait gagné de l'argent en Amérique et elle se montra décidée à aller rejoindre le domicile conjugal. Elle refusait de se laisser foutre à nouveau.

— Vous souvenez-vous, me dit-elle, de la courte maladie que j'ai faite? Voilà : vous m'aviez mise enceinte et j'ai dû me faire avorter. Tant que j'étais ainsi, je vous ai laissé faire tout ce que vous vouliez. D'ailleurs, j'y avais tant de plaisir!... Mais maintenant ce serait trop dangereux.

Un jour, pourtant, qu'elle était seule à la maison, je revins à l'improviste, me prétextant malade. Je me couchai. Elle m'apporta un bain de pieds dans ma chambre. Je l'embrassai et l'attirai vers moi. Je mis ma main sur sa cuisse, mais elle refusait toujours. Je relevai alors ma chemise de nuit et montrais ma queue fièrement bandée. Comme elle ne cédait toujours pas, je menaçai de me branler sous ses yeux et commençai effectivement l'opération. Soudain, je la renversai sur le lit et en un clin d'œil j'avais la main sur sa fente, tandis qu'elle-même m'empoignait la verge.

— Oh! monsieur Walter! Je n'ose pas vous permettre... Pourtant...

Elle était vaincue. La nature parlait trop fort chez elle. Mon ventre était en contact avec le sien. Je poussais mes couilles contre ses poils. Mais avant que j'eusse pu pénétrer, je déchargeai. Juste à ce moment, j'ouvrais les grandes lèvres avec mes doigts. Cela fit zzi! zzi! ouch! ouch!... et cela partit sur mes mains, sur ses cuisses, dans ses poils, sur le clitoris et dans la raie de ses fesses. Je jurai comme un dragon.

— Tant mieux, dit-elle. C'est mieux ainsi.

Elle voulut se dégager, mais j'étais toujours étendu

sur elle. Et je la sentais sans force. Il n'en pouvait être autrement, après sa longue abstinence et la scène précédente.

Nos langues se rencontrèrent. Un frisson voluptueux courut dans mes veines et ma pine se redressa aussitôt. Elle pénétra vite dans le con de Mary et une crispation spasmodique la salua. Nous voilà donc foutant et refoutant. Je l'inondai deux fois sans déconner, puis elle alla se laver dans l'eau du bain de pieds.

Elle revint ensuite s'asseoir près de moi et m'embrassa avec reconnaissance.

Le lendemain matin, hélas ! Mary nous prévint qu'elle allait quitter notre service. Une fois ou deux encore j'eus l'occasion de la peloter et de manier ses poils blonds, mais jamais plus je ne pus la foutre. Ses règles lui revinrent normalement, et elle me l'apprit avec joie. Quand elle partit, elle me dit :

— Adieu, ami. Dieu vous bénisse ! Vous êtes un charmant jeune homme, et vous causerez sûrement encore le malheur de plus d'une pauvre fille ! Moi, je pars sans joie, mais c'est le devoir qui le veut.

Je ne la revis plus jamais et je ne sus pas ce qu'elle était devenue. J'ai toujours pensé qu'elle était d'une condition supérieure à la mienne, et le soin qu'elle prit de nous laisser ignorer ses origines me le fit croire. En tout cas, je n'eus jamais, par la suite, aucune femme qui lui ressemblât. Quand Mary nous quitta, j'avais dix-huit ans. Nos amours avaient duré une année, comme avec Charlotte.

CHAPITRE 4

Ma santé ayant donné des inquiétudes à ma mère, on m'envoya chez une de mes tantes, qui était veuve. C'était la mère de mon cousin Fred, dont j'ai parlé dans mes souvenirs d'enfance, celle-là même que j'avais pu voir en train de pisser. Fred voulait aller alors à l'armée. C'était un franc vaurien, d'ailleurs plutôt vantard. Il m'affirma qu'il avait attrapé déjà la chaude-pisse et m'enseigna ce que je devais faire quand je l'aurais. Il ne voulut pas croire au récit que je lui fis de mes aventures, d'autant que je refusais de lui donner des précisions sur la personne de mes maîtresses. Il me dit avoir séduit la fille d'un fermier des environs. Il me la montra un jour et m'affirma qu'il l'avait aussi souvent qu'il le désirait. C'était une grande fille que je trouvai malbâtie. Il l'avait aperçue dans les champs, en train de pisser le long d'une haie. Elle vit qu'il la regardait, mais ne s'arrêta pas pour cela. Finalement, après bon nombre de propos gaillards, il lui prit sa virginité contre une meule de foin.

Mais la description qu'il me fit de cette scène ne s'accordait pas du tout avec mes expériences personnelles. Je fus bientôt fixé sur la nature des sentiments que Fred inspirait à cette fille, car il

m'emprunta fréquemment de l'argent pour le lui donner. Je compris qu'elle ne lui cédait que par intérêt.

Je me dis que puisqu'elle lui vendait son amour, peut-être en ferait-elle autant avec moi. J'étais relativement riche, alors, et je bandais terriblement, car les récits de Fred avaient excité mon ardeur. Un jour que mon cousin était absent, je partis pour aller trouver la fille. Elle habitait une maison isolée, à l'écart de tout chemin. Je la trouvai en train de balayer. Je la saluai et lui demandai si je ne pourrais entrer me reposer un peu. Elle y consentit volontiers. En quelques questions, je sus que son père était aux champs, que sa sœur travaillait à un moulin à papier qu'elle me montra au loin, et qu'elle était seule. Je brusquai les choses :

— Oh ! je voudrais que vous me laissiez faire.

— Quoi donc, monsieur ?

— Vous le faire... Je vous donnerai cinq shillings.

Elle éclata de rire, et dit :

— Bien vrai ! Qui aurait pu penser qu'un monsieur du château viendrait dire pareille chose à une pauvre fille comme moi ?

— Laissez-moi vous le faire, ou je m'en vais. Je vous donnerai sept shillings et six pence.

C'était plus qu'elle n'en pouvait gagner en une semaine. Je savais que Fred lui en donnait habituellement cinq.

— Au moins, dit-elle, vous n'en parlerez pas à l'autre jeune monsieur ?

Je promis tout ce qu'elle voulut. Elle alla à la porte, regarda si personne ne venait, puis la verrouilla. Elle me conduisit ensuite dans sa chambre, où se trouvaient deux lits. Elle s'installa sur le plus grand, en me disant de me dépêcher. Je lui retroussai ses vêtements jusqu'au nombril et regardai.

— Oh ! dépêchez-vous donc ! dit-elle.

Mais c'était le troisième con qu'il m'était donné de voir et je m'attardai à le contempler. La fille avait une paire de cuisses rondes et pleines, un large ventre blanc et un con tout couvert d'une épaisse toison brune. Elle avait une chemise sale, des bas grossiers et des savates éculées. Le lit était blanc et propre, ce qui faisait paraître davantage la saleté de ses nippes. C'était un tableau tout différent de ceux que j'avais pu contempler jusqu'ici. Elle reprit :

— Vous feriez mieux de vous dépêcher, car mon père va bientôt rentrer dîner.

Je dirigeai ma main vers son con, et elle ouvrit les cuisses. Je vis la brèche ouverte, avec une paire de lèvres pareilles à des saucisses, et un fort clitoris rouge foncé s'inclinant vers le bas et se cachant entre les lèvres. Je mis mon doigt sur ce bouton. Ma pine se mit à battre contre mon ventre. Je me logeai dans la place et n'y fus pas plus tôt que cul, con et cuisses se mirent à l'œuvre avec énergie. En une minute je déchargeai. Mais comme je voulais retirer ma queue, le con l'agrippa comme par une forte étreinte musculaire, ce qui eut pour effet de me pomper jusqu'à la dernière goutte de sperme.

Je me mis ensuite à genoux et contemplai les grosses lèvres du con, à demi ouvertes, et d'où mon sperme sortait goutte à goutte. J'étais triste d'avoir si tôt fini.

— Si ça vous dit, reprit la fille, vous pouvez encore me le faire.

— Je ne crois pas que je puisse.

Elle s'empara de mon joyau, et je ressentis aussitôt les effets de ce contact. Je cherchai à lui patiner le con, et elle ouvrit largement ses cuisses pour me permettre de lui caresser la vulve. Je fus vite prêt, et elle s'en aperçut avec une grimace de satisfaction. Elle m'attira sur elle et se logea elle-même ma pine dans

son con, avec une élévation de son cul, une aspiration et un tortillement impossible à décrire. Je baisai tranquillement, mais c'était maintenant son tour. Elle se soulevait et se tortillait de telle sorte que ma pine déconna. Mais elle fut aussitôt rengloutie.

— Fort ! fort ! dit la fille tout à coup.

J'y allai de toute ma force. Elle serrait si étroitement mon cul que la marque de ses doigts devait s'y imprimer, puis, après un tortillement suprême, accompagné d'un soupir intense, elle resta immobile, le visage rouge comme du feu. Je dus achever par mes propres moyens. Je sentis en me retirant la même pression voluptueuse de sa gaine. C'était une délicieuse contraction que ne peuvent donner que les femmes qui ont une grande force musculaire dans le vagin. Celles qui n'en sont pas douées ne peuvent en comprendre les effets.

Elle se leva, s'essuya la vulve avec ses vêtements, mais ne se lava pas.

— Je suis toujours seule comme maintenant, me dit-elle, de huit heures à midi.

Je m'arrangeai pour la revoir à plusieurs reprises, puis il m'advint une merveilleuse aventure. Ce jour-là, il faisait si chaud que j'avais déposé sur une chaise mon pantalon et mon caleçon. Ma chemise était soigneusement roulée sous mes bras, pour éviter les taches de foutre. Je donnais toujours cinq shillings à la fille avant de commencer. Soit qu'elle eût un béguin, soit qu'elle eût le cul chaud, elle aimait fort à se faire foutre par moi. Elle eût désiré que ce fût tous les jours.

Ce jour-là, elle se donnait avec ardeur et ses mouvements étaient plus énergiques que jamais. Nous étions en pleine crise, quand elle se mit à crier : « Mon Dieu ! Mon Dieu ! », me repoussa brusquement et se réfugia sur le côté du lit. Je me levai et

aperçus une jeune paysanne de quinze à seize ans qui se tenait à la porte de la chambre et nous regardait en ricanant, tout en manifestant un certain étonnement. Durant un instant, personne ne dit rien, puis la nouvelle arrivée parla :

— Vous en faites du joli, Sarah ! Si père le savait...

— Comment avez-vous osé me regarder, Martha ?

— C'est ma chambre aussi bien que la vôtre.

Les yeux de Martha étaient fixés sur moi. J'étais nu jusqu'à la taille. Ma verge se dressait fièrement, toute rouge et toute mouillée, achevant d'éjaculer des gouttes de sperme. J'étais tellement en rut que j'aurais foutu n'importe qui.

— Sortez de la chambre ! dit l'aînée à sa sœur.

— Quand le diable y serait, dis-je, je veux finir de vous foutre.

— Oh ! monsieur, pour l'amour de Dieu, non, ne le faites pas !

En ricanant toujours, Martha se retira dans la cuisine. Alors Sarah se mit à trembler :

— Elle va le dire à mon père, car nous sommes mal ensemble, et il va me jeter dehors !

— Mais n'a-t-elle jamais fait ça, elle ?

— Non. Nous couchons ensemble, et je le saurais. D'ailleurs, elle n'est femme que depuis quelques mois.

— C'est malheureux, dis-je, car si elle l'avait fait, elle ne dirait rien.

— Oh ! que je voudrais donc qu'elle l'eût fait !

— Obtenez d'elle de ne rien dire et que je puisse le lui faire aussi, et je vous donnerai deux livres.

Ses yeux étincelèrent. Elle réfléchit, puis dit :

— J'essaierai. Donnez-moi de quoi aller acheter à boire, et je vous laisserai seuls.

Nous entrâmes dans la cuisine. Martha regardait

par la fenêtre. Son cul formait une gracieuse saillie. Il était onze heures et le père ne rentrait pas déjeuner ce jour-là.

Sarah s'approcha :

— Vous ne le direz pas au père ?

Martha ricana.

— Si vous le dites, reprit l'aînée, je dirai que j'ai vu le jeune Smith vous mettre la main sous les jupes.

— C'est faux.

— Si, il l'a fait, et je dirai encore que vous avez vu tout ce qu'il a à montrer.

— Vous êtes une menteuse.

— Répétez-le ! Toutes les deux nous l'avons vu pisser.

— C'est votre faute, vous m'avez dit de regarder.

— Ah ! ne faites donc pas tant de manières. Je sais bien ce que vous avez dit et fait cette nuit-là dans le lit, quand nous en avons reparlé.

— Vous êtes une mauvaise fille de parler ainsi devant un étranger.

Elle sortit alors, mais revint vite. Sarah continua à raconter tout ce qu'elle savait sur sa sœur. Elles faillirent se battre, et je dus les calmer. J'envoyai l'aînée chercher des liqueurs. Il y avait un bon mille de chez elle à l'auberge, et il était entendu qu'elle ne se presserait pas. Martha ne se débattit pas trop quand je voulus l'embrasser, et la connaissance fut vite faite.

— Voilà cinq shillings, lui dis-je, si vous ne dites rien à personne.

Elle prit l'argent et promit. Je la questionnai sur Smith :

— Qu'avez-vous senti quand il vous a touchée ? Est-ce qu'il bandait ? N'était-ce pas bon quand il a mis sa main entre vos cuisses ?

Elle ne répondait rien.

— Vous avez dit à Sarah que c'était bon. Vous lui avez aussi parlé du joujou de Smith.

— C'est vous, dit-elle, le monsieur du château? Pourquoi venir troubler de pauvres filles comme nous?

— Vous m'avez vu sur votre sœur, entre ses cuisses. Elle trouvait ça rudement bon.

En même temps je sortais ma verge. Elle s'accroupit à moitié sur le sol pour que je ne puisse lui prendre le con. Sans hésiter, je la renversai. J'eus vite les doigts sur sa motte. Elle eut beau crier et se débattre, je tenais bon. Elle m'échappa, je la repris ainsi plusieurs fois. Quand sa sœur revint, nous avions ri et fait la paix et je lui avais promis un bonnet neuf. Sarah apportait des liqueurs. Nous bûmes, car il faisait chaud. En peu de temps, les deux sœurs se trouvèrent échauffées. Je dis à Sarah que j'avais patiné le con de sa sœur.

— C'est bien fait! dit-elle en riant. Il faudra bien qu'un jour elle se le fasse transpercer. C'est une folle de ne pas l'avoir fait encore!

Je demandai à Sarah de me permettre de prendre mon plaisir, dont j'avais été frustré le matin.

— Oui, dit-elle, car c'est un plaisir aussi pour moi. Quand Martha en aura goûté, elle en redemandera.

Martha rit et dit :

— Comment? Vous voulez recommencer?

Je sortis ma pine et fis constater qu'elle était raide.

Sarah me dit à l'oreille :

— Tâchez de le lui faire. Je vais au village acheter des provisions.

Je verrouillai alors la porte et commençai l'assaut. Martha était si saoule que je pus lui peloter le cul à l'aise. Je lui chatouillai le clitoris. Mais elle ne voulait pas rentrer dans la chambre. Je fis tomber un louis et lui dis que je ne pouvais le retrouver. Elle vint alors. Je lui promis deux louis si elle se laissait faire. Elle s'en empara tout en disant : « Non ! » Mais

je commençais déjà à lui titiller le bouton et elle me laissait faire en se mordant le bout du doigt. Je la couchai sur le lit. Elle était vaincue. Je retroussai ses vêtements et lui écartai les jambes. Je vis à peine une ombre de poils sur son con. La nouveauté de ce gracieux tableau me ravit et j'embrassais la jolie vulve. Il me vint alors l'idée de la lécher. Pour la première fois de ma vie, je me livrai à cette délicieuse caresse. Ma salive s'injectait dans le petit trou de son con. Enfin je grimpai sur elle. Elle eut beau dire que j'étais lourd, puis que je lui faisais mal, rien n'y fit. Quand je fus bien en place, je passai une main sous ses fesses et la serrai comme dans un étau, puis je poussai furieusement à plusieurs reprises. Quand je l'eus percée, je lui injectai tranquillement ma semence. Elle était comme endormie par l'alcool. Après avoir longuement contemplé les détails de son con, je la grimpai à nouveau. Elle était réveillée et se défendit, mais je parvins à mon but.

Quand Sarah revint, elle s'enferma avec elle et finit, non sans peine, par lui faire avouer qu'elle n'était plus pucelle.

Je revins le lendemain. Martha avait l'air gênée et ne voulait pas entrer dans la chambre, mais sa sœur lui dit de ne pas faire l'imbécile, et nous quitta. Je la mis sur le lit et mon caprice de la veille me reprit. Je léchai la petite vulve avec délices. Elle était d'une couleur rose tendre, et non rouge comme les trois autres que j'avais vues. Martha était bien faite, avec un large cul. Ses nichons étaient encore bien petits, mais sa fente possédait deux lèvres bien charnues, comme celles de sa sœur.

Je la revis presque tous les jours de cette semaine, et sa pudeur fut vite évanouie. Elle m'avoua qu'elle n'avait pas de plaisir à faire cela et qu'elle préférait que j'y mette la langue. Un jour, je lui léchai tant le

con et si longuement que je le sentis se mouvoir sous ma langue. Ses cuisses se fermèrent, puis se relâchèrent. Elle avait les yeux clos. Elle finit par reprendre ses sens et me dire que ce que je lui avais fait était meilleur que tout et qu'elle venait de jouir pour la première fois. A dater de ce jour, elle déchargea chaque fois que je la gamahuchai ou que je la baisai.

Il m'arriva une aventure avec Fred, un jour que nous nous promenions à cheval. Il m'offrit de nous arrêter à de charmants cottages pour aller tirer un coup, si je voulais lui prêter de l'argent. Il y avait devant les portes de jolies filles. C'étaient des dentellières, mais Fred m'affirma qu'elles se faisaient baiser volontiers pour de l'argent. De fait, deux filles qui étaient ensemble nous firent signe et nous entrâmes chez elles. Fred en prit une et lui mit tout de suite la main sous la jupe. Mais il fallut d'abord discuter le prix et payer. Fred se retira dans une chambre avec celle qu'il avait choisie. J'étais honteux, et je redoutais la maladie. Enfin, j'osai trousser la fille et lui regarder les jambes.

— Seigneur, dit-elle, je suis très propre.

Et elle se troussa très haut. Je l'amenai jusqu'au lit et lui regardai le con, mais je ne pouvais bander. La pensée que j'avais affaire à une putain me refroidissait totalement. Elle prit mon membre, mais sans résultat :

— Qu'avez-vous donc ? dit-elle. Est-ce que je ne vous plais pas ?

— Si ! vous me plaisez.

— Avez-vous déjà baisé des femmes ?

— Oui.

A ce moment, Fred demanda s'il pouvait entrer, et je lui dis que oui. Il me dit qu'il y avait de l'eau à côté, et je sortis pour faire semblant de me laver. Je

les entendis rire et pensai qu'ils se moquaient de moi. Mais il n'en était rien ; c'était Fred qui pelotait celle qu'il croyait ma femme. J'offris à boire. Fred dit que sa « femme » avait un con noir comme du charbon. Puis il offrit de changer et de le faire dans la même chambre. Je me sentais plus décidé. La fille que je n'avais pu foutre était en train de pisser. Sans la laisser achever, Fred la porta sur le lit et l'enfila. Je bandais maintenant. Je plaçais l'autre fille à côté de la première, et dès que je fus logé dans son con, toute crainte disparut. Nous jouîmes après avoir bien chevauché. L'une des filles remarqua qu'elle n'avait jamais entendu parler de pareille affaire et que nous étions de fameux cochons. Nous n'attrapâmes aucun mal.

Quand j'allais voir Martha, maintenant, elle me questionnait toujours sur mes amours avec Sarah, car si elle racontait tout à son aînée, elle n'en recevait que peu de confidences. Je vis qu'elle en était jalouse. Depuis notre seconde rencontre, elle avait toujours des dessous bien propres. Sa sœur également.

Je la gamahuchais toujours, car elle adorait cela, et moi aussi. Je me plaçais à genoux devant elle, elle se couchait au bord du lit, me tendait son cul, et se soutenait les jambes pour faciliter l'action. Je léchais les lèvres et la fente et m'attardais à sucer le petit bouton. Un jour, je ne sais pourquoi, je me mis à l'envers. J'étais couché sur le dos, et elle se mit à genoux pour me tendre sa croupe. Sa mignonne petite vulve formait une adorable saillie au-dessous de ses fesses. Dans cette position, ma queue se trouvait à portée de sa bouche. Elle jouait gentiment avec elle. Tout à coup, elle l'empoigna fortement, puis, sans savoir pourquoi, la prit dans sa bouche. Elle l'enfonça, la lécha, la suça, pendant que je lui suçais

le clitoris. Toujours est-il que comme elle jouissait sur ma bouche, je déchargeai dans la sienne et sur son visage. Ahurie, elle me traita de cochon. J'étais honteux et lui fis des excuses...

Un jour, je trouvai Sarah seule à la maison.

— Alors, dit-elle, vous ne voulez plus de moi ?

— Je n'ai pas d'argent.

— Oh ! bien, nous sommes d'assez vieux amis pour qu'il ne soit pas question d'argent.

Un instant après, nous étions sur le lit. Son con me frappa presque comme une nouveauté. J'allai l'enfiler, quand elle me dit :

— Vous l'aimez mieux que moi, car vous ne me faites pas ce que vous lui faites.

C'était embarrassant. De plus, j'avais honte qu'elle sût que j'avais léché le con de Martha et mon joujou se ramollit du coup.

— Voyons, embrassez-le comme celui de Martha

Je lui donnai un baiser sonore sur la vulve.

— Non, dit-elle, faites-moi comme à elle. Léchez-moi le bouton avec votre langue.

Je dus la placer sur le bord du lit. D'abord, j'avais du dégoût, mais je fus vite excité. Il me fallait ouvrir avec les doigts toute cette chair chaude, écarter ces poils touffus, et j'y dus presque enfouir mon visage pour arriver au vagin. Je n'eus pas plus tôt touché le clitoris avec ma langue que les grandes lèvres se refermèrent tout autour de ma bouche. Sarah se démenait tellement, tant elle remuait le cul pour cette caresse inconnue, que ma salive lui mouillait tous les poils. Puis ses cuisses se serrèrent étroitement sur ma tête ; elle enfouit ses deux mains dans mes cheveux, me pressant fortement comme pour faire aller ma langue plus au fond. Finalement, elle m'écarta et cria :

— Oh ! O ô ô ! Faites-le nature... Nature !

Et ses cuisses s'ouvrirent largement sur son con mouillé comme une éponge. Je l'enfilai et déchargeai presque aussitôt. Pour elle, elle avait commencé à jouir dès que j'avais touché son bouton et elle ne cessa qu'en même temps que moi. Elle me dit pourtant qu'elle préférait la vieille manière, mais qu'elle avait tenu à faire comme sa sœur.

Je devais bientôt retourner chez ma mère. Un jour, après avoir baisé Sarah, je le lui dis.

— Que va faire Martha, dit-elle, elle est enceinte ?

Tout cela s'arrangea. Sarah conduisit sa sœur chez une faiseuse d'anges, et il m'en coûta seulement de l'argent. Je revins ensuite à Londres et Martha quitta le pays.

Je la revis deux ans après, en revenant chez ma tante. Je pus la peloter, mais elle ne se laissa pas foutre, car elle était sur le point de se marier.

Sarah aussi allait se marier. Comme je la plaisantais sur la perte de son pucelage, en lui demandant ce qu'en penserait son mari, elle répondit en riant :

— Seigneur ! Il le sait mieux que personne. Ce fut lui mon premier amoureux !

CHAPITRE 5

Rentré à Londres, je me remis à mes examens. J'essayai en vain de peloter notre vilaine femme de chambre, mais je dus plier bagage et n'insistai pas.

C'est à cette époque qu'un ami me prêta *Fanny Hill*[1]. Cette lecture incendiaire, et aussi les luxurieuses gravures du livre, tout cela m'excita terriblement. Je me branlai dès la première gravure et déchargeai sur le livre. Je fus ennuyé de cet accident, car je ne pus faire disparaître la tache. Cela ne m'empêcha pas de répéter l'acte plusieurs fois, jusqu'à épuisement. La peau de ma verge me faisait mal. Le lendemain, j'avais la tête lourde et les yeux cernés, néanmoins je me branlai encore. Et ce fut ainsi durant toute une semaine. La fièvre me prit et je dus m'aliter quelques jours. Mon ami m'ayant repris son livre, mon excitation prit fin en même temps. Je me rétablis vite.

Un autre de mes amis, un voisin, était fils d'un fabricant d'armes. Il vint me voir quand j'étais au lit et me dit :

— Quand vous serez rétabli, je vous montrerai en

1. Roman pornographique très célèbre en Angleterre. Il en existe de belles éditions.

une heure plus de mollets et de cuisses que vous n'en avez vus de toute votre vie.

J'étais intrigué par l'offre de mon ami Henry. J'allai le voir un jour, à midi, comme il me l'avait recommandé. Le personnel de la fabrique venait de partir. Henry me fit descendre aux sous-sols, qui servaient de dépôt pour les armes, et me conduisit sous un vitrage. Nous montâmes sur une caisse et nettoyâmes un grand carreau. J'aperçus alors quantité de jambes qui se mouvaient par-dessus. Je compris aussitôt. Les sous-sols s'étendaient jusque sous la rue et ils étaient éclairés par des dalles en verre qui pavaient le trottoir. Henry m'expliqua que cette partie de la rue donnait sur les vitrines d'un magasin de nouveautés, devant lesquelles des femmes stationnaient constamment.

Durant plusieurs jours nous vînmes, à l'heure du déjeuner, contempler les mollets et les cuisses. Nous voyions bien des jarretières et des coins de chair blanche au-dessus, mais le reste était perdu dans l'ombre. D'ailleurs, la vitre n'était pas trop claire, en raison de son épaisseur. Heureusement, nous découvrîmes la clef d'une pièce voisine, qui prenait jour par des grilles et non par un vitrage.

A cette époque, les femmes ne portaient pas de pantalons ; leurs robes ne descendaient pas plus bas que les chevilles et c'était en outre la mode des crinolines. On comprendra facilement que nous pouvions tout voir à notre aise, d'autant que la vitrine du magasin était au ras du sol et que les femmes se penchaient souvent pour mieux voir les objets exposés en bas. Alors, de la rue même, grâce à la crinoline, on leur voyait jusqu'au jarret. Placés comme nous l'étions, et avec le jour qui entrait sous les jupes, nous ne perdions pas un coin du tableau, sauf ce que la chemise tombante nous cachait parfois. Nous vîmes assez

souvent des fesses, de belles fesses, et quelquefois, grâce à une position particulière des jambes, des cons poilus, des blonds, des roux et des noirs, avec parfois la chair rose vif de la fente. Nous voyions aussi de vieux tableaux, mais je n'en parle point, car nous ne perdions pas notre temps à les contempler.

Un jour, tout à l'extrémité des grilles, deux femmes propres et boulottes vinrent se placer. Elles appartenaient à la classe pauvre, mais étaient fort appétissantes. Elles parlaient ensemble, et ne regardaient pas la devanture. L'une d'elles mit une jambe sur le soubassement du mur et me montra des cuisses potelées et la toison brune de son con. Puis elle releva un peu ses jupes et s'accroupit sur ses talons écartés, comme pour pisser. Son cul était à quelques centimètres à peine de la grille, et son con grand ouvert apparaissait juste entre deux barreaux.

Au même instant, sa compagne se baissa sur un genou, relevant ses jupes et les arrangeant de manière à ne pas se salir, puis elle s'assit sur le talon de la jambe posée par terre. Nous vîmes alors une autre fente, moins poilue que la première, mais plus fraîche encore et plus excitante, si possible. Nous avions d'abord pensé que la première voulait pisser, bien que le fait parût étrange à pareille heure, dans une rue aussi passante, mais nous vîmes aussitôt que les deux femmes s'étaient mises ainsi pour consoler un bébé qui pleurait. Elles y restèrent cinq bonnes minutes. Je sentais ma pine prête à éclater. Je n'y tins plus, et Henry qui me vit faire m'imita aussitôt. Nous nous branlâmes furieusement, montés sur des caisses, et les yeux à trente centimètres à peine des cons qui bâillaient dessus la grille. Nous déchargeâmes ensemble au moment où les femmes se relevaient.

Si elles avaient eu la curiosité de regarder en bas, elles eussent été bien étonnées et bien confuses,

j'imagine. Mais jamais aucune ne regarda. D'ailleurs, nous étions dans une obscurité presque complète par rapport à la rue en plein soleil.

Tous les jours je revins sous la grille, même quand Henry n'y pouvait venir. Je bandais déjà en descendant l'escalier. Je sortais ma pine et la tenais à la main, dans l'attente d'une jolie paire de cuisses ou d'un con entrebâillé, et je me secouais avec rage dès que je voyais un tableau plaisant, pour arriver à décharger avant qu'il disparût.

Je fis pis que cela et j'ose à peine l'écrire. J'avais accoutumé de recueillir dans le creux de ma main gauche le foutre qui sortait de ma pine. Un jour qu'une jolie fille, aux cuisses nues bien éclairées, resta penchée quelques minutes, je jouis avant qu'elle se relevât et alors je lançai mon foutre avec la main dans la direction de ses jambes. C'était ma première branlade de la journée, et il y en avait pas mal. Il s'en perdit beaucoup en route, mais quelques gouttes atteignirent les cuisses de la femme. Elle fit un saut, jeta un cri, regarda en bas et se sauva. Je doute qu'elle m'ait aperçu, cependant. Mais il y eut quelques autres incidents de ce genre, et un beau jour le père de Henry, après une enquête sans résultat, fit changer les serrures des portes donnant accès à cette partie des sous-sols.

J'ai dit plus haut que nous nous branlions, Henry et moi. Il me faut avouer que nous n'en restâmes pas là. Certain jour, Henry saisit ma pine à pleine main, me fit décharger, et je ne refusai pas de lui rendre le même service. Les derniers temps, plusieurs jeunes gens de ses amis visitèrent successivement notre observatoire lubrique et se branlèrent comme nous le faisions.

Une nuit, Henry, nous reçut tous chez lui pour une débauche. Quand nous eûmes bien mangé et bu

d'autant, l'un de nous proposa un concours de branlage. Nous avions déjà tous montré notre pine, pour savoir qui l'avait la plus grosse ou la plus longue. Cinq jeunes gens s'assirent en rond au milieu de la pièce et commencèrent à se branler. Les rires qui accueillirent d'abord ce match bizarre se turent bientôt, et l'on entendit seulement la respiration convulsive et les soupirs des concurrents. Les pines montraient leur tête rouge décalottée, puis recouverte. Nous étions tous haletants. Soudain, les jambes se tendirent, les derrières s'agitèrent sur leurs chaises. L'un des concurrents se mit debout, cria : *Premier!* et commença de décharger sur le tapis. Presque aussitôt les quatre autres concurrents lancèrent des jets de foutre en poussant de rauques soupirs et en fermant ou en écarquillant les yeux. Il y eut un second match de branlage. Je ne pris part à aucun des deux, mais comme le vainqueur du second match étalait sur le tapis les preuves de sa victoire, ma pine, que je caressais machinalement par la poche de mon pantalon, se mit à décharger dans ma chemise. Tout le monde était trop occupé pour s'apercevoir de mon trouble, et sans doute ne fus-je pas le seul à jouir solitairement d'un pareil spectacle.

Quelque temps après, Henry m'avisa qu'il avait découvert dans les sous-sols une autre grille donnant sur un cul-de-sac où se trouvait une entrée de la fabrique. Les femmes des ouvriers y venaient attendre leur mari en s'asseyant sur des sacs. Mais nous ne voyions que des mollets, et pas souvent avec des bas propres. Une nuit, nous eûmes l'idée d'y venir. Nous avions avec nous une petite lanterne sourde. Nous restâmes aux aguets assez longtemps, mais enfin notre patience fut récompensée. Deux femmes vinrent s'arrêter au-dessus de la grille. Nous entendîmes le frou-frou des étoffes froissées, et nous

comprîmes qu'elles venaient de s'accroupir. Nous fîmes jouer notre lanterne avec précaution et nous vîmes au-dessus de nous deux beaux culs blancs largement étalés. L'urine giclait avec le bruit caractéristique que l'on connaît, mais allait tomber au-delà de la grille. Désormais, nous revînmes toutes les nuits. Aux conversations entendues, nous comprîmes que les femmes qui faisaient le trottoir voisin avaient choisi ce coin pour y pisser. Nous y entendîmes souvent aussi des couples qui venaient se peloter. Une fois même, nous assistâmes à une belle séance de fouterie. La femme, debout, avait relevé ses jupes, et comme l'homme lui tenait le cul à pleines mains, les vêtements, rejetés en arrière, laissaient voir toutes les fesses, les jambes écartées (la femme devait être un peu plus grande que l'homme) et les couilles du mâle qui pendaient en dessous. Nous avions dirigé juste à cet endroit le faisceau lumineux de la lanterne. L'homme s'étant retiré, je ne sais pour quelle raison, nous vîmes sa pine qui était énorme. Il la renfonça sans mettre les mains. La tête de la queue fouillait d'abord la raie des fesses. La femme en fit la remarque et l'homme recula un peu. Cette fois, il était dans le bon chemin, et il pénétra lentement, de sorte que nous vîmes très bien le con engloutir progressivement jusqu'aux couilles la grosse pine. La femme ne devait pas être une putain, car elle se mit à geindre de volupté, avec des accents qui ne trompaient pas. Ses talons piétinaient la grille. Nous vîmes ensuite sortir le membre du mâle et moi qui me trouvais dessous je reçus une goutte de sperme sur la joue. Rentré chez moi, je m'aperçus que mon chapeau en avait été tout couvert et cela me dégoûta.

Nous n'avions que des bonnes laides et vieilles à la maison, en ce temps, et je soupirais de plus en plus après un con. Enfin, je ne sais trop pour quelle raison, l'accès des sous-sols nous fut définitivement interdit.

J'avais pris l'habitude de flâner autour des fabriques pour reluquer les femmes qui venaient apporter à manger à leur mari. C'est ainsi que je remarquai Mme Smith. Elle avait dans les vingt-cinq ans, et son mari presque le double. On disait qu'elle buvait. En tout cas, le ménage n'allait pas, et il y avait fréquemment des scènes et même des coups. Mme Smith avait un joli visage avec de beaux yeux bruns et elle était très proprement mise. Un jour de pluie, j'avais pu me rendre compte qu'elle avait les jambes très bien faites.

J'étais arrivé à mettre fin aux séances de branlage qui m'épuisaient depuis des semaines et je ressentais plus que jamais le besoin d'une femme.

Un jour, j'assistai de loin à une dispute entre les époux, à la porte de l'usine. Cela se termina par une gifle que reçut Mme Smith, puis le mari retourna à son travail. Les autres femmes qui se trouvaient là étaient indignées et conseillaient à la victime de quitter « cette brute ». Mme Smith pleurait sans répondre. Quand elle fut partie, j'écoutai encore les commérages. J'appris ainsi que non seulement la pauvre femme était battue, mais encore que son mari la laissait des mois entiers sans la baiser, et cela surtout indignait fort les commères. Je partis aussitôt et rejoignis Mme Smith. Je la suivis et la vis entrer dans un café. Un peu plus loin, elle entra dans un autre. Je compris comment elle se consolait ! Je m'aperçus à sa démarche qu'elle s'était largement réconfortée. Je pressai le pas et l'abordai. Elle me reconnut et s'arrêta. Depuis quelques jours, en effet, je me trouvais sur son chemin et la regardais avec insistance. Je lui dis que j'avais assisté à la scène et que je la plaignais sincèrement. Bien qu'elle me priât de n'en rien faire, je l'accompagnai, mais je dus la quitter avant d'arriver chez elle, sur la remarque qu'elle me fit que

les voisins en jaseraient. Je la vis entrer chez elle. Je retournai sur mes pas, hésitant encore sur ce que j'allais faire, lorsque, en arrivant à l'endroit où nous nous étions séparés, je vis à terre le couvercle de son panier. C'était un signe du destin. Je ramassai l'objet et allai frapper à la porte de Mme Smith. Elle fut contente, car son mari l'aurait encore battue pour avoir perdu le couvercle. Je vis sur la table une bouteille de gin qu'elle venait d'achever. Mais j'étais si excité que son ivresse m'importait peu. Je lui dis que je savais que son mari la négligeait et cela la mit hors d'elle. Elle me le confirma en termes véhéments. Je me décidai :

— Laissez-moi vous le faire, dis-je.

— Oh ! monsieur, vous n'y pensez pas ! Vous devriez avoir honte ! Une femme mariée !

Je ne sais au juste ce qui fut dit ensuite et ce qui se passa, mais toujours est-il que je l'eus rapidement dans mes bras et que je l'embrassai en lui mettant la main au cul. Je sortis ma pine et relevai ses vêtements, mais Mme Smith était trop petite et mon membre lui battait le nombril. Ce contact dut la mettre en rut, car elle grimpa d'elle-même sur le lit et me reçut sur elle aussitôt. Je ne fus pas plus tôt entré dans son vagin que sa respiration devint courte et qu'elle tortilla si bien ses fesses que nous déchargeâmes aussitôt. Ma queue était restée raide et n'avait pas quitté son gîte. Avant de recommencer, je tâtai un peu partout. Je glissai mon doigt en dessous du con et vins fouiller jusqu'au trou du cul. Tout cela était mouillé et trempé. Je me remis à l'œuvre. Mme Smith gisait sous moi, les yeux clos. Nous jouîmes encore avec ensemble. Soudain, elle sembla se réveiller et se mit à gémir :

— Mon Dieu ! Qu'ai-je fait ? Moi qui suis mariée !

Je la consolai par mes caresses et me fis conter son

histoire. Puis je la quittai sans avoir pu obtenir un second rendez-vous.

Je fus plusieurs jours sans pouvoir la rencontrer. Enfin, je la vis passer près de chez elle. En m'apercevant, elle fut sur le point de défaillir. Une heure après, sachant son mari à l'usine, j'allai frapper à sa porte. Elle ouvrit. Sans lui laisser le temps de se reconnaître, j'entrai d'autorité. Il y eut une altercation entre nous et nous faillîmes en venir aux coups, mais enfin je pus la foutre à nouveau sur le lit. Lorsque son con fut copieusement arrosé de mon jus d'amour, j'eus tout le loisir de l'examiner en détail. Mme Smith était petite et potelée. Les poils de son con étaient noirs comme ses cheveux. Ses cuisses étaient rondes et blanches. Je la foutis encore et remarquai ensuite que, comme je l'avais déjà observé le premier jour, sa chemise et son lit étaient tout trempés sous ses fesses.

— Oh ! là là ! ma chère, lui dis-je, qu'est-ce que vous avez rendu comme jus !

— Oui, dit-elle simplement. Je ne puis m'en empêcher.

Après quelques secousses de ma verge, Mme Smith resserrait son vagin. Elle se mettait à frissonner et déchargeait presque aussitôt. Cette première décharge ne mettait pas fin à sa jouissance et elle déchargeait à nouveau en même temps que moi. A cette époque, je ne me rendis pas compte du précieux avantage dont elle était pourvue.

Quand je revins la voir, elle entrouvrit la porte, qu'une chaîne de fer maintenait entrebâillée, et me la referma au nez. Je pus cependant, quelques jours après, en renouvelant ma tentative, pénétrer chez elle. Elle croyait sans doute que c'était son mari. Elle se laissa assez vite persuader et grimpa sur le lit. Sa première crise la tenait en plein lorsqu'un coup violent

fut frappé à la porte. Mme Smith s'évanouit de peur. J'entendis une voix de femme crier :

— Voulez-vous de la bière ?

Je ne répondis rien et transportai Mme Smith insensible dans la cuisine où je l'allongeai par terre devant le feu. Je relevai ses jupes et, repris par le démon de la luxure, je me jetai sur elle et la pénétrai. Elle revint à elle aussitôt pour se mettre à jouir. Ce fut l'un des coups les plus délicieux que j'aie tirés.

Quand je retournai au cottage, il était vide. Smith avait été renvoyé de l'usine et je ne pus retrouver les traces du ménage.

J'approchais alors de mes dix-neuf ans. Nous avions une servante d'allure commune, mais faute de mieux j'essayai de la séduire. Elle se laissa assez facilement embrasser et peloter, mais un jour que je lui mis la main en plein entre les lèvres du con, elle poussa un cri indigné et se sauva. Comme je lui avais trouvé le con mouillé, je regardais ma main : elle était pleine de sang... Je ne revins pas à la charge, honteux d'être tombé dans un si mauvais moment.

Un soir, je fus abordé dans la rue par une femme. J'avais dans ma poche des souverains et une seule pièce d'un shilling. Elle m'en demanda deux. Comme je ne voulais pas lui montrer mes grosses pièces, je refusai. Finalement, elle se contenta de mon shilling. Je lui donnai la pièce. Il faisait nuit.

— Eh bien ! me dit-elle, ça ne vous dit rien de caresser mon mimi ?

En même temps, elle se troussa et s'appuya contre une barrière. Je vis la blancheur de ses cuisses, et l'idée que nous étions dans la rue me mit en rut. Je l'inondai rapidement et restai immobile jusqu'à ce que je sentisse le foutre me dégouliner sur les cuisses. J'avais eu beaucoup de plaisir et je le lui dis.

— Et pourquoi n'en auriez-vous pas eu ? me

répondit-elle. Nous sommes toutes faites de la même façon.

J'aurais bien désiré la peloter, mais je n'osais pas, avec le peu d'argent que je lui avais donné. Comme je m'essuyais la verge avec mon mouchoir de soie, il me vint alors à l'idée de le lui offrir si elle me permettait de lui peloter le cul. Elle accepta en riant. Je lui patinais le ventre et tortillais les poils de son con. Enfin, sur son offre, je rengainais et déchargeais à nouveau.

Je la revis plusieurs fois. Comme je n'avais encore pu voir sa figure, je lui demandai de me rejoindre un jour dans une chambre d'hôtel. Elle accepta après avoir fait quelques manières. Je pus enfin la voir ce jour-là. Elle avait dans les trente-cinq ans et elle était laide comme les sept péchés capitaux. Toute mon ardeur tomba, bien que la fille fût très propre dans ses dessous et assez bien faite. Comme je ne bandais pas, elle me tripota la verge et réussit à me mettre en état. Ses manières étaient toutes différentes de celles des autres soirs.

— N'allez pas trop vite, surtout, me dit-elle, et prenez soin de ne pas me tacher.

Elle avait l'air amoureuse. J'oubliai sa laideur et la foutis avec plaisir. Je sentis à sa respiration plus courte, aux spasmes de son con et à une pression de ses bras qu'elle aussi avait joui cette fois. Je ne voulus plus la revoir.

Je fus accosté un jour par une autre fille qui se mit aussitôt à me branler vigoureusement.

— Laissez-moi faire, dit-elle, vous verrez que je vous donnerai autant de plaisir. Tous les messieurs disent que je fais ça mieux que n'importe quelle autre fille.

De fait, elle m'excitait furieusement. Mais son obstination à ne pas se laisser foutre m'avait piqué et je

ne voulais pas céder. Elle finit par m'accorder ce que je demandais, non sans tenter jusqu'au dernier moment d'éviter la chose.

Quatre jours après, j'avais la chaude-pisse, ce qui me força de rester tranquille quelque temps.

CHAPITRE 6

Me promenant un samedi dans la rue de Granly, dans le quartier de Waterloo, j'aperçus à toutes les fenêtres des femmes demi-nues qui faisaient la retape. L'une d'elles, qui se tenait à sa porte, me prit par la main et m'attira de force dans le couloir. Je lui dis que je n'avais pas d'argent, mais elle me répondit que cela ne faisait rien et que je pourrais baiser à l'œil. Elle était à moitié ivre. Elle ferma la porte et les volets, puis se mit à me tâter la verge. Enfin, elle se jeta sur le lit, troussa ses jupes et me montra son con grand ouvert, en criant :

— Vite ! Baisez-moi ! Baisez-moi ! Oh ! comme j'ai besoin d'être baisée ! Vite, dépêchez-vous !

Cette grande femme avait des poils noirs, peu longs et peu fournis. Les petites lèvres pendaient à l'extérieur sur les cuisses. Je mis un doigt dans le vagin, puis deux, puis trois. L'entrée était énorme et je n'en avais encore jamais trouvé d'aussi large. Pendant que je la manipulais ainsi, elle tortillait le cul, donnait des saccades et répétait :

— Baisez-moi donc ! Mettez-moi votre pine ! Baisez-moi, dites, baisez-moi !

Je lui avouai alors que je ne bandais pas. Aussitôt elle se mit à genoux devant moi et me suça la queue

avec frénésie. Elle la fit raidir en un clin d'œil, puis remonta sur le lit et me supplia de la lui mettre. Je me hissai sur elle, mais j'avais beau me remuer, je ne sentais aucun contact. Cela me fit débander aussitôt. Elle s'en aperçut.

— Quoi ! dit-elle, un joli garçon comme vous, vous ne pouvez pas le faire ?

— Cela m'arrive quelquefois.

De nouveau, elle se mit à me sucer et me fit rebander. Je me remis sur elle et j'allai à nouveau ramollir lorsqu'elle se mit à s'agiter et à jouir avec une telle frénésie que je pus faire bonne figure jusqu'à la fin. Néanmoins, je n'avais pu jouir.

— Maintenant, dit-elle, c'est à moi à vous donner du plaisir et je sais en donner quand aucune n'y arrive. Vous reviendrez me voir, j'en suis sûre, car un homme peut toujours jouir d'une façon ou d'une autre.

Elle prit ma queue dans sa bouche et se mit à la sucer et à la caresser. En dépit de moi, je déchargeai assez vite. Quand elle s'aperçut que le premier jet allait sortir, elle prit mes couilles d'une main, la racine de ma verge de l'autre, et se mit à me branler. En même temps, elle tenait la bouche ouverte juste en face, ce qui fit que le sperme lui jaillit en plein dedans. Elle se remit alors à me sucer jusqu'à la dernière goutte de foutre ; elle avalait cela avec une sorte de frénésie passionnée.

Elle me fit promettre de revenir. Mais j'avais été écœuré par son large con et son suçage, et j'évitai désormais de passer dans cette rue.

C'est alors que je revis Charlotte, ma première maîtresse.

Notre cuisinière s'étant mariée, nous en prîmes une nouvelle et une femme de chambre. Celle-ci avait dix-huit ans et s'appelait Marie. Dès que je la vis, je

me mis à l'aimer. Plus je l'observais, plus il me semblait l'avoir déjà vue. Enfin, je m'avisai qu'elle ressemblait à Charlotte. J'en fis la remarque à ma mère qui me dit :

— Cela n'a rien d'étonnant, puisque c'est sa sœur.

J'en fus interdit. Je désirais me rendre compte si Marie était aussi bien faite que sa sœur et en même temps je me disais qu'il me fallait la respecter.

Une nuit, je rêvais que je tenais Charlotte entre mes bras, qu'elle s'échappait et me laissait seul avec Marie. Celle-ci retroussait ses jupes et m'invitait à la baiser. J'étais en train de la lui mettre quand je me réveillai. Ma chemise de nuit était toute souillée de sperme. Après un instant de confusion, je repensai au con de Marie et me branlai en son honneur. Le lendemain matin, je ne fis pas disparaître les traces de mon rêve érotique et quand Marie et la cuisinière firent mon lit, elles durent bien s'apercevoir de ce qui m'était arrivé...

Malgré ma résolution de respecter Marie, je commençai vite à lui faire la cour et bientôt nous nous embrassâmes. Puis je pressai mon ventre contre le sien et lui mis la main aux mollets.

Un après-midi, comme je revenais à la maison, une femme voilée, vêtue d'une robe de soie noire, s'approcha de moi.

— Monsieur Walter, ne me reconnaissez-vous pas ?

Elle leva un instant son voile et je vis le visage rougissant de Charlotte. Mon cœur se mit à battre tumultueusement et mon premier amour me reprit en entier. Sans me soucier du lieu où nous étions, je saisis Charlotte dans mes bras et lui donnai un long baiser. Elle me pria de ne plus l'embrasser ainsi devant les gens. Nous prîmes un chemin désert et je lui parlai de nos plaisirs passés :

— Oh ! dit-elle, je vous en prie, ne parlons pas de cela. Vous savez bien que je suis mariée. Laissez-moi vous dire pourquoi je suis venue et je m'en irai.

Elle me raconta alors que sa jeune sœur l'avait mise au courant de mes assiduités et lui avait avoué qu'elle se sentait incapable d'y résister. Alors Charlotte avait pris la voiture pour venir me supplier de ne pas poursuivre Marie.

— Elle n'a pas mon tempérament, dit-elle, et je suis certaine que vous feriez son malheur.

Tout en parlant, nous étions arrivés devant la maison de la vieille qui nous accueillait autrefois. Elle était justement sur sa porte. Je me rendis compte que Charlotte ne voudrait pas rentrer, aussi imaginai-je un subterfuge. Je lui dis brusquement que la vieille servante d'un voisin arrivait et qu'elle allait nous reconnaître, puis je la poussai dans la maison. Quand elle fut dans la chambre, elle se débattit longtemps, mais dès que j'arrivai à mettre la main sous ses jupes, elle tomba dans mes bras en pleurant, en me disant qu'elle m'aimait toujours, mais qu'étant mariée, elle ne pouvait plus être à moi. Nous étions assis sur un sofa. Malgré ses paroles, ses cuisses s'ouvrirent et ma main put se nicher dans la fente humide et tiède. Je disposai Charlotte sur le bord du sofa et m'étendis sur elle. Dès que je fus entré dans le ravissant canal où j'avais perdu ma virginité, je déchargeai et Charlotte fit de même en m'attirant étroitement dans ses bras. Ma position étant fatigante, je me dégageai et voulus voir de près son beau con, mais Charlotte baissa ses jupes en rougissant. Elle alla se laver et je la suivis. Elle s'aperçut alors que sa chemise était toute tachée de sperme et la quitta pour la laver. Je sonnai la vieille en lui demandant de mettre la chemise à sécher. La voiture qui devait emmener Charlotte ne repartant qu'à huit heures, nous avions tout l'après-

midi à nous. Malgré ses supplications, j'entraînai ma maîtresse sur le lit et la déshabillai entièrement. Je la vis aussi bien que le permettait mon membre bandé, qui ne voulait pas attendre. Ses seins étaient maintenant pleins et durs, ses fesses larges et solides, ses cuisses plus rondes et la toison de son con plus fournie et plus étendue. En un clin d'œil, j'ouvris les lèvres du con rose et y enfouis mon membre jusqu'à la racine. Mes couilles battaient le cul de Charlotte; elle répondit à mon étreinte avec une fougue qui déclencha trop tôt le finale. Nous dormîmes un peu, puis nous nous remîmes à parler tout en nous pelotant. Je lui jurai de ne pas toucher sa sœur, et elle en fut bien heureuse. Je la questionnai sur son mariage, mais ne pus obtenir de réponses précises. Nous tirâmes un coup, puis un autre. Au moment de partir, je voulus le lui faire encore, mais je ne pus bander assez. Alors je me branlai furieusement et je parvins à redresser assez pour m'engloutir à nouveau dans son vagin. Elle eut une étreinte plus violente qu'à l'ordinaire, poussa un soupir prolongé et murmura : « Cher Walter ! » J'étais tout triomphant de l'avoir baisée cinq fois.

Quand nous dûmes nous séparer, nous pleurâmes fort l'un et l'autre. Depuis, à deux reprises, j'allai dans son pays, mais ne pus voir que son mari. Plus tard, j'appris par ma mère qu'ils étaient devenus riches. J'appris aussi que Charlotte venait d'avoir un bébé. Comme on donnait la date de la naissance, je pus calculer qu'il était venu au monde juste neuf mois après la journée d'amour dont je viens de parler. J'en ressentis une grande fierté. Pour Marie, son père vint la chercher sous un prétexte quelconque plusieurs semaines après ma rencontre avec Charlotte. Je ne la revis pas.

Quand j'eus dix-neuf ans révolus, j'eus de nou-

velles aventures avec les bonnes. Nous en avions changé à nouveau. La cuisinière s'appelait Brune. Elle était dodue et fort agréable à regarder. Elle devait avoir près de quarante-cinq ans. Ses yeux bleus et ses cheveux noirs lui donnaient un air piquant. Mais ses regards paraissaient annoncer un calme tempérament de nourrice. Je calculai que l'ampleur de son cul devait dépasser celle des autres culs que j'avais pu voir.

Henriette, la bonne, était grande et fine, avec des cheveux d'un noir de jais, des yeux noirs et un regard fascinateur. Elle montrait en riant des dents splendides. Elle ne vous regardait jamais longtemps en face. Ses mouvements étaient si doux qu'un chat eût fait plus de bruit qu'elle. Elle vous observait quand vous ne la voyiez pas et riait souvent d'un rire bizarre. J'essayai aussitôt de l'avoir, mais elle me reçut de telle façon que je la considérai comme une vierge imprenable. Je me retournai alors vers Brune, malgré son âge. Un jour, je vis qu'elle avait une belle paire de mollets. Cette vision, jointe à ce que je devinais de son cul, me fit oublier ses quarante-cinq ans. Le jeûne où je me trouvais alors y fut aussi pour quelque chose. Je cherchais toutes les occasions d'apercevoir ses jambes. Un jour qu'elle montait l'escalier devant moi, elle s'embarrassa dans sa robe, et pour éviter un accident, la retroussa jusqu'aux genoux. Puis elle s'avisa que je la suivais et la laissa retomber. Une autre fois, sous prétexte d'arranger son soulier, elle se pencha en avant et fit saillir son gros cul. J'étais derrière elle et pus voir assez loin sous ses jupes. Certain matin, enfin, qu'elle était venue au jardin cueillir des herbes, je la vis dans la même position. Cela me fit bander furieusement et je lui dis ce que je voyais. Elle le prit en riant et me demanda si je le voyais réellement. Ensuite, elle alla dans la cuisine

et je l'y suivis. Quand j'entrai, je la vis, un pied sur une chaise, en train de rattacher sa jarretière. Elle fit semblant de ne pas me voir et, quand elle eut fini, elle rattacha celle de l'autre jambe. Elle faisait cela très lentement et je pus voir à mon aise la chair de ses larges cuisses. C'est après seulement qu'elle feignit de m'apercevoir. Elle me dit :

— Oh ! là là ! monsieur, comme vous me regardez !

Je me précipitai sur elle en lui disant que j'avais vu ses cuisses et que j'en étais fou. En même temps, je lui mettais la main sous les jupes. Elle me repoussa en disant qu'elle entendait ma mère. J'eus peur et je partis. Le soir, elle était seule dans la cuisine où il faisait presque noir.

— Que voulez-vous donc ? me dit-elle avec familiarité.

— Vous voir les cuisses, le con et toucher votre cul dodu. Dites, vous le voulez bien ?

— Non, mais, dit-elle en riant, vous ne voudriez tout de même pas ?

En même temps, elle saisit une lourde bassine pleine d'eau. Je crus le moment venu. Je jetai les deux mains sous ses jupes, j'attrapai son cul et cherchai à parvenir à la fente. Mais elle laissa tomber la bassine et m'appliqua une maîtresse gifle.

— En voilà un polisson ! Vous mériteriez que j'avertisse votre mère.

Mais elle riait en me regardant. Je l'embrassai et lui dis à quel point je la désirais. Elle me repoussa en protestant qu'Henriette pouvait descendre d'un moment à l'autre. C'était vrai. Je sortis au jardin, et quand je sus qu'Henriette était montée se coucher, je rentrai dans la cuisine. Il y faisait maintenant noir. Je poussai Brune contre le buffet et me mis à la peloter avec ardeur. Aussitôt, elle me tâta la queue et les

couilles avec un empressement significatif. En même temps, elle écartait les cuisses pour faciliter mes travaux d'approche. J'essayai de le lui mettre debout, mais ses vêtements et son gros ventre m'en empêchèrent. Ma pine ne pouvait pénétrer, seulement la tête se trouvait juste à l'orifice du vagin. Après quelques frottements à l'entrée, je me mis soudain à décharger. Brune me prit la pine et la frotta doucement contre son con jusqu'à ce qu'elle la sentît se ramollir. Cela avait l'air de lui plaire beaucoup. De peur d'être surpris, je montai dans ma chambre.

Le lendemain soir, je fis une nouvelle tentative dans les mêmes circonstances. Ce fut, hélas ! avec le même résultat. Non seulement Brune se laissa tripoter avec complaisance, mais elle posa elle-même mon doigt sur son con, à l'endroit qu'elle voulait que je le frottasse, pendant qu'elle me branlait. Quand elle sentit que j'allais partir, elle me fit décharger sur ses cuisses et sur son linge, me pressant et me branlant doucement jusqu'à la dernière goutte de sperme. Durant un mois, nous fîmes ainsi à chaque occasion propice. Elle prenait ses poses, mettait un pied sur une chaise et se penchait en avant, faisant saillir son cul de manière à me permettre de bien lui peloter le con à l'intérieur comme à l'extérieur. Dès que je sortais ma queue, elle se mettait à la branler. Après une infinité de prières, elle me permit enfin de l'enfiler, mais c'était après m'avoir tellement excité que je déchargeai à l'entrée, au seul contact de son vagin. Une seule fois je pus décharger au fond, toujours dès les premières secousses. Je ne pus jamais lui voir le con. Au toucher, il était large et beaucoup moins poilu que je ne me l'étais imaginé. Brune avait aussi l'habitude de me peloter les couilles et glissait parfois sa main jusqu'entre la raie de mes fesses. Elle appuyait alors son doigt contre le trou de mon cul et

paraissait se plaire beaucoup à ce jeu que je trouvais fort bizarre.

Un jour, brusquement, elle refusa de se laisser faire, en disant qu'Henriette nous épiait depuis quelque temps. Après cela, il me fut impossible de l'avoir. A toutes mes tentatives, elle me conseillait d'essayer avec Henriette, m'assurant que je ne serais pas le premier. Elle m'affirma que le boulanger couchait avec elle. Je les guettai, et, de fait, je le vis mettre la main aux cuisses d'Henriette, cependant qu'elle lui tapotait la queue à travers la culotte. Brune me dit encore qu'elle et Henriette avaient accoutumé de me regarder par le trou de la serrure quand je prenais mon tub et que, souvent, je m'amusais à me branlotter pour faire dresser ma queue.

— Faites-le demain, dit-elle, et je vous assure qu'Henriette sera là. Vous n'aurez après qu'à ouvrir brusquement la porte pour la surprendre.

C'est ce que je fis. J'étais à peine déshabillé que j'entendis la porte des servantes s'ouvrir avec précaution. Je me tournai vers la serrure et me mis à me frotter la queue. Quand elle fut bien raide, je pris une serviette comme pour m'essuyer, mais d'un bond je fus à la porte et l'ouvris. Je surpris Henriette qui se relevait et qui put s'enfuir à temps...

Il me vint aussitôt une étrange fantaisie. Je dessinai sur une feuille de papier une femme exhibant son con. Je fixai le dessin au mur, me branlai en le regardant et fis gicler mon foutre sur le con de la femme.

Un jour, je demandai à Henriette comment elle me trouvait tout nu. Elle se sauva sans répondre. La cuisinière me dit :

— Venez cette nuit dans notre chambre, quand nous serons au lit.

J'y allai avec une bougie, en chemise de nuit. Toutes les deux étaient éveillées. Henriette s'assit sur le lit et me fixa sans rien dire. Brune me demanda :

— Que voulez-vous, monsieur Walter ?

— Voir de vous deux autant que vous en avez vu de moi.

Là-dessus, je troussai ma chemise jusqu'à la ceinture et leur montrai ma queue dressée. Brune se mit à rire, mais Henriette me cria de sortir.

— Êtes-vous folle de faire tant de bruit ? lui dit Brune. Vous nous ferez renvoyer toutes les deux.

J'arrachai alors ma chemise de nuit et me tins debout devant elles, entièrement nu.

Henriette s'était recouchée et me fixait d'un air pincé. J'éteignis la lumière et grimpai à côté d'elle. Le lit était si étroit que je fus obligé de m'agripper à elle pour ne pas tomber. Elle me tourna le cul et se serra contre la cuisinière, ce qui me donna un peu de place. Elle avait tiré sa chemise autour d'elle, mais je lui saisis le cul par-dessus et il me sembla peu fourni. Elle se plaignit à Brune, qui rit et se moqua d'elle. Enfin je parvins à prendre le bas de sa chemise et à la relever. Je sentis alors nos corps nus se heurter des talons aux hanches. Henriette se remit à crier, mais Brune se leva en riant et en disant :

— Je m'en vais dans la chambre de ce diable de polisson. Tâchez de le soigner comme il convient !

J'étais maintenant seul avec Henriette. Elle paraissait furieuse pendant que je la tâtais de la tête aux pieds. Elle se débattait. Je profitai d'un moment qu'elle était sur le dos pour m'allonger sur elle, mais ses cuisses restaient serrées et mon membre raide battait vainement à la jonction, la tête enfouie dans les poils du con.

— Oh ! chérie, lui dis-je, je touche votre con avec ma pine. Laissez-moi vous le faire !

Mais j'eus beau glisser mon genou entre les siens, je ne pus lui ouvrir les jambes. Je lui déclarai alors que quand je devrais rester ainsi sur elle toute la nuit,

il faudrait bien qu'elle cédât. Je l'embrassais et la caressais doucement. Elle se plaignit de mon poids, puis me demanda quelle idée m'avait pris de venir les trouver au lit toutes les deux. Elle me dit encore que ma mère était au-dessous. Je lui répondis que ma mère n'entendrait rien si personne ne criait.

— D'ailleurs, repris-je, si je ne puis vous le faire dedans, je le ferai dessus.

Et je me mis à frotter ma pine entre ses cuisses. Puis elle me demanda si je le dirais à Brune, et je promis de ne pas le lui dire. Alors je sentis ses cuisses s'écarter graduellement et ma pine fut à l'entrée de son con. Je me frayai un chemin à l'aide des doigts, à travers une masse de poils, jusqu'à une fente qui me parut située très bas. Le trou était étroit et je pensais avoir affaire encore à une vierge. Il n'en était rien; pourtant, je dus pousser fortement et non sans me faire un peu de mal pour pénétrer, mais une fois l'entrée franchie, mon membre s'enfonça aisément. A peine avais-je touché le fond que je déchargeai copieusement en m'affaissant sur Henriette. Elle n'avait ressenti aucune émotion et me dit d'un ton furieux :

— Maintenant, allez-vous-en. J'espère que vous êtes satisfait. Cette vieille taupe de Brune est arrivée à ses fins. Laissez-moi.

Mais je m'allongeai à son côté et refusai de partir. Il y avait en elle quelque chose d'étrange qui piquait ma curiosité. Quand j'avais sorti mon instrument, la tête en avait été serrée douloureusement et elle me faisait encore mal. Je commençai à tâter le con d'Henriette et je n'eus pas besoin de la prier beaucoup pour qu'elle m'empoignât la verge. Il me sembla qu'elle n'en avait pas l'habitude, à la façon dont elle s'y prit. Son con m'étonnait, car il était étroit et tout resserré à l'entrée. Ce pelotage réciproque fit

qu'un instant après j'étais à nouveau plongé dans son vagin. Ah ! cette fois, quelle différence ! Après quelques allées et venues de mon outil, Henriette m'agrippa avec ses cuisses et me tint comme dans un étau. Elle ne soulevait pas son cul, mais elle se tortillait et se contorsionnait avec un art consommé. Elle allongeait ses longs bras pour me chatouiller les couilles et croisait ses cuisses sur mes reins. Puis il se produisit dans son con un resserrement qui me fit mal d'abord et détermina en moi la crise finale juste au moment qu'après une dernière contorsion ses membres se relâchaient de leur étreinte. Quand j'eus dégorgé tout mon foutre, ma verge se ramollit, mais il me fallut faire un effort pour la sortir, tant elle était serrée à l'entrée. Après cela, nous nous endormîmes. Au jour, je fus réveillé par Brune, qui était entrée et avait découvert le lit. J'étais étalé sur le dos, les couilles et le vit à l'air. Henriette, dans la même position, les cuisses bien écartées, montrait la toison noire de son con. Brune et moi nous la regardâmes des tétons jusqu'aux cuisses, puis je la réveillai.

Le lendemain, nous expulsâmes encore la cuisinière, mais la troisième nuit elle nous déclara que nous pouvions faire devant elle tout ce qui nous plairait, mais qu'elle entendait rester dans son lit. J'emmenai alors Henriette dans ma chambre. Là, je l'examinai en détail. Ses cheveux, d'un noir de jais, lui tombaient jusqu'à la taille. Elle avait de larges épaules, mais guère plus de tétons qu'une fillette de quatorze ans. De profil, elle ressemblait plutôt à un homme. Couchée, on pouvait lui compter les côtes, bien qu'elle eût des hanches larges. Quand elle allait jouir, ses yeux me fixaient avec une intensité effrayante et m'impressionnaient étrangement. Son con était garni de poils longs et épais, mais pas très bouclés. La fente était entièrement cachée par les

poils ; elle avait des lèvres minces. Au bas, le trou n'était pas plus grand que chez une fillette et touchait quasi celui du derrière. Au contact, il était rugueux et rêche, et non onctueux comme chez les autres femmes ; aussi pris-je l'habitude de l'humecter de salive pour faciliter l'introduction. L'affaire engagée, nous y allions de bon cœur et elle exhalait sa jouissance dans une sorte de râle. Quand je retirais ma queue, il se produisait un bruit de succion tout à fait curieux.

J'eus l'occasion de foutre Henriette durant plusieurs semaines. Elle trouva tout naturel de venir me rejoindre au lit chaque soir. Quand je m'éveillais, je la surprenais parfois en train de me chatouiller la verge. J'ai pensé depuis qu'elle devait me la sucer durant mon sommeil, car une fois que je m'éveillais brusquement, elle était en train de l'embrasser. Elle me demanda aussi d'embrasser son mimi ; elle devait avoir envie de se le faire lécher, mais je ne compris pas ce qu'elle voulait.

Elle avait les fesses si plates et le con si bas que je pouvais l'enfiler par-derrière, couchés tous deux sur le côté. Cela devint ma posture favorite, et souvent, après que j'avais déchargé, nous nous endormions ainsi, la pine au con, et le long bras d'Henriette, passé entre ses cuisses, me caressant les couilles.

Un soir qu'Henriette était en congé, Brune me dit :

— Vous pouvez venir avec moi si vous avez peur de dormir seul.

Elle se déshabilla, et le spectacle de ses formes volumineuses me mit en train. Mais comme j'allais décharger, elle donna un brusque coup de cul en arrière et me fit sortir du vagin.

Henriette me courait tellement après que je devins sec et faible. Je me souviens qu'une nuit elle dut me branler pendant plus d'un quart d'heure pour faire

durcir ma pine. Il me fallait l'enfiler plusieurs fois toutes les nuits. Elle n'était jamais rassasiée.

Comme je rentrais à la maison, un soir, ma mère me dit qu'elle avait mis les deux bonnes à la porte et que c'étaient deux « traînées ». Je ne pus en savoir davantage et n'entendis plus parler de Brune ni d'Henriette.

CHAPITRE 7

Ma mère, n'ayant pu remplacer aussitôt les deux servantes, prit une femme de ménage. C'était une personne déjà âgée et sa fille vint l'aider. Ma mère la fit coucher dans la chambre des servantes. La fille avait alors dix-huit ans. Elle était insignifiante et n'eût pas attiré mes regards si je ne l'eusse connue déjà. Mais depuis longtemps je la rencontrais dans le quartier et nous échangions des sourires.

Une nuit, elle coucha seule à la maison, sa mère étant sortie. Dès qu'elle fut dans sa chambre, je me levai sans bruit et allai mettre mon œil à la serrure. La jeune fille était entièrement nue. Elle mit la bougie sur le sol, posa une jambe sur une chaise et se regarda la vulve au moyen d'un petit miroir. Son cul était tourné vers moi. Sans doute ne se voyait-elle pas bien ainsi, car elle s'assit par terre, face à la porte, et les jambes écartées, pour recommencer son examen. J'eus un aperçu complet de tout son corps et surtout de son con, dont elle écartait les lèvres avec les doigts pour l'examiner en détail. Cette vue me mit en rut et je fis du bruit sans le vouloir. Elle se redressa et tendit l'oreille, puis vint voir sur le palier. J'étais rentré chez moi, mais avais laissé entrouverte la porte de ma chambre. Quand elle passa la tête pour regarder, je

sortis aussi la mienne et lui fis un signe amical. Elle me sourit et rentra dans sa chambre.

Le lendemain soir, comme elle devait aller chez elle après dîner, je sortis l'attendre dans la rue. Je lui demandai si elle aimait à voir ce qu'elle regardait de si près la nuit précédente et lui racontai comment je l'avais vue.

— Oh ! dit-elle avec un ton de surprise intense, en voilà une chose à faire !

Je lui racontai ensuite comment Henriette et Brune venaient me regarder quand j'étais nu. Mon récit ne sembla nullement l'étonner. Je repris :

— Allons ! Qu'est-ce donc que vous cherchiez à voir dans votre fente ?

— Cela, c'est mon affaire. Et vous, pourquoi me regardiez-vous ?

— Pour voir votre con.

Nous étions alors dans un coin obscur. Je l'embrassai et cherchai à lui mettre la main sous les jupes. Elle ne dit rien, mais serra si bien les jambes que je ne pus arriver au but. Durant une heure que nous restâmes ensemble, je pus toucher son ventre et son cul, mais je n'arrivais jamais jusqu'à la fente. A chaque insuccès, elle riait et me disait :

— C'est encore manqué !

— Oh ! il faudra bien que j'y arrive un jour !

— C'est à voir. Vous n'êtes pas le premier qui essaye.

Les jours qui suivirent, je renouvelai mes tentatives à toute occasion. La jeune fille consentit à me prendre la verge, à la regarder, à me caresser les couilles. Elle parlait volontiers du baisage avec un abandon qui me stupéfiait. Elle me raconta même tout ce qu'elle savait et tout ce qu'elle avait vu dans ce genre. Je pus lui peloter facilement le cul, le ventre et les cuisses, mais jamais je ne pus atteindre sa fente.

Elle serrait les jambes et se contorsionnait tellement qu'il n'y avait rien à faire. Je lui offris de l'argent sans succès.

— Pour si peu, me dit-elle, je ne vais pas risquer de me compromettre.

Notre conversation s'engageait souvent ainsi :

— Comment vont aujourd'hui votre mimi et son petit bouton ?

— Oh ! très bien, je vous remercie. Et vous, comment va votre zob ?

— Très bien aussi. Il est raide comme un pieu et soupire après votre con.

— Oh ! alors, il attendra longtemps.

La jeune fille nous quitta bientôt avec sa mère, mais je la revis souvent. Je n'eus pas plus de succès.

Ce ne fut que quatre ans plus tard que je pus parvenir à mes fins. Je ne l'avais plus vue depuis trois ans quand je la rencontrai soudain, un jour de pluie, dans un champ. Elle avait un petit enfant avec elle. Comme la pluie redoublait, nous nous mîmes à l'abri dans une cahute. Elle m'apprit qu'elle était mariée et mère de ce bébé. Puis elle me dit que j'avais la réputation d'un coureur de filles. Je lui dis en riant :

— Vous devez savoir maintenant ce qu'il en est de la chose ?

Elle me répondit que oui, avec un petit rire aguichant. Nous parlâmes de cochonneries et bientôt elle fut renversée sur le foin, avec mon vit entre les jambes.

— Allez-y donc ! me dit-elle. Ne vous gênez pas maintenant.

C'était une bonne jouisseuse et elle me le fit bien voir.

— Je vous l'avais bien dit que je vous le ferais, lui dis-je ensuite.

— Oui, mais vous ne l'avez pas fait quand je ne le

voulais pas. Aujourd'hui que je suis mariée, la chose est sans importance.

Tel était son point de vue. Il fallait qu'elle partît. Comme la pluie continuait, elle releva sa jupe sur sa tête pour sortir, mais cela me redonna des idées. Je la ramenai au fond de la cahute, la renversai et le lui mis par-derrière. Elle haletait et me disait :

— Poussez ! Mon Dieu ! Dire que voici plus de quatre ans que je meurs d'envie de me le faire mettre par vous ! Mon Dieu ! Que c'est bon ! Ah ! ça vient ! ça vient !

Quand nous eûmes fini, elle m'embrassa longuement.

— Maintenant, lui dis-je, vous aurez peut-être un gosse ?

— Tant mieux ! Ce sera un souvenir de vous.

Je ne l'ai jamais revue, car elle quitta bientôt le pays.

Cette scène se passa, je l'ai dit, près de quatre ans après son départ de la maison. C'est à l'époque où elle et sa mère nous quittèrent que m'advint l'aventure suivante :

J'ai déjà parlé des filles du quartier de Waterloo. J'aimais à m'y promener pour les voir et leur parler de cochonneries. C'étaient des prostituées d'une classe inférieure qu'on avait pour quelques shillings, mais il y en avait cependant beaucoup de jeunes et de fraîches.

Elles se tenaient ordinairement à leur fenêtre et se penchaient pour bien montrer leurs tétons. Parfois, quand j'étais sur le trottoir même, l'une d'elles me montrait son ventre et ses cuisses, et même les poils de son con. Une autre mettait le pied sur la fenêtre comme pour rattacher sa jarretière, ou encore s'accroupissait pour pisser dans le pot si je m'arrêtais devant sa chambre. Souvent, pour un shilling, elles

me permettaient de leur peloter le con. Cela finissait parfois par une séance de baisage. Il m'arriva de chatouiller le con à des femmes, ou même de les baiser, sans qu'elles voulussent accepter mon argent.

Un soir, je vis à sa fenêtre une femme aux tétons très développés qui me plut sur-le-champ. Je lui proposai un shilling pour la peloter et elle accepta. Quand je fus entré chez elle, elle se laissa patiner avec complaisance. Elle avait un si beau cul que je voulus la baiser. Elle se mit aussitôt à poil et s'étendit sur son lit. Son con était assez large et couvert d'une épaisse toison brune. C'était une femme de vingt-cinq ans, aux beaux yeux noirs.

Après que je l'eus enfilée, elle me montra un livre rempli de gravures obscènes. J'en avais vu alors assez peu et celui-ci me passionna. Les gravures étaient très fines. Elles représentaient de jolies femmes, très bien faites, et l'artiste avait particulièrement soigné les cons et les culs.

Je retournai souvent voir cette femme. J'étais plus attiré par ses gravures que par son cul, bien qu'elle l'eût très beau. Elle regardait le livre avec moi et me faisait examiner avec insistance les scènes représentant des hommes en train de mettre leur verge dans le trou du cul de leurs partenaires. Je n'avais pas une idée bien nette de cette opération ; aussi préférais-je examiner un con bien élargi par une belle pine bandée, mais la femme insistait toujours sur les scènes d'enculage, tellement que j'en vins à les regarder de près.

— Oh ! lui dis-je, cette chose ne doit pas être possible. Ce sont des inventions de dessinateur.

— Mais si, c'est très possible.

— Ça doit faire mal, alors ?

— Non, si on le fait comme il faut le faire. Il y a des hommes qui trouvent cela délicieux. Il faut bien

graisser le trou et la queue et ensuite pousser doucement.

— Oh ! je suis sûr que vous vous l'êtes fait faire ?

— Oui, mais seulement par mon ami, qui adore cela. Moi aussi, je l'aime, car c'est bien meilleur que de l'autre manière.

Cela me choquait, mais m'excitait en même temps. La femme me déboutonna et sortit ma queue. Elle glissa son doigt sous mes couilles et me pressa le trou du cul. Je bandais ferme et voulus baiser. Elle s'agenouilla, les fesses tournées vers moi, et me demanda de la foutre dans cette posture pour qu'elle pût me peloter les couilles pendant que je l'enfilerais. Je regardais curieusement la large fente qu'elle me présentait en creusant les reins, pour bien la mettre en évidence, et comme elle écartait ses fesses avec les mains, je regardais aussi le trou de son cul.

Comme je posais un doigt dessus, elle se mit à remuer le derrière en riant gentiment. Sans paraître comprendre son désir, je poussai ma queue dans la fente et me mis à jouer des reins. Mais tout en baisant, je ne pouvais m'empêcher de penser aux gravures et je finis par dire, presque sans savoir :

— Dites, laissez-moi la mettre dans l'autre trou !

— Non, pas ce soir. Mettez-y seulement votre pouce. Vous avez les ongles courts et ne me ferez pas de mal. Mais mouillez-le bien avant de le rentrer.

Je mouillai donc mon pouce et l'introduisis dans le trou de son cul. Presque aussitôt après je déchargeai. Je fus tout surpris de sentir la femme jouir aussi, ce qui ne lui était jamais arrivé avec moi. Elle poussait les fesses en arrière pour faire pénétrer mon pouce plus avant, et je sentais son cul se fermer et s'ouvrir convulsivement sur mon doigt.

Je doutais toujours, néanmoins, que ma pine pût se loger dans ce trou et j'y pensai plusieurs jours de suite. J'étais à la fois intrigué et excité.

Enfin, n'y pouvant plus tenir, je revins chez la femme. Nous regardâmes le livre, et je m'attardais aux scènes d'enculage. A regarder celles qui se livraient ainsi, on voyait bien que non seulement elles ne souffraient pas, mais encore qu'elles avaient du plaisir. Je dis à la femme :

— Voulez-vous me laisser faire aujourd'hui ?

— Oui, si vous consentez à faire ce que je vais vous dire.

J'acceptai. Elle me dit encore :

— Surtout, ne parlez pas trop haut. Personne n'a besoin de savoir ce que nous allons faire.

Je mis bas culotte et caleçon, pendant qu'elle se mettait entièrement nue. Alors, avec beaucoup de soin, elle me graissa la verge avec de la pommade, puis s'en mit aussi au trou du cul.

Ce fut l'affaire d'une minute, pendant laquelle aucune parole ne fut échangée. J'étais assis sur le sofa. Elle s'assit près de moi, me caressa et m'embrassa, en me regardant avec des yeux chargés de désir et de tendresse, ce qui ne laissa pas de me surprendre. Elle prit ma main et la porta sur son clitoris, puis se branla avec mes propres doigts. Son bouton était raide et sa fente tout humide. Je la laissai faire tout ce qu'elle voulut.

Ensuite, elle se retourna :

— Mettez-le dedans, puis donnez-moi votre main, et surtout ne poussez pas avant que je vous le dise.

Elle me tendait sa croupe. Le trou de son cul était juste au niveau de ma verge. Je l'avais raide comme une barre de fer et ma cervelle était en feu. Je sentais que j'allais faire quelque chose de mal, et pourtant je n'hésitai pas.

— Entrez-le doucement, dit-elle dans un souffle.

Le trou s'ouvrit. Il me parut étroit et mon gland eut quelque peine à y pénétrer, car il fuyait toujours des-

sus ou dessous. Enfin, il entra, et, à mon grand étonnement, toute ma pine pénétra jusqu'à la racine, sans douleur ni difficulté. J'avais eu autrement de peine avec le con d'Henriette. La femme geignait doucement, comme extasiée. Elle murmura :

— Donnez-moi votre main, vite, mon chéri.

Je la lui donnai et elle se remit à se branler avec mes doigts.

— Frottez, maintenant, mon chéri. Frottez doucement !

J'étais hors de moi. Je poussai d'abord assez lentement, puis plus fort. La femme râlait presque. Elle eut comme un cri spasmodique qu'elle étouffa dans le coussin, puis elle ajouta, dans un long soupir de volupté :

— Ah ! maintenant... maintenant... je jouis ! Ah ! mon Dieu ! Ah ! ah !

Je sentis ma pine serrée comme dans un étau, et sous la pression énergique des muscles du derrière, je déchargeai tout au fond ma réserve d'une semaine. Je jouissais comme une brute, profondément englouti dans le trou du cul de la femme qui, elle aussi, s'abandonnait à la volupté, affalée sur les coussins du sofa, respirant bruyamment, poussant de petits cris, sans souci des voisins, et m'inondant les doigts de la liqueur sexuelle qu'elle émettait avec abondance. Puis je m'allongeai, comme évanoui.

Quand je repris mes sens, ma pine était si bien serrée dans ce fourreau qu'elle avait gardé toute sa raideur. Pas une goutte de foutre n'était sortie au-dehors. Je la retirai et ce frottement me fit encore plaisir.

La femme me regardait avec tendresse. Elle avait les yeux humides et toute sa figure disait le bonheur qu'elle avait eu.

— Eh bien, mon chéri, me dit-elle, n'est-ce pas

que c'était bon ? Oh ! que j'aime cela, mon Dieu ! que je l'aime ! Et vous ? Savez-vous ? Vous pourrez me le faire quand vous voudrez et cela ne vous coûtera pas un shilling.

Mais j'avais maintenant horreur de mon acte, de moi et de la femme, et je la quittai brusquement. Jamais plus, par la suite, je ne voulus passer dans cette rue de peur de rencontrer l'enculée.

CHAPITRE 8

J'avais atteint ma vingtième année. Nos deux nouvelles servantes étaient sœurs. L'aînée s'appelait Sarah; elle avait vingt-six ans. Sa sœur, Suzanne, en avait dix-neuf. Dès la première nuit qu'elles passèrent à la maison, je pris l'habitude d'aller regarder par le trou de la serrure de leur chambre. Après quelques semaines, je parvins à les voir nues toutes deux. Je vis même l'aînée pisser, puis se laver le con. Sarah était bien bâtie et dotée d'un cul magnifique, mais elle n'avait au bas du ventre que peu de poils, d'une couleur châtain foncé. Suzanne avait un joli visage tout souriant et sa motte s'ornait d'une superbe touffe de poils noirs. Il me sembla que j'aurais plus de chances avec elle qu'avec sa sœur.

Mais un samedi que je vis Sarah se laver de la tête aux pieds, j'eus une radieuse vision de ses cuisses et de sa fente et je ressentis comme un sentiment d'adoration pour ses beautés. Mes attentions se portèrent donc sur elle.

Je commençai à l'embrasser et elle me rendit mon baiser, mais en me faisant jurer de n'en rien dire à sa sœur. J'embrassai Suzanne bientôt après et elle me fit la même recommandation.

Tous ces baisers n'étaient que jeu. Certain

dimanche, pendant que Sarah faisait sa toilette, après déjeuner, je la vis par la serrure se passer les doigts dans les poils du con. Un autre jour, je rencontrai Suzanne revenant de pisser et la vis qui pressait sa chemise contre le bas de son ventre. Elle m'aperçut à ce moment et rougit fortement. Désormais, chaque fois que je la trouvais seule, j'imitais son geste en souriant.

J'avais acheté une édition illustrée de *Fanny Hill* pour pouvoir me branler le soir, faute de femme. Un jour que je l'avais laissée sur ma table de nuit, j'eus peur que ma mère ne la vît et je montai vite à ma chambre où je surpris Sarah en train d'examiner une gravure. Elle se retourna, poussa un cri et se sauva. Elle était rouge comme une pivoine.

Quand je la revis, je la plaisantai au sujet des gravures. Elle rougit sans répondre.

Il y avait alors une foire près de chez nous. Un soir que Sarah y allait avec une de ses amies, je l'attendis dehors et je l'y accompagnai. La foule était si dense qu'on pouvait se peloter sans crainte d'être vu, et personne ne s'en privait. Je sentis plusieurs fois une main de femme me toucher la verge, mais les passantes gardaient un air détaché et innocent qui m'empêcha de deviner quelle était celle qui me faisait de pareilles avances. Je fis passer Sarah devant moi et lui pris carrément le cul, pendant que mon autre main lui pressait le con par-dessus ses jupons. Elle voulut m'échapper et se précipita dans un passage obscur où des hommes pissaient au long des murs. Ils l'interpellèrent :

— Hé ! la belle. Venez-vous là pour pisser aussi ?

Quand nous rentrâmes, je la pelotai à mon aise, et elle finit par me toucher la queue, mais c'est tout ce que je pus obtenir.

Le lendemain, j'allai à la foire avec Suzanne. Elle

avait aussi une amie avec elle, mais celle-ci nous quitta bientôt pour rejoindre un amoureux. Avant qu'elle partît, je lui avais peloté le cul, ainsi qu'à Suzanne, sans qu'elles eussent paru y prendre garde. Quand nous fûmes seuls, Suzanne et moi, j'eus pour ainsi dire continuellement ma main à ses fesses, sans qu'elle fît rien pour m'en empêcher. Nous retrouvâmes son amie dans la foule, et elle me mit la main aux couilles, sans en avoir l'air. Puis nous allâmes boire ensemble. Soudain, Suzanne se leva, nous dit adieu et partit en courant. Je sortis pour la rattraper, mais elle avait disparu. J'allais rentrer, quand une femme accroupie se releva. C'était elle.

— Oh ! lui dis-je, comme j'aurais voulu vous voir pisser !

Tout le long de la route, en revenant, nous entendions des amoureux s'embrasser et chuchoter. Nous passâmes près d'un couple plus sérieusement occupé, sans doute, car une voix de femme poussait des exclamations entrecoupées.

— Ah ! ce qu'ils s'amusent, ceux-là ! me dit Suzanne.

— Dame, répondis-je, ils sont en train de foutre.

Suzanne s'arrêta pour écouter la femme. Je la poussai contre un mur et lui relevai les jupes. Ma main toucha sa fente, qui était toute mouillée.

— Oh ! espèce de vaurien ! cria-t-elle.

Sur ce, elle se sauva. Je courus après elle et la rattrapai. Elle résista bien moins. Déjà, ses jupes relevées, j'avais ma main à son con. Elle écartait les cuisses et ma pine fut bientôt à l'entrée. Je l'y poussai et elle arrivait au fond quand Suzanne, d'une poussée de ses mains, la fit sortir. En même temps, elle s'écria :

— Oh ! Seigneur ! qu'est-ce que je vais faire encore ?

Puis elle se sauva et je ne la rattrapai que lorsqu'elle avait déjà sonné chez nous. Je retournai à la foire et y restai assez tard. Comme j'en revenais, j'aperçus une fille de petite taille, à l'air convenable, portant un voile rabattu sur le visage. Je lui parlai et marchai près d'elle. Elle me dit mon nom, et qu'elle savait où j'habitais. Je fus assez audacieux pour faire des avances à cette jeune fille si modeste et si réservée. Je lui pris un baiser, puis d'autres, lui pressai la main et, finalement presque sans résistance, je l'enfilai contre un mur. Elle refusa de relever son voile et de se faire connaître. Je la baisai à nouveau le long du mur de notre jardin.

— Quand vous insisteriez encore, me dit-elle, je ne vous dirais pas qui je suis. Mais si le cœur vous en dit, refaites-le-moi encore une fois. Et demain soir, je vous attendrai ici pour recommencer.

J'avais envie de pisser et m'écartai un peu. Puis je me branlai pour faire venir le sperme et me replongeai une troisième fois dans son con lubrifié. Elle jouit aussi copieusement que les autres fois, en se pendant à mon cou et en sautant comme un cabri.

Le lendemain, j'allai au rendez-vous. Elle ne vint pas.

Deux jours après, j'avais la chaude-pisse... Fiez-vous aux filles timides et convenables !

Durant un long mois, je dus me soigner. J'en profitai pour tenir des conversations obscènes avec les deux sœurs, et avancer ainsi mes affaires. Je leur rappelais sans cesse que je leur avais tâté le con et qu'elles m'avaient pris la queue.

Sarah paraissait gênée à cette évocation, mais Suzanne l'accueillait avec un regard si espiègle et si malicieux que j'en vins à m'attaquer à elle presque exclusivement.

Pourtant Sarah avait de bien belles jambes et un si gros cul !

Un jour que j'étais seul avec Sarah, je lui montrai les gravures de *Fanny Hill*. Elle était assise et elle se laissa trousser jusqu'au-dessus des genoux, me permettant de contempler ses cuisses et ses mollets. Je sortis ma queue qu'elle regarda longuement. Elle était véritablement excitée, cependant je n'en pus obtenir davantage ce jour-là.

Un dimanche que je la croyais seule, je revins à la maison pendant la messe et lui levai les jupes dans le hall, mais elle me dit tout bas, d'un ton effrayé :

— Finissez ! pour l'amour de Dieu ! Suzanne est en haut et pour rien au monde je ne voudrais qu'elle se doutât de cela.

Puis elle monta la rejoindre. J'entendis Suzanne répondre, à une question posée à voix basse, qu'il ne lui plaisait pas de sortir ce jour-là. Elle finit pourtant par sortir.

Quand Sarah descendit à son tour de la chambre, j'étais au bas de l'escalier à l'attendre.

— Oh ! laissez-moi tranquille ! me dit-elle.

Mais je n'avais pas déchargé depuis des semaines, et à ses yeux et à son visage enflammé, je vis bien qu'elle espérait rester seule avec moi. Elle devait en avoir bien envie, tant son regard était doux et passionné. Je la poussai dans la chambre de ma mère. Il y avait là, outre le grand lit, un lit de repos couvert de fourrures. J'avais collé Sarah contre le grand lit, les jupes relevées. Ma pine pointait contre ses cuisses, mais je ne pouvais la faire pénétrer, car Sarah luttait toujours, en essayant avec ses mains de me dégager. Je l'attirai sur le lit de repos et nous y tombâmes tous deux, elle sur moi Je la retournai et lui relevai les jupes. Malgré ses efforts, je parvins à lui glisser un doigt dans le con. Elle étendit alors les jambes et les écarta, renonçant à résister. Aussitôt, je la pénétrai, la pressant de tout mon poids. Elle était haletante.

— Allons, Sarah chérie, lui dis-je, tenez-vous tranquille.

A peine au fond de son vagin, je déchargeai. Elle me dit alors :

— Laissez-moi descendre, car le dîner va être brûlé.

Mais je me moquais bien du dîner. Il y avait si longtemps que j'étais dans l'abstinence que je ne débandais pas. Je me remis à limer et Sarah, cette fois, mêla sa jouissance à la mienne.

Ma mère rentra presque aussitôt. Le dîner était exécrable et la pauvre Sarah fut vertement attrapée. Ce fut bien pis quand ma mère pénétra dans sa chambre. Elle sonna la pauvre fille et lui fit mille reproches : On avait laissé la porte ouverte et le chat était venu... Il s'était oublié sur la fourrure du lit de repos, etc.

Sarah redescendit plus morte que vive. Quand elle sortit, je la rejoignis et j'allai me promener avec elle. La nuit venue, nous reprîmes le chemin de la maison. Quelle différence maintenant chez Sarah ! Je mis la main sous ses jupes et pus la peloter sans la moindre résistance. Au contraire, quand mes doigts se glissèrent entre ses cuisses, après avoir longuement peloté son cul, et vinrent manier les douces lèvres chaudes et humides, elle mit la main à ma culotte pour tâter mon membre. Il fut vite logé entre ses jambes, et nous eûmes beaucoup de plaisir.

Ma mère partit le lendemain chez des parents, pour trois semaines. Elle emmena Suzanne, ma sœur et mon petit frère. Je restai seul avec Sarah et une vieille tante sourde qui vint garder la maison. Ce furent trois semaines de folies amoureuses. Dès la première nuit, Sarah vint coucher avec moi. Je lui enseignai tout ce que je savais. Elle était complaisante et docile, et exécutait tout ce que je lui demandais. Nous essayâmes

tous les amusements amoureux que je connaissais alors, et ce fut une période de baisage intense.

Elle me dit que sa sœur avait eu un enfant. Quant à elle, elle mourrait si son père ou sa sœur venaient à savoir ce que nous faisions.

Quelque temps après, Sarah s'aperçut qu'elle était enceinte. Nous fûmes tous deux dans une grande anxiété. Dès que nous étions seuls un instant, elle relevait ses jupons pour me demander si cela se voyait déjà. Cet examen finissait régulièrement par une séance d'enfilage. Enfin, sa mère étant tombée malade, elle retourna chez elle. Je lui donnai tout l'argent que je possédais.

Son départ me rejeta vers Suzanne. Je lui rappelai les souvenirs de la foire ; je lui dis que les poils de sa motte étaient noirs, que je les avais vus. Je l'embrassai et parvins à la peloter par-dessus ses vêtements. Deux jours après, je lui tâtai les cuisses. Un dimanche, seul avec elle à la maison, je la rejoignis dans la cuisine, et la pique à l'air, je lui troussai les jupes, tâtant ses cuisses et sa motte. Je mis mon membre dans ses poils, mais on sonna et je dus plier bagage. Le soir, quand je fus couché, des cris s'élevèrent. La vieille parente appelait Suzanne, ma mère étant tombée brusquement malade.

Suzanne était en chemise de nuit. Elle descendit à la cuisine faire chauffer de l'eau et je l'y suivis. Elle était accroupie devant le feu, maniant le soufflet avec vigueur. Je sortis ma queue et la mis devant son visage.

— Quelle honte ! me dit-elle. Pensez un peu à votre mère.

Je rentrai mon membre et j'aidai Suzanne à allumer le feu. J'étais agenouillé près d'elle, et j'aperçus alors ses deux tétons par l'ouverture de sa chemise de nuit. C'en était trop. Je mis une main entre ses deux

seins et l'autre entre ses jambes. Grâce à son attitude, elles étaient largement ouvertes ; je n'eus donc pas de peine à atteindre la fente bien entrebâillée. Suzanne essaya de me repousser, mais nous roulâmes tous deux par terre. Je prenais de plus en plus possession de son con, malgré ses objurgations à voix basse. Enfin, il fallut bien en finir, car ma mère attendait l'eau.

Une heure après, Suzanne se recoucha. J'attendais ce moment. J'ouvris brusquement la porte de sa chambre. Elle me dit :

— Je ne veux pas que vous entriez ici ! Si on soupçonnait quelque chose, ce serait terrible pour moi.

Pour toute réponse, je retirai ma chemise de nuit et me tins debout tout nu, la pine toute palpitante de désir. Je pris Suzanne dans mes bras et l'assis sur le bord du lit.

— Laissez-moi vous le faire, chérie... Dites... On va foutre tous les deux ! J'ai touché votre con, et je l'ai vu aussi, vous le savez bien. Il est si joli. Dites, regardez ma queue. Laissez-moi la mettre dans votre joli con ! Une fois déjà, vous m'avez laissé faire...

— Non, pas aujourd'hui... Une autre fois, peut-être... Mais allez-vous-en ! allez-vous-en !

Elle était sans défense. Je retroussai sa chemise de nuit et je vis une superbe paire de cuisses, blanches comme du lait, son ventre, son nombril, et la magnifique toison noire qui lui couvrait le bas-ventre et se perdait entre ses jambes.

Ma cuisse vint se mettre en contact avec les siennes. Ma queue raide lui battit le ventre à quelques pouces du con. Étant donné toutes mes tentatives de la journée, je pensai que Suzanne devait être excitée, à moins qu'elle ne se fût calmée par un branlage dulcifiant.

Mais ses désirs étaient éveillés. Elle était femme et avait déjà goûté aux plaisirs de l'amour. Sa bouche disait non, mais ses mains ne me repoussaient plus.

Je la couchai sur le dos, au bord du lit, et me plaçai entre ses jambes. Cette position était fort incommode. Deux de nos jambes étaient sur le lit et les autres par terre. Avec ma main droite je guidai mon vit dans sa vulve et l'introduisis. Elle haletait.

— Oh ! pour l'amour... de Dieu... laissez-moi !... Je vous laisserai faire... un autre... jour... oui... je le jure !... pas maintenant !... Oh ! si vous saviez... Oh !... Oui... Oui... Oh !... Oh !...

Hélas ! j'étais à peine à moitié dedans que je me mis à décharger. Furieux, je saisis les fesses de Suzanne et engloutis violemment ma verge, me démenant comme un furieux, jusqu'à ce que je me pâmasse. Suzanne ne faisait pas un mouvement. J'étais si mal à l'aise que je dus me relever. Elle me dit alors :

— J'espère maintenant que vous allez partir.

Ce n'était pas du tout mon intention. Je me remis au lit avec elle. J'étais toujours nu et sa chemise était roulée sous ses aisselles. Nos deux corps se touchaient et mes mains la frôlaient partout. Que Suzanne devait avoir besoin de ces caresses ! Après avoir longuement caressé son con, pendant qu'elle roulait ma verge entre ses mains, je la fis mettre sur le dos. Elle écarta elle-même les cuisses et m'attira dans ses bras. Tout son corps frissonnait, et sa langue chercha la mienne. Ses mains se croisèrent sur mes reins ; elle déchargea, bien avant que j'eusse commencé à limer, aussitôt qu'elle sentit ma pine dans son vagin. Je commençai le doux va-et-vient, et quand je me mis à jouir elle déchargea une seconde fois.

Je me relevai et regardai son beau con noir. Le

sperme lui dégoulinait dans la raie des fesses... Nous ne fermâmes pas les yeux de la nuit.

Le lendemain, quand je pus lui parler, elle me dit que les draps étaient tout tachés de sperme et qu'elle ne savait comment faire. Je la baisais sur la table de la cuisine. Durant les quinze jours qui s'écoulèrent encore avant le retour de sa sœur, nous baisâmes à tout bout de champ. Dès les premiers soirs, elle me dit qu'elle sentait qu'elle était enceinte. Je lui demandai si cela lui était déjà arrivé, mais elle nia le fait et je n'insistai pas.

Sarah revint. Elle avait essayé sans succès de se faire avorter. Elle redoutait par-dessus tout que Suzanne s'aperçût de sa grossesse, et Suzanne ne craignait rien tant que Sarah. Mais toutes deux étaient bien décidées à profiter de leur état pour s'en faire mettre tant et plus. Sarah avait son lot le dimanche et quelquefois la semaine. Suzanne, qui circulait davantage, se mettait d'elle-même sur mon chemin et m'attrapait la bite en me demandant de l'enfiler, deux fois au moins par jour.

L'excitation produite par ces deux cons différents ; l'idée que parfois les deux sœurs étaient côte à côte, avec chacune le con inondé de mon foutre, et qu'elles ne s'en doutaient pas, tout cela décuplait mes forces. Une fois que je venais de foutre Sarah, je pus joindre Suzanne et la baisai sans m'être lavé la queue. Je l'avais toute gluante encore quand je l'introduisis ; cela me produisit une sensation délicieuse.

Puis les choses tournèrent au tragique. Sarah émit la prétention de se faire épouser et parla de suicide. A la fin, ne pouvant plus cacher son état, elle nous quitta. Je lui procurai une chambre dans le voisinage. Suzanne grossissait à vue d'œil et parlait de se faire avorter.

Un jour, brusquement, l'orage éclata. Suzanne,

tout le temps du déjeuner, m'avait regardé d'une manière provocante. Quand nous fûmes seuls, elle m'injuria :

— Maudit vaurien ! Canaille ! Salaud ! C'est vous qui avez séduit ma pauvre sœur !

— Après tout, lui répondis-je, ma queue n'est pas la première à laquelle vous ayez goûté. Je pourrais vous en dire long là-dessus.

Elle s'apaisa, et me fit jurer sur la Bible de ne jamais révéler à Sarah que je l'avais également engrossée. Puis je l'enfilai pour faire la paix.

Suzanne fut sérieusement malade plusieurs jours, mais elle réussit à se faire avorter. Ma mère la soigna sans se douter de son état.

Sarah accoucha bientôt d'un bel enfant. Suzanne nous quitta, leur mère étant venue à mourir. Je n'avais pu la baiser depuis son avortement. Quelque temps après, je donnai de l'argent à Sarah et toute la famille partit au Canada. Suzanne se maria et mon enfant mourut à l'âge d'un an. Je n'eus plus de nouvelles des deux sœurs.

Telle fut la fin de mes intrigues avec les servantes.

LIVRE DEUXIÈME

CHAPITRE 9

J'ai jusqu'ici résumé succinctement mes aventures amoureuses. C'est qu'entre mes premiers souvenirs sexuels et l'époque de ma majorité, je n'eus guère comme maîtresses que les servantes de ma mère. Ces aventures manquaient un peu de diversité. Les moyens de séduction que j'employais variaient aussi peu que le genre de femmes que je voulais séduire. Et sauf les différences de caractère ou de tempérament de mes maîtresses, j'aurais dû continuellement ressasser la même histoire dans ses menus détails, ce qui eût été plutôt fastidieux. Au contraire, je me suis étendu plus longuement sur l'histoire de la putain qui me demanda de l'enculer, et sur les scènes qui se déroulèrent dans les sous-sols du fabricant d'armes, parce qu'elles rompaient un peu l'uniformité de mes aventures.

J'arrive maintenant à une période toute différente de mon existence. Le grand changement qui se produisit alors dans mon genre de vie sexuelle provint d'une cause toute naturelle. J'eus vingt et un ans, je devins majeur, j'héritai la fortune de mon père et j'échappai en quelque sorte à la tutelle constante de ma mère.

Libre de mes actions et de mes mouvements, je ne

songeais plus aux bonnes de ma mère et résolus de porter ailleurs mes désirs et mon foutre.

Mon premier acte, dès que je fus majeur, fut une sottise. Je donnai ma démission de l'armée et je quittai mon poste au War Office, pour jouir à mon aise de la petite fortune que m'avait laissée mon père. Sans doute ai-je oublié, dans les chapitres précédents, de mentionner la fin de mes études et mon entrée dans l'armée. Au reste, cela n'offre pas grand intérêt.

Depuis mon aventure avec les deux sœurs, jusqu'à la rencontre que je vais raconter ici, j'eus peu d'histoires d'amour, et toutes sans relief. Je mentionnerai seulement un coup tiré impromptu, un soir, près de l'église, avec une femme charmante d'une trentaine d'années, aux boucles brunes, que j'abordai et enfilai à la hussarde, le long d'un mur. Elle fut si étonnée de la rapidité de mon attaque qu'elle ne dit mot. Je me souviens que son principal souci était l'heure tardive, et les observations probables de son mari, en la voyant rentrer après neuf heures. J'eus à peine fini qu'elle se sauva sans s'essuyer, avec mon foutre qui lui coulait sur les cuisses.

Et j'arrive à la rencontre annoncée plus haut.

Me promenant un jour place de Waterloo, avec de l'argent plein mes poches, je rencontrai une jeune femme très jolie et fort élégante. Elle avait le teint clair et paraissait avoir vingt-cinq ans. Elle s'adressa à moi en français d'abord, puis en mauvais anglais.

Elle avait des regards et des manières qui me fascinèrent. Elle était habillée d'une façon élégante et discrète, à l'encontre des autres Françaises qui fréquentaient alors la rue de la Régence. On eût dit une duchesse : en réalité, c'était une prostituée française dont on ne voyait alors que quelques échantillons à Londres, car il n'y avait pas encore de chemins de fer pour Paris, à l'époque. Ces femmes étaient presque toutes entretenues par les gentlemen du West End.

J'allai chez elle (après avoir un peu hésité, toutefois).

En arrivant à la porte, la crainte de la maladie possible me reprit et, pour un peu, je ne serais pas rentré.

— Je n'ai que peu d'argent, lui dis-je.

— N'avez-vous pas au moins une « victoria » ?

— Non !

— Oh ! vous en trouverez bien une, j'en suis sûre.

Elle parlait difficilement l'anglais, mais en fermant la porte, elle put ajouter :

— Et puis, si vous ne pouvez pas en trouver une, vous me donnerez ce que vous trouverez.

La chambre était très élégamment meublée : on y voyait un très large lit et un autre plus petit.

La femme alluma quatre bougies et s'assit. Je fis de même et nous nous observâmes l'un l'autre. Je ne savais que dire.

— Faut-il me déshabiller ? dit-elle enfin.

— Oui.

Elle s'y mit aussitôt ; jamais encore je n'avais vu de si beau linge : ses jambes étaient gantées de bas de soie et elle avait aux pieds de fines chaussures vernies. J'avais eu déjà des femmes très soignées et très jolies, mais c'étaient des servantes, et elles avaient le costume et les manières propres à leur situation.

Cette femme, au contraire, me semblait l'élégance personnifiée. Elle mit bientôt à nu deux jolis bras blancs, puis j'aperçus le renflement neigeux d'une superbe paire de tétons. Je vis ensuite la rondeur charnue d'une magnifique paire de cuisses ; l'instant d'après, elle laissa glisser son dernier jupon et se pencha pour le ramasser. Dans ce mouvement, elle me faisait face : sa fine chemise de dentelle s'écarta, s'ouvrit et j'aperçus, en coulant mon regard entre les tétons, une toison brune qui ombrait le bas de son ventre entre les deux cuisses. Quand elle leva les

jambes, pour défaire ses bas et ses jarretières, j'eus une nouvelle vision des cuisses et des alentours. Lorsqu'elle n'eut plus sur elle que sa chemise de dentelle, elle s'assit sur le pot et pissa tranquillement en me regardant.

J'étais resté assis, toujours en proie à mes craintes ridicules ; ma queue refusait de raidir et j'aurais voulu m'en aller.

Il me semblait que je vivais un rêve ; cependant, il régnait en cette chambre un air de volupté dont mes sens étaient délicieusement affectés ; je désirais et redoutais tout à la fois. J'étais dans un état d'extrême nervosité.

Quand elle me vit si calme, elle s'assit sur mon genou et se mit en devoir de déboutonner mon pantalon. Je voulus m'y opposer.

— Êtes-vous donc malade ? demanda-t-elle.

— Non...

Alors elle me déboutonna en dépit de ma résistance, prit en main mon joujou et s'assura qu'il était en bon état. Ce faisant, elle me fit mal, car elle en pressait le bout. Je ne connaissais pas encore la manière d'opérer des filles de joie.

Sa pression me donna néanmoins une voluptueuse sensation, bien que la crainte me tenaillât toujours. La femme m'embrassa, me câlina, mais sans succès.

— Vous n'avez jamais eu de femme encore, je le vois bien, dit-elle.

Mon orgueil fut blessé et je lui affirmai que j'en avais eu beaucoup.

— Mais est-ce que vous êtes toujours ainsi avec elles ?

— Non, mais réellement, aujourd'hui, je n'ai pas envie.

— Oh, si ! vous allez voir. Venez au lit.

Elle quitta mon genou, alla vers le lit et s'étendit

sur le bord, une jambe étendue, l'autre pendante vers le sol. Elle retroussa ensuite sa chemise jusqu'au-dessus du nombril et se tint ainsi immobile, exposant à mes regards ses jambes magnifiques et ses cuisses qui me parurent avoir cette légère couleur brune particulière aux femmes du Midi. Entre les cuisses, un large buisson de poils noirs s'étalait, coupé en son milieu par une mince ligne carminée.

Elle leva au-dessus de sa tête l'un de ses bras nus et sous les épaulettes de dentelle de la chemise apparut, au creux de l'aisselle, une autre touffe de poils d'un noir de jais. Jamais encore je n'avais vu de tableau plus alléchant, jamais une femme ne s'était mise de son plein gré sous mes yeux dans une attitude aussi suggestive.

— Venez ! dit-elle.

J'obéis et me rendis auprès du lit, mais je ne bandais pas encore. Elle me prit la main et la posa sur son clitoris, attira ma pine vers sa bouche et l'embrassa. Sous l'effet de ce double contact, mon membre se redressa comme une corne.

— Ah ! fit-elle en se mettant au milieu du lit, ça y est ! Quittez vite vos vêtements !

Sans dire un mot, j'obéis et je me trouvai sur elle, en train de la bourrer avec vigueur, sans même avoir songé à dire non, comme j'en avais eu d'abord l'intention.

Oh ! ce con merveilleux ! Ce mouvement savant des fesses et des reins ! Cette manière voluptueuse de faire l'amour ! Quelle impression nouvelle ce fut pour moi ! Jusqu'ici je ne savais pas jusqu'à quel point une amoureuse professionnelle pouvait donner des sensations inconnues.

Ah ! Comme ces femmes comprennent bien la nature et les besoins de l'homme ! Avec celle-ci, je

me figurais baiser une femme honnête qui eût été privée de queue pendant un certain temps. Elle avait tout d'une grande dame en proie aux plus obscènes désirs et je me sentais au septième ciel.

Ma crise se produisit pendant qu'elle m'étreignait en murmurant :

— Ne vous pressez pas !

Mais le tortillement de son cul, le déhanchement de ses fesses et surtout l'ardente succion de son con me forcèrent à me hâter et elle le savait bien.

J'avais à peine fini de décharger que la curiosité s'empara de moi. La femme céda à mes désirs comme sait le faire toute Française qui veut faire plaisir à un homme, et même elle alla au-delà de ce que je pouvais souhaiter.

La noire toison de ses aisselles fut pour moi le premier objet de mon admiration ; me soulevant sur un coude, la pine encore enfouie dans son vagin, j'admirai tour à tour ses yeux, puis ses tétons ; je regardais et je touchais tout ; je lui ouvris même la bouche et caressai ses dents, qui étaient splendides.

Ensuite, je me redressai sur les genoux et contemplai longuement entre ses jambes le buisson splendide de ses poils noirs. Loin d'essayer de se relever ou de se défendre, elle ouvrit d'elle-même ses cuisses plus largement, et alors j'écartai de chaque côté les deux lèvres du con d'où s'écoulait mon essence, laquelle engluait l'orifice carminé du délicieux organe. A cette vue, ma pique se remit à bander, et toute dégouttante encore, je l'enfonçai une seconde fois dans le divin passage lubrifié par mon sperme.

Une fois tiré ce second coup, la Française se lava. Je voulus aussitôt revoir ses charmes secrets.

— Vous êtes grand amateur de femmes, dit-elle. On dirait que vous n'en avez jamais vu !

Je lui passai une nouvelle inspection. Son con était noir et rose, un bijou... Je lui donnai un louis, et osant à peine formuler ma demande, car elle s'était rhabillée, je lui dis :

— Oh ! comme je voudrais vous le faire encore !...

— Vous me faites perdre bien du temps, mais vous êtes si gentil... Refaites-le-moi, si vous voulez, au bord du lit.

Je sortis ma queue. De son côté, elle exhiba son cul, son ventre et sa fente avec la toison noire. Je l'enfilai et déchargeai une troisième fois, puis je la quittai avec promesse de revenir.

Je la revis le jour suivant, et ensuite presque tous les jours. Peu à peu, je pris l'habitude de me rendre chez elle à toute occasion et d'y coucher. Plus je la possédais, plus je la désirais.

C'était la femme aimable par excellence. Je ne la trouvais jamais ni négligée, ni sale, ni échevelée. Si elle n'était pas habillée, elle portait toujours sur elle un peignoir propre, elle avait presque toujours des bas de soie et une chemise propre, et chaque fois que j'en manifestais le désir, elle était prête à baiser, à la minute même.

Elle était en outre bonne cuisinière ; elle me faisait de délicieuses omelettes et préparait gentiment d'agréables mets que nous mangions dans sa chambre.

Souvent, je tirais un coup, je quittais le lit, je mangeais et recommençais à baiser, la bouche encore à moitié pleine. Quelquefois aussi je prenais dans sa chambre des repas qui nous étaient apportés par une cuisinière française. Ensuite, l'estomac plein, le cœur mis en joie par des vins délicats, je passais la soirée dans les plus délicieuses cochonneries.

Ce qui m'étonna et me ravit tout à la fois, dès le début de cette liaison, ce fut la complaisance inlas-

sable avec laquelle elle se prêta à mes plus voluptueuses inclinations.

Avec toutes les putains que j'avais eues, je partais presque aussitôt l'affaire terminée, ayant parfois à peine fini de décharger.

Avec les servantes de ma mère (mon premier amour avec Charlotte excepté, et aussi pendant un moment avec Suzanne), mes joies étaient presque toujours hâtives..., un attouchement, une titillation, parfois un regard rapide, constituaient la plupart du temps tous mes préliminaires amoureux. J'étais impatient de décharger. En outre, il me fallait profiter des occasions, car les filles avaient hâte d'être libres.

Quand je voulus essayer avec elles quelques-uns de ces amusements amoureux qui commençaient à emplir mon imagination voluptueuse, elles opposèrent de la résistance et ne se soumirent qu'à moitié à mes désirs.

Avec Suzanne, j'avais été plus loin, parce que je savais qu'elle avait été baisée auparavant; en outre, elle s'était montrée moins récalcitrante. Elle aimait à caresser elle-même ma queue, mais elle refusa de se laisser faire, un soir que je voulais l'enfiler, le cul tourné vers moi. Jamais, en outre, elle ne me permit de lui voir le ventre.

Ainsi, mes désirs n'avaient jamais été satisfaits. Avec Charlotte, j'en satisfis quelques-uns, mais ce fut surtout par curiosité. Maintenant, au contraire, je commençais à les désirer par volupté.

L'impatience naturelle à mon âge, la difficulté des circonstances, m'avaient jusqu'ici amené à coucher mes femmes sur le lit, à les trousser, à leur ouvrir les jambes, à donner un rapide coup d'œil sur les cuisses, le ventre et les franges du con... et aussitôt ma pique se trouvait prête, se balançait et frémissait d'impatience. Alors suivait un farfouillage dans le con, puis,

aussitôt englouti dans la gaine, je baisais avec toute l'ardeur possible.

Avec Camille, tout me parut nouveau. Elle allait au-devant de mes désirs. Si je la poussais au bord du lit, elle tombait d'elle-même sur le dos, ouvrait ses cuisses gentiment et sa fente s'entrebâillait de la manière la plus voluptueuse. Si je poussais pour lui faire écarter davantage les cuisses, elle s'y prêtait de bonne grâce et les ouvrait aussi largement qu'elle pouvait. Dans cette pose, son con m'apparaissait tout entier et je pouvais l'ouvrir, le fermer, le pincer, le frotter, le patiner à volonté. Sur un simple signe, elle mettait elle-même ses mains de chaque côté des lèvres et elle les écartait de manière à découvrir toute la structure de son organe et à m'en permettre l'inspection la plus complète.

Si je lui demandais de se retourner, elle se mettait aussitôt à genoux sur le lit, le cul en l'air. Si je lui repliais une jambe, elle la maintenait dans cette pose tant que je le désirais.

Ce fut seulement plus tard, quand ma lubricité devint plus fantaisiste et inventa d'étranges attitudes, que je pus lui demander tout ce que je désirais. Au début, j'étais encore trop timide.

Elle me dit un jour en riant :

— Je suis née putain. J'aime tout ce qui est cochon et j'aime que les hommes fassent des cochonneries avec moi.

Chacun de ses mouvements, même quand j'étais calme, m'excitait aussitôt. Si elle s'asseyait, elle savait mettre ses jambes dans une position telle que leur seule vue éveillait mon rut et me forçait à me précipiter sur elle pour le satisfaire. Avec elle, toutes les formes de la copulation étaient complètes et naturelles et j'en pratiquai une variété extraordinaire.

Je la foutis constamment jusqu'à tomber d'épuise-

ment et je dus m'arrêter pour un temps. Quand je la revis, elle avait pensé que j'avais assez d'elle. Aussi, pour me garder, elle me mit dans la tête des choses auxquelles je n'avais jamais songé et dont je n'avais jamais entendu parler.

Elle me demanda si j'aimerais à satisfaire ma lubricité de telle ou telle manière, et alors elle me procura ce qu'elle m'avait suggéré.

Je méritais naturellement qu'elle eût des égards pour moi, car si, au début, je ne lui avais donné qu'un louis, mon argent avait commencé à passer rapidement de ma poche dans la sienne. Plus j'avais de variété, plus je payais. C'était naturel et honnête.

Elle avait un livre rempli de gravures françaises excessivement obscènes; toutes les poses qui s'y trouvaient décrites, je les mis en pratique avec elle. Une fois ces amusements épuisés, elle demanda un jour si je n'aimerais pas peloter une autre femme pendant que nous le ferions ensemble. La femme vint et durant que je foutis Camille, je patinai le con de son amie avec l'ardent désir d'y fourrer aussi ma pine, mais sans oser le proposer.

Camille devina mon souhait et me proposa elle-même de le satisfaire. Avec quelle joie ma queue pénétra dans le con de l'étrangère! Camille nous regardait, l'air heureux, toute souriante; elle tenait son con grand ouvert sous mes yeux et elle se branlait gentiment pendant que je bourrais sa compagne.

Camille me présenta deux autres dames françaises et toutes les trois s'ingénièrent à réaliser les poses les plus lascives. Quand je baisais l'une, je patinais les deux autres cons ou me régalais les yeux de l'étalage de leurs deux culs.

Il en vint encore deux autres qui se couchèrent, les jambes en l'air et le cul à hauteur de la tête de Camille. Finalement, j'en eus six à la fois, qui, toutes,

me montrèrent leur cul avec la plus charmante complaisance. C'était un étalage de fesses, de tétons, une exposition de cons, telle que je n'en avais jamais rêvé.

Je les baisais, je les branlais, je leur déchargeais dans le con ou à côté ; pour m'être agréables, elles se pelotaient réciproquement, elles se branlaient sous mes yeux, elles se fourraient des godemichés : c'était une fête digne de l'enfer.

Camille me fit encore d'autres offres.

— Je connais une petite fille qui n'est pas plus haute que ça !

La petite me fut amenée et je la carambolai.

Elle en connaissait une autre qui avait au moins six pieds. Celle-là aussi me passa sous les couilles. Puis une autre qui avait une quantité énorme de poils au con. Naturellement, je possédai aussi ce phénomène... Enfin, une autre qui n'avait plus de poils du tout... Cette dernière me plut infiniment.

Je me sentais délicieusement secoué en pénétrant dans ce joli con sans poils. Avant de commencer, la fille s'était installée au bord du lit et nous avait exhibé sa craquette. Camille tenait une bougie et éclairait la jolie vulve sans poils pour me permettre de bien la voir et d'en apprécier la nouveauté. Je tirai avec elle l'un de mes coups les plus savoureux.

Par intervalles, quand j'étais vanné à force de décharger, ou quand j'étais en mal d'argent, je mettais fin à ces fantaisies sans cesse renouvelées et passais alors tranquillement mes soirées avec Camille.

Pour la première fois, je compris que les femmes pouvaient se branler et le faisaient souvent. A l'appui de son dire, elle plaça elle-même ma main sur son propre con et, pour la première fois, je connus la place exacte où une femme se frotte quand elle veut se procurer le plaisir solitaire.

Elle me parla aussi des femmes qui se frottent le clitoris l'une contre l'autre, jusqu'à ce qu'elles déchargent, ce que les Français appellent le tribadisme, et elle ajouta que deux femmes de sa connaissance s'adonnaient à cette passion.

Sur ma demande, elle les fit venir : je payai un joli souper, copieusement arrosé de champagne, et pour finir, Camille fit placer les deux filles sur le lit où elles se mirent aussitôt à se frotter réciproquement leurs deux cons.

Je crus tout d'abord en les voyant qu'il ne s'agissait pour ces deux filles que d'un amusement particulièrement obscène, et il me fallut les voir jouir pour comprendre que cette friction réciproque était pratiquée de manière à donner le plaisir sexuel.

— Est-ce que tu n'aimerais pas voir un homme ?

Telle fut la demande qu'elle me fit un jour ; il y avait des années que je ne m'étais amusé avec des hommes. J'en avais branlé deux ou trois, j'avais vu un match de branlage. Tout cela m'avait dégoûté et je déclinai l'offre.

Cependant, un soir, elle s'étendit avec une telle complaisance sur les merveilleuses dimensions d'une pine dont était pourvu un jeune gentleman, sur son abondante émission lorsqu'il déchargeait, que je finis par consentir et elle me présenta un jeune Français très élégant et très distingué.

Pendant une demi-heure, je ne voulus pas le toucher, mais la tentatrice me mit en train : elle sortit de sa culotte le membre du jeune Français et me le mit dans la main. Comme dans un rêve, je me mis à le branler. C'était l'une des plus magnifiques pines que j'aie jamais vues, et je fus stupéfait quand je vis la dose de foutre qui se mit à jaillir en plein sur le cul de Camille.

Le jeune Français avait, en effet, prié mon amie de

lui présenter son cul pour qu'il pût décharger dessus, autrement il n'aurait pu bander. Camille, complaisante, s'était agenouillée au bord du lit, et troussant ses jupes, avait dévoilé son cul, écartant même avec ses doigts le sommet de ses cuisses, pour mieux faire ressortir la merveilleuse beauté de son con.

Le foutre du jeune homme éclaboussa les fesses et emperla les poils. L'acte accompli, j'eus un dégoût soudain de lui, de moi, de tout, et je ne voulus jamais le revoir.

Comme je ne voulais plus me retrouver dans sa chambre avec un homme, Camille s'arrangea pour me faire voir ce qui s'y passait, au moyen d'un trou pratiqué dans la porte. C'est ainsi qu'elle se fit foutre sous mes yeux et que j'en ressentis, sur le moment, une immense volupté ; mais je ne lui permis pas de recommencer.

J'avais du dépit de la savoir foutue par un autre que moi, bien que je n'eusse pour elle rien qui ressemblât à de l'amour ni même à de l'affection.

Près d'une année s'écoula. J'avais dépensé quatre mille livres. J'avais acquis un bagage sérieux de connaissances et aussi un épuisement nerveux caractéristique : cependant, je n'eus jamais de maladie sexuelle du fait de Camille, pas plus avec elle qu'avec les autres femmes qu'elle me procura.

Elle ne me proposa jamais directement de l'enculer. Dans son livre, il y avait pourtant de nombreuses gravures représentant des scènes d'enculage et elle me demanda un jour si j'aimerais à en faire autant.

Je me rappelai alors ce que j'avais fait, ce qui me semblait un rêve horrible. Je lui répondis :

— Certainement non...

En même temps, je lui demandai si c'était possible.

— Oui, dit-elle, c'est très possible, mais c'est bien vilain.

On n'en reparla plus.

A force de foutre, je m'exténuai et un beau jour je ne pus arriver à bander. Elle me demanda si je ne m'étais jamais fait tailler une plume.

Je lui répondis que je ne savais pas ce qu'elle voulait dire.

— Eh bien, c'est de se faire sucer la queue ! On ne vous l'a jamais sucée ?

— Non.

J'ai raconté précédemment ce qui s'était passé le jour où je léchais le con de la petite Martha.

Cette aventure restait dans mes souvenirs comme une affaire répugnante.

La putain au grand con m'avait sucé aussi, contre ma volonté. Aussi, quand Camille me suggéra ce plaisir, je refusai.

Il y avait ce jour-là une autre Française avec elle. Elles étaient sur le lit complètement nues et je les avais pelotées toutes les deux ; elles m'avaient exhibé leurs cons, mais mon membre refusait de se dresser et je ne me sentais plus de désirs.

Au bout d'un moment, l'amie de Camille me dit que certains hommes préféraient ce plaisir par-dessus tout et qu'elle aimerait à me le faire goûter.

Elle s'était aperçue, en effet, que j'étais très libéral et elle se disait que je ne manquerais pas de me montrer généreux avec elle si elle me procurait une sensation nouvelle.

Je refusai encore.

Les deux femmes me tournaient le dos. Dans cette position, je pouvais facilement leur peloter le cul et c'était une pose que j'aimais.

Soudain l'amie, sans me consulter, se retourna, s'agenouilla au-dessus de moi en me tournant le dos, de telle sorte que le trou de son cul et son con se trouvaient à quelques pouces de mon nez ; quand elle se fut installée, elle commença.

En même temps, Camille, qui connaissait mieux que moi ce qu'il me fallait, se mettait à remuer le derrière et à ouvrir les cuisses pour que je pusse la peloter librement.

Le double contact d'un con, la succion exercée sur ma queue, et la vue de ce cul de femme si près de mes yeux, c'en était trop pour moi ; je ne pouvais plus me retenir et bientôt la bouche de la suceuse m'arracha le sperme du fond des couilles avec un plaisir presque douloureux. Je sentis une légère douleur à la tendre extrémité de ma pauvre queue, douleur qui se produisait aussi parfois quand je la mettais dans le réceptacle naturel.

Quoi qu'il en soit, l'action de la langue avait parfaitement réussi à me faire bander et j'avais rapidement déchargé. Loin de se retirer au moment de l'émission, la femme continua son action jusqu'à l'éjaculation totale de mon sperme, et je sentis qu'elle l'avalait au fur et à mesure comme du lait. Elle nous dit qu'elle en aimait le goût et que, de plus, elle le considérait comme un excellent fortifiant.

Tout cela fit sur moi une profonde impression et je me le fis refaire une autre fois, quelques jours après, par la même femme, mais cette fois-ci elle opéra de manière à me permettre de voir ma pine dans sa bouche.

J'étais debout et elle s'était agenouillée devant moi : elle emboucha ma pine qui se mit à raidir comme au contact d'un con. Je la laissai me sucer en fermant les yeux, quand tout à coup je sentis quelque chose qui me pressait le trou du cul. Cela me chatouillait et me faisait mal tout à la fois. Je criai :

— Qu'est-ce que vous faites donc ?...

Au même instant, je déchargeai dans sa bouche et elle avala toute mon écume avec de petits grognements de volupté.

— Oh ! qu'est-ce que vous m'avez fait ? lui dis-je encore.

— Mais rien, fit-elle en clignant de l'œil, car Camille était dans la chambre.

Rien ! Elle avait introduit son doigt ou son pouce dans mon trou du cul. J'étais trop jeune pour apprécier cette luxure. Je pris la femme en horreur et ne voulus plus la revoir ; je ne voulus plus davantage me laisser sucer la queue.

Après cette aventure, je possédai une vieille femme. Toutes les femmes que Camille m'avait procurées jusqu'ici avaient, pour la plupart, des cons avec des poils noirs : le con de Camille elle-même était franchement noir. Or, le con était pour moi un sujet d'extase inépuisable et nous étions toujours en train d'en parler.

Elle me dit alors qu'elle connaissait une femme dont les poils étaient tout à fait gris.

— Est-elle bien vieille ? demandai-je.

— Non, pas plus de cinquante ans.

C'était plus vieux que ma mère et je ne voulus plus y penser, mais Camille ramena la conversation sur ce sujet.

— Elle a autant de poils que moi, mais tout à fait gris et même presque blancs. Et vous savez, c'est une belle femme et très propre ; vous nous aurez toutes les deux et vous pourrez ainsi comparer le blanc et le noir.

En conséquence, la femme en question me fut présentée : c'était une forte garce qui avait bien cinquante ans et qui me parut même en avoir au moins soixante. Ses cheveux étaient presque blancs.

Camille lui prêta des bas et une chemise pour la rendre plus présentable. La vieille parlait peu, mais en revanche, elle buvait furieusement.

Elle fit quelque résistance quand il fut question de

me montrer sa grotte. Elle ne savait pas, disait-elle, qu'elle aurait eu affaire à un si jeune homme... etc. Mais on lui dit que si elle ne la montrait pas, elle s'en irait sans être payée. Elle retroussa aussitôt sa chemise et exhiba son sexe. Tous les poils étaient presque entièrement blancs.

C'était une Anglaise... Camille m'engagea à la baiser : la vieille prit un air pudique et fit la moue. Alors Camille décida de se faire enfiler elle-même pendant que j'aurais sous les yeux le con aux poils gris, que je pourrais regarder tout à mon aise.

La vieille acquiesça et les deux femmes s'installèrent. J'enfilai Camille et je tripotai le con de l'autre, qui s'était étalée sur le lit, les cuisses grandes ouvertes. Un peu avant le moment où j'allais décharger, Camille me dit :

— Otez-la et mettez-la-lui !

Quand une pine bande et qu'on lui offre du nouveau, elle s'y précipite aussitôt.

C'est ce que je fis. Je sortis ma queue du vagin de Camille et l'insérai dans le vieux con aux poils gris où je déchargeai presque aussitôt. Je me hâtai d'ailleurs de me retirer, sans attendre que j'eusse achevé.

Je ne revis plus jamais la vieille dame.

CHAPITRE 10

J'ai raconté la plupart des fantaisies que j'expérimentai avec Camille, ou, par ses conseils, avec d'autres femmes qu'elle me procurait. C'était d'ailleurs toujours à Camille que je revenais avec le plus de plaisir.

Parfois, quand j'avais une ou deux femmes pour m'amuser, je donnais à Camille la préférence quand il s'agissait de foutre, et Camille répondait toujours à mes fantaisies, car elle était non seulement jolie et apte à tout comprendre, mais encore elle était extrêmement sensuelle.

Quand j'avais un accès de lubricité spéciale, elle me procurait d'autres femmes. Naturellement, elle en tirait profit, comme je l'appris plus tard.

Souvent aussi je n'avais besoin que d'elle. Alors elle se mettait à poil ou s'habillait juste comme je le désirais, se plaçait dans une jolie attitude et lisait ainsi un journal ou un roman pendant qu'assis en face d'elle, je lisais aussi et regardais de temps en temps ses beautés les plus cachées, que par son attitude elle semblait exhiber sans y prendre garde.

Je lui faisais prendre ensuite une autre pose, puis une autre; elle me devinait et prenait les attitudes les

plus lubriques et les plus propres à me régaler les yeux.

Puis je la faisais pisser; quelquefois, je tenais le pot et je pissais en même temps qu'elle. Dans ce cas, nous nous tenions debout en face l'un de l'autre, elle, les jambes un peu écartées, tenait d'une main ses jupes troussées jusqu'à la ceinture, et de son autre main ouvrait sa fente en mettant deux doigts de chaque côté des lèvres.

Elle pouvait ainsi, comme un homme, diriger le jet dans le pot que je tenais un peu au-dessous. Parfois, je pissais droit sur sa fente et mon jet venait frapper ou son bouton, ou ses petites lèvres, ou l'intérieur rose du vagin. Elle riait; elle disait que je la chatouillais et elle continuait tout de même à pisser par saccades. Je riais aussi et lui arrosais toute la fente, heureux de voir nos deux urines retomber dans le vase en un seul courant.

D'autres fois, je lui enfonçais un godemiché dans le con et elle restait ainsi, le con dilaté par l'instrument, jusqu'à ce que je l'enlevasse.

Je prenais avec elle tous les amusements qui me passaient dans l'esprit. Elle consentait toujours, elle n'était jamais pressée et ne savait pas refuser. C'était pour moi l'amie rêvée.

L'un de mes amusements favoris était de la faire pisser. Elle le savait et elle se retenait toute une journée pour que je pusse voir un plus fort jet jaillir de son con aussitôt que j'étais arrivé.

J'étais aussi extrêmement curieux de savoir de quelle manière s'ouvrait et se fermait un con quand la femme prenait la position accroupie.

Camille me fit cette démonstration. Je mis l'une près de l'autre deux chaises, assez écartées toutefois pour me permettre de m'étendre de tout mon long au milieu, avec la tête à leur hauteur.

Alors Camille, en toilette, robe de soie, jupon et chemise de dentelles, monta sur les chaises et mit un pied sur chacune d'elles. Ses jambes se trouvaient ainsi un peu ouvertes, et comme elle avait relevé ses jupons au-dessus de ma tête, je voyais jusqu'en haut de ses cuisses et j'apercevais le con qui commençait à s'entrebâiller.

— Est-ce que vous voyez bien, mon chéri ?

— Oui, mon amour, baissez-vous un peu...

Alors, elle se baissa lentement et progressivement en retroussant ses jupes au fur et à mesure. Je voyais la fissure rose s'élargir graduellement ; les petites lèvres apparaissaient, avec leur rougeur carminée ; le clitoris pointait au-dehors, et finalement, quand elle se fut baissée à fond, j'aperçus toute l'entaille de son con grande ouverte comme pour pisser. J'admirai le cul tout entier, blanc comme neige, où le con trônait rouge et noir dans la blancheur des chairs et des dessous. Aucun tableau n'est plus délicieusement lubrique que celui d'une jolie femme accroupie pour pisser, étalant franchement toutes les beautés de son cul dans un encadrement de dentelles.

Quand j'eus bien regardé, mon amie se redressa lentement, puis recommença jusqu'à ce que je fusse rassasié de ce spectacle.

Parfois, quand j'étais ainsi couché, je plaçais sur mon ventre une large cuvette. Alors, Camille venait s'accroupir au-dessus de ma tête en me tournant le dos ; elle relevait un peu les fesses, de sorte que je lui voyais à la fois le trou du cul et l'orifice délicat par où sortait l'urine.

Pendant qu'elle pissait, je lui pelotais le con. J'avais la main toute mouillée, mais je l'essuyais et lui essuyais ensuite le con, dont les poils étaient emperlés d'urine.

Dans tous ces caprices, elle était l'obéissance

même ; elle ne changeait jamais de posture avant que je lui eusse dit d'en prendre une autre et elle répondait à toutes mes questions avec une franchise adorable.

Je n'ai jamais perdu cette passion d'aimer voir pisser une femme ; mais à cette époque j'étais trop impatient de varier les amusements que peuvent se donner, en pissant l'un devant l'autre, un homme et une femme. Il était réservé à mon âge mûr d'éprouver toutes les formes de ce plaisir spécial avec d'autres femmes, notamment avec une Française du nom de Gabrielle et une de mes compatriotes nommée Sarah.

J'avais baisé Camille de toutes les manières, sans cependant l'avoir jamais enculée. J'avais déchargé entre ses fesses, mais sans la moindre intention d'envahir le trou du cul. En fait, j'éprouvais un certain dégoût à regarder le trou du cul d'une femme.

A la fin, je la baisai en aisselle : elle avait des bras splendides et sous chacun d'eux une profusion de poils noirs que j'admirais beaucoup. Un jour qu'elle avait ses règles, je commençai à la baiser entre les deux tétons. Elle me dit alors de prendre une autre femme, mais je ne voulus pas.

De ses tétons, je passai à ses aisselles, puis revins à ses tétons. Pendant ce temps, elle se mouilla sous le bras avec du savon et je la baisai alors en aisselle en déchargeant copieusement.

Nous recommençâmes plus d'une fois. Elle aimait à se mettre pour cela dans une posture *ad hoc* : je mettais une feuille de papier blanc en dessous, je pénétrais plus avant, de manière à libérer la tête de mon membre et tout mon foutre s'écrasait sur le papier blanc.

Quelquefois, au lieu de mettre du papier, je recueillais le jus dans ma main et, avant que fût finie ma frénésie de luxure, je frottais ma main toute cou-

verte de sperme sur le con de mon amie, puis je m'affaissais sur le lit et m'abandonnais au sommeil.

Je la prenais aussi au bord du lit, son cul tourné vers moi : alors elle se tortillait peu à peu pour se retourner, arrivait à passer une jambe par-dessus ma tête et se mettait elle-même sur le dos sans faire sortir mon membre.

Il fallait que cette gymnastique se fît graduellement, car une secousse de trop et ma verge eût quitté son logement. Je pariais souvent qu'elle ne réussirait pas, mais elle était si souple qu'elle arrivait presque toujours à se retourner et à gagner le pari.

— Allons, disait-elle. Attention, maintenant, poussez ! Gardez-la bien dedans... tenez bien... Je vais lever la jambe.

Elle criait un peu au passage difficile : c'était quand elle avait mis son cul de côté, par rapport à moi, et qu'il lui fallait lever la jambe sans perdre le contact de ma queue avec son vagin. A ce moment-là, je lui appliquais les deux mains bien sur les hanches, je poussais mon ventre en avant pour que ma pique entrât plus profondément, tandis qu'elle levait une jambe graduellement et pressait son cul contre mon ventre. Ainsi, peu à peu, elle arrivait à se mettre sur le dos, les deux jambes dans une position naturelle appuyées sur chacune de mes hanches.

Pendant toute l'opération, je me sentais délicieusement ému et, d'une plongée ou deux, j'arrivais au spasme final.

Finalement, à force de jouer ainsi des couilles dans toutes les positions possibles, je devins expert en cochonneries beaucoup plus que ne le sont la plupart des hommes de mon âge et, naturellement aussi, je devins absolument flapi.

Ma mère, avec qui je vivais encore, en était au désespoir. Mon tuteur, alarmé de la vitesse avec

laquelle je dépensais mes fonds, me fit des remontrances. Aussi je quittai Camille et son ramassis de putains et m'en allai passer une saison au bord de la mer.

Là, je me retapai : je passais mon temps sur le sable, essayant d'apercevoir les femmes dans l'eau. Puis ma paillardise reprit le dessus. Je me remis à fréquenter les professionnelles, mais mes vieilles craintes me ressaisirent. Je les payais seulement pour les voir pisser et leur peloter le cul, mais ne me souviens pas d'en avoir baisé une seule.

Quand je revins à Londres, pendant deux ou trois jours, le con de Camille ne connut pas de repos. Puis j'obtins les faveurs d'une autre servante de ma mère et je cessai de voir Camille aussi souvent qu'auparavant.

Bien qu'elle connût chaque particularité de ma vie, elle me demanda un jour si j'avais jamais eu une vierge. Sur ma réponse affirmative, elle ajouta :

— En êtes-vous bien sûr ? Lui aviez-vous regardé le con auparavant ? N'aimeriez-vous pas en avoir une encore ? Je puis vous en procurer une, une belle fille française et sûrement vierge.

Elle parla si bien que j'arrivai à douter d'avoir jamais eu une vierge. Finalement, je me dis que j'aimerais en avoir une.

Très bien ! elle pouvait me procurer une jeune Française, mais pour cela il lui faudrait aller en France et il en coûterait une assez grosse somme.

Cette conversation se poursuivit pendant un certain temps, et finalement, je consentis à lui allouer cinquante livres pour payer son voyage, tout en continuant à lui payer son logement.

Elle recula ce voyage assez longtemps, puis un beau jour se décida à partir. Elle m'avait fait promettre de faire quelque chose pour la jeune fille en

plus de ce que je devais lui payer à elle-même. Je promis de payer à la vierge le retour en France si elle désirait y rentrer ; et aussi, pour le cas où j'aurais la jeune fille, de payer à Camille une « victoria », parce que, dit-elle, « vous occuperez mon appartement pendant ce temps et que je ne pourrai, par suite, y amener des amis ».

Je donnai donc les cinquante livres. Elle partit et me recommanda d'être sage.

Au moment de me quitter, le cab étant à la porte, je la fis se retourner avec sa coiffure sur la tête et son costume de voyage ; je lui mis le cul à l'air et je l'enfilais rapidement. Elle me suppliait de me hâter, de peur de manquer la voiture ; elle n'eut ni le temps de pisser, ni de s'essuyer, ni de se laver.

— Oh ! ça me portera bonheur, sûrement, dit-elle en riant, et peut-être ce souvenir vous fera-t-il désirer que je revienne plus tôt.

Alla-t-elle à Paris ou non, je l'ignore : comme je l'ai dit, je crois qu'elle était du Midi et qu'elle dut se rendre directement dans son pays.

Elle devait être de retour au bout d'un mois : le mois s'écoula sans qu'elle fût rentrée, puis une semaine, puis encore une autre et je commençais à croire que j'avais été dupé.

Je cessais de penser à elle et j'en éprouvais même une sorte de soulagement.

Il y avait alors au Club un homme d'un certain âge que je fréquentais beaucoup : c'était un major en retraite, personnage extrêmement débauché. Sa liberté de langage, quand il parlait des femmes, le rendait amusant pour les jeunes gens. Un soir, la conversation porta sur les vierges et je lui demandai comment faire pour en avoir.

Il me dit comment il fallait opérer. Certes, de vieilles maquerelles pouvaient me procurer un jeune

tendron, à condition d'être bien payées, mais il fallait se méfier ; le même sujet pouvait ainsi être vendu une demi-douzaine de fois, et il ajouta :

— Elles savent si bien s'y prendre que vous ne pouvez pas vous en apercevoir. Un beau jour, vous payez pour avoir une pucelle qui a déjà été enfilée par un garçon boucher et dont on vend le pucelage à un dandy prétentieux. Vous payez, mon garçon, et vous êtes refait, c'est moi qui vous le dis.

Le jour suivant, je remis la même conversation sur le tapis. Il prétendait qu'un vieux roublard tel que lui ne pourrait jamais être refait, mais qu'un jeune garçon était facilement dupé pour peu que la fille fût rusée.

— Il faut, disait-il, commencer par regarder la fente et s'assurer de vos yeux que le trou est étroit. Il faut ensuite retrouver avec le doigt cette même étroitesse, et quand vous y avez plongé votre queue, avoir la sensation qu'elle y est logée à l'étroit. Quand vous avez ainsi satisfait votre œil, votre doigt et votre concombre, et que vous y avez vu du sang, alors seulement vous pouvez dire que vous avez eu une vierge... autrement, non !

« Je crois que je suis refait », me disais-je en pensant à Camille. Une semaine encore s'écoula : pas de lettres ; je me rendis à son appartement et je m'aperçus qu'elle avait emporté tout ce qui lui appartenait. La logeuse me dit qu'elle ne pouvait garder l'appartement vacant plus longtemps. Je payai le loyer, mais comme elle ne voulait pas continuer à me louer, je dus augmenter le prix de la location.

Enfin vint une lettre m'annonçant que Camille serait de retour dans une semaine. Cette semaine-là se passa pour moi dans un état d'excitation extrême, mais je me gardais chaste avec l'idée du con de la jeune vierge et de celui de Camille auquel je me proposais de payer un tribut débordant.

Le grand jour vint enfin. J'étais si impatient que je me rendis chez elle bien avant l'heure ; elle arriva plus tôt qu'elle ne me l'avait annoncé et parut surprise de me trouver là. J'eus l'impression qu'elle aurait voulu que je ne fusse pas là au moment de son retour.

Une jeune fille bien proportionnée, vêtue d'un long manteau et coiffée d'un bonnet bizarre, descendit de voiture avec elle et aida à monter les malles.

Camille l'appelait Louise. La jeune fille déposa dans la chambre une grande malle, et quand je me retournai, après avoir donné un baiser à Camille, je la vis assise sur la malle, les mains sur les genoux, en train de me contempler.

— Déficelez la malle, dit Camille.

— Je suis fatiguée, répondit la fille.

Néanmoins, elle enleva les cordes, puis de nouveau s'assit et dit en me regardant :

— C'est celui-ci, votre ami ?... Il a l'air bien gentil !

Camille lui dit de tenir sa langue et de continuer à défaire les bagages. Elle ajouta que je comprenais le français ; en même temps, elle lui lança un coup d'œil féroce, tout en me regardant aussi de temps à autre d'un air gêné.

— C'est une nature fruste, me dit-elle, la parente d'une de mes amies ; elle est venue ici pour se placer comme servante et je crois qu'en peu de temps elle comprendra ce qu'on attend d'elle.

Tout en disant ces mots, Camille me souriait d'une façon significative. Elle s'adressait toujours en français à sa servante et parlait anglais avec moi, mais je comprenais alors à peu près le français.

Louise fit ce qu'on lui demandait, non sans ronchonner ; elle jeta bonnet et manteau, puis, mettant les mains sur ses hanches, elle se mit à me regarder de nouveau.

Je la regardais aussi, pensant à cette virginité que j'étais appelé à cueillir.

Certes, elle était appétissante. Son manteau enlevé, elle apparut en costume de drap brun rehaussé de bleu. Elle avait de jolies formes, une belle paire de gros tétons. Elle montrait ses bras nus presque jusqu'aux épaules, suivant la mode adoptée par les paysannes de France ; ces bras étaient potelés, charnus, d'une nuance légèrement brune ; les jupes s'arrêtaient presque à la hauteur des genoux et laissaient voir d'épais bas de laine recouvrant une solide paire de mollets. Elle portait aux pieds une paire de souliers décorés de boucles de laiton. Elle avait d'énormes pendants d'oreilles et elle s'offrait, somme toute, sous l'aspect et le costume d'une paysanne des environs de Bordeaux.

Camille et moi avions tant de choses à nous dire que nous ne faisions guère attention à elle. Tout à coup, elle alla à la fenêtre et se mit à regarder audehors. Comme elle se penchait en avant pour mieux voir, ses cotillons courts lui découvrirent les jambes jusqu'au-dessus des jarrets. Camille se disposait déjà à l'empêcher de regarder quand je lui lançai un coup d'œil pour l'arrêter, puis, m'approchant à pas de loup, je me baissais et je vis le retroussis des bas juste au-dessus des genoux et, plus haut encore, la chair blanche des cuisses.

Camille comprit tout de suite.

— Madame, madame, dit la fille, venez vite. Oh ! comme c'est drôle !

C'était un polichinelle qui déambulait dans la rue en agitant ses grelots. Elle était ravie ; sa maîtresse se mit aussi à la fenêtre en me jetant un coup d'œil complice et se mit à regarder dehors. En même temps, elle posait sa main négligemment sur le cul rebondi de Louise et, comme par inadvertance, lui soulevait légèrement les cotillons.

Louise n'y prêta aucune attention, tant elle était occupée avec le polichinelle, mais moi je me mis à genoux et je vis les cuisses nues de la fille jusqu'à leur jonction avec les fesses.

J'avais été chaste pendant des semaines. La vue de Camille m'avait mis en feu ; la vue de ces cuisses blanches me bouleversa entièrement. Je mis les mains sous les jupes de Camille et m'emparai de son cul. Après quelques caresses, elle se laissa entraîner dans sa chambre à coucher, et là, sur le lit, ses vêtements relevés sur le ventre, elle m'offrit son con où ma pine s'enfonça avec volupté, déchargeant presque aussitôt.

J'avais mis la moitié de ma décharge en dehors ; je laissai ma queue encore palpitante enfoncée dans le vagin de l'aimée et ne l'en sortis qu'après une seconde décharge.

Camille me jura qu'elle n'avait pas vu d'homme depuis des semaines. Le jeu de couilles terminé, je rentrai chez moi.

Le lendemain, je me présentai de bonne heure chez Camille. Louise avait été installée dans la petite chambre qui faisait suite à la chambre de repos. Camille me fit un long discours sur le chemin qu'elle avait fait, sur les embarras et les dépenses auxquels elle avait dû faire face, en particulier pour décider les parents à laisser partir leur fille avec elle ; elle espérait que je saurais la rembourser de ces dépenses supplémentaires qu'elle évaluait à une vingtaine de livres.

Je me résignai, tout en constatant qu'avec le voyage, le logement, Louise m'avait déjà coûté près de quatre-vingt-dix livres. Je dus payer également le loyer d'une chambre supplémentaire dans laquelle on avait mis un lit. Après, ce fut une robe dont Louise avait besoin ; puis Camille prétendit que je devais aussi lui donner à elle-même une compensation,

parce qu'elle avait été empêchée de gagner de l'argent pendant tout le temps qu'elle s'était absentée pour moi.

Je refusai énergiquement, mais je consentis tout de même à lui payer une robe de soie et quantité de petites futilités. Tout cela pour un simple coup d'œil glissé sous les cotillons de la jeune fille.

Enfin, la conversation s'engagea sur cette fille. Louise était la fille d'un petit ouvrier vigneron, ami du père de Camille ; on croyait là-bas que Camille était couturière à Londres, où elle gagnait bien sa vie, car elle envoyait souvent de l'argent à son père.

Camille avait offert d'emmener Louise avec elle en disant qu'elle était sûre de la voir réussir soit d'une manière, soit d'une autre. Louise était enchantée de partir et elle persuada à ses parents de la laisser aller. Tous croyaient que Camille gagnait sa vie honnêtement. Louise devait remplir chez Camille les fonctions de servante jusqu'à ce qu'elle eût trouvé mieux.

— Qu'est-ce que vous allez lui dire maintenant ? Qu'est-ce que vous allez en faire ? Que dira-t-elle quand elle saura la vérité ? lui demandai-je.

Camille ne savait pas. La fille n'allait pas tarder à tout apprendre et alors Camille s'excuserait en lui disant que c'était pour elle le meilleur sort et qu'elle y gagnerait beaucoup plus qu'à être couturière.

— Et quand pourrai-je l'avoir ?

Aussitôt que je pourrai. La fille était là et je pourrais essayer à volonté. Mais Camille ne voulait pas m'aider. Il n'était pas douteux que cela viendrait avec le temps et qu'aucun autre que moi ne pourrait l'avoir.

Je n'en étais pas sûr du tout. Camille était une professionnelle. D'autres hommes verraient la fille, pourraient s'en enticher et payer Camille pour l'avoir. Je pensai que j'étais joué et je le lui dis.

Elle répliqua que ce n'était pas cela du tout, qu'elle me laisserait avec la fille autant que je voudrais, mais qu'elle ne voulait pas l'influencer davantage. Si Louise devenait putain, elle aussi, ce ne serait pas sa faute. Les jeunes filles sont faites pour qu'on le leur fasse : c'est tout naturel.

Tel était le jeu que Camille jouait avec moi.

Je vis ainsi que je l'avais payée uniquement pour m'amener une fille que je devais moi-même conquérir. Je ne savais pas exactement ce que j'aurais pu demander à Camille de faire : j'avais cru tout au moins qu'elle prendrait la fille avec elle dans son lit le soir, que je me mettrais au lit avec elles et qu'elle m'aiderait à la baiser, si Louise ne voulait pas se laisser faire.

Cet espoir s'évanouissait; maintenant il me fallait agir comme si je devais séduire une servante dans la maison de ma mère; j'avais même moins de chances, car cette fille je ne pouvais pas la voir aussi souvent et qui sait si je lui inspirerais confiance?

CHAPITRE 11

Je crois qu'il n'y a qu'une manière de commencer avec une femme. Un homme doit d'abord chercher à se rendre agréable, puis successivement familier, entreprenant, caressant, hardi, audacieux, dissolu et déterminé à atteindre son but, même par la violence.

Ce procédé m'était naturellement devenu familier et je me mis à l'œuvre. Personne dans la maison, sauf Camille et Mme Boileau, la propriétaire, ne parlait français et ma conversation fit plaisir à Louise.

Au bout d'une semaine, je l'avais embrassée, à son grand contentement. Il n'est pas une seule femme, valide et bien portante, qui, à l'âge de dix-huit ans, ne soit sensible aux baisers d'un jeune homme.

L'argent, je le savais, avait une grande force de persuasion et je lui en donnai pour son usage personnel plus qu'elle n'en avait jamais eu entre les mains. Elle me donna un baiser dans l'obscurité du couloir; j'en profitai pour la serrer contre le mur et lui mettre la main au con par-dessus ses jupes. Elle s'échappa tout en colère, mais le lendemain elle avait oublié.

A force de la regarder et de la désirer, je devenais enragé de luxure, et si le con de Camille était à proximité, c'était lui qui en bénéficiait. La jeune fille nous

regardait quand nous allions dans la chambre à coucher.

Elle eut une querelle avec sa maîtresse et dit qu'elle voulait retourner dans son pays. Camille lui répondit qu'elle pouvait le faire si elle le voulait. Mais ne parlant que le français et démunie d'argent, comment eût-elle pu y réussir ?

Un jour qu'elle était endormie, Camille la découvrit en partie et me montra ses jambes nues. Elles étaient si ravissantes que j'en fus tout excité, et si Camille n'eût été là, je crois que je l'aurais violée immédiatement.

Camille, une fois, l'avait emmenée avec elle au café : n'était-ce pas pour y aller voir quelque miché ? Aussi je lui dis que je ne lui donnerais pas d'argent à moins de vérifier par moi-même que son con était réellement vierge. Au bout d'un jour ou deux, Camille convint de me permettre de vérifier, moyennant le paiement de dix livres, et elle me jura qu'elle n'en parlerait jamais à la jeune fille.

Elle fut assez bonne pour m'exhiber elle-même son propre con et me montrer avec ses doigts l'emplacement de son ancien pucelage, autant du moins qu'elle pouvait s'en souvenir.

Elle était sûre de Louise et m'expliqua qu'en France les parents veillaient avec soin sur leurs filles, et que, dans les villes, les pines s'adressaient toujours aux femmes mariées...

Enfin, Camille tint sa promesse. Deux lumières placées à la fenêtre, signal convenu, m'avertirent que je pouvais entrer. Je traversai la rue en toute hâte et fus introduit dans l'appartement de Camille. Nous allâmes dans la chambre de Louise.

La jeune fille, en chemise de nuit, était couchée sur son lit, immobile.

— Il faut faire vite, dit Camille.

Alors, elle retroussa rapidement la chemise de la jeune fille jusqu'au-dessus du nombril, lui écarta doucement les jambes et tint ouvertes avec ses doigts les deux lèvres de la vulve virginale.

Mon excitation fut terrible. Louise était une femme aux formes splendides. Elle paraissait avoir vingt-cinq ans au lieu de dix-huit. Sa toison sexuelle, d'un noir de négresse, lui couvrait toute la motte et descendait de chaque côté des lèvres. La bande de vermillon qui les partageait aurait suffi pour rendre fou l'homme le plus blasé.

J'étendis la main pour la toucher, mais Camille me repoussa.

— Non, non, fit-elle d'une voix étouffée, il faut vous en aller, vous m'avez promis...

— Ah ! laissez-moi vous baiser, alors...

— Non, non, allez-vous-en tout de suite.

Elle me poussa vers la porte. Sur le lit, la jeune fille respirait avec effort.

Fou de désir, je sortis mon membre.

— Non, allez-vous-en. Vous avez promis, il ne faut pas qu'elle nous voie.

— Oh ! encore un coup d'œil, dites !

Une seconde fois, Camille ouvrit les lèvres de ce con enchanteur... Louise poussa un soupir, se tourna sur le côté et ouvrit de grands yeux. Immédiatement, Camille souffla la lumière et me poussa dans la pièce voisine.

— Il faut vous en aller, répéta-t-elle.

J'avais un furieux besoin de la baiser, mais elle ne voulut pas se laisser faire.

Je rencontrai une femme dans la rue : il pleuvait dru. Tout en hésitant à aller avec une putain, je me rendis chez elle et, à peine arrivé, je la renversai sur le lit en la troussant.

A l'instant même je lui vis le con, et presque avant

d'avoir pu sortir ma queue, je lui déchargeai à tort et à travers sur le cul et sur les cuisses.

— Ah ! vous en aviez besoin, il n'y a pas d'erreur ! fit-elle en riant.

Je la quittai pour aller à l'Opéra italien. De nombreuses femmes se promenaient sous la colonnade. Je me rendis avec l'une d'elles dans une maison de passe et je l'enfilai avec délices en songeant à l'adorable motte aux poils noirs et aux lèvres exquises que j'avais vues entre les cuisses inconscientes de la charmante Louison.

Je demandai le lendemain à Camille ce qu'elle avait fait prendre à la jeune fille ; elle me dit qu'elle l'avait saoulée avec du champagne. Je crois plutôt qu'on lui avait donné quelque drogue pour la rendre insensible.

Elle avait fait une sorte de mouvement convulsif lorsqu'elle s'était retournée ; ses jambes paraissaient comme mortes ; sa respiration ressemblait à un râle ; sa poitrine se soulevait avec peine ; elle avait ouvert les yeux, mais sans rien voir.

Plus je réfléchissais, moins je comprenais l'agitation de Camille qui, d'ordinaire, était si calme.

J'avais bien vu le con de la jeune vierge et je me rappelais l'aspect tout entier de son joli mimi, de son ventre, de ses cuisses et de sa fente. Je tenais, en effet, une chandelle pour mieux l'examiner. L'orifice du con était clos presque en entier, sauf une petite perforation à peine assez grande pour y passer le petit doigt. Cependant, j'avais de cet endroit un souvenir moins précis que du reste du corps. C'était confus et bizarre, comme un rêve.

Le soupçon s'était tellement incorporé à ma pensée, que je n'étais pas encore sûr de n'avoir pas été refait. Je payai à Camille les dix livres convenues. Quand elle les eut en sa possession, elle me dit

qu'elle attendait aussi les cinquante livres promises, que l'inspection du con était un préliminaire pour lequel elle n'avait pas fait de marché.

Nous eûmes une querelle, mais j'étais si désireux d'avoir cette fille, tout simplement parce qu'elle était vierge, que j'acquiesçai à la demande de Camille.

Le lendemain, Louise ne put pas se lever. Je la vis dans son lit : elle me dit qu'elle avait été malade pour avoir mangé quelque chose de lourd et qu'elle avait bu du champagne.

Je la caressai et, en dépit de sa résistance, je lui mis la main sur les tétons et la fis descendre jusqu'à moitié de son ventre. Je lui tins des propos lubriques, je lui exhibai ma queue... Je fus repoussé et je lui donnai un souverain.

Camille vint à propos pour recevoir le trop-plein de mes couilles. Je lui dis ce jour-là qu'il y avait entre elles deux une étrange ressemblance : même couleur de cheveux, mêmes yeux, mêmes membres, et jusqu'au con lui-même, tout en elles était pareil.

Camille se mit à rire et dit que les deux familles avaient beaucoup de ressemblance et que, d'ailleurs, elles étaient parentes.

Louise devint curieuse de mon intimité avec Camille.

— Êtes-vous son amant ? Êtes-vous amoureux d'elle ?

— Oui, je l'ai été, mais maintenant, c'est fini...

— Pourquoi revenez-vous alors ?

— Pour vous voir, ma chérie...

Au début de l'arrivée de Louise, Camille évitait de me montrer ses jambes ou ses tétons. Auparavant, au contraire, quand il faisait chaud, elle restait avec moi, les seins nus, avec une simple chemise et des pantoufles pour tous vêtements.

Maintenant, elle se remettait à être plus libre dans

sa manière de s'habiller et recommençait à tenir des propos lubriques. Elle avait dit à Louise comment elle gagnait sa vie et l'entretenait souvent de cette façon de gagner de l'argent.

Par contre, elle ne voulait pas que je prisse des libertés avec elle devant Louise. Elle sortait souvent, me laissant seul avec la jeune fille, et acceptait mon argent quand elle rentrait.

Trois semaines s'étaient écoulées, peut-être davantage, et je n'avais pas encore touché le con de Louise. Je m'en plaignis à Camille. Louise devenait familière dans sa façon d'être avec elle. Elle voulait ou ne voulait pas. Elles eurent un jour une querelle au cours de laquelle Louise dit à sa maîtresse qu'elle ferait bien de ne pas montrer de nouveau le bout de son nez dans son village.

Quand je fus seul, je dis à Camille que je croyais bien n'avoir jamais la jeune fille.

— Qui vous en empêche ?

— Aidez-moi.

— Comment ?

Étant ce jour-là d'humeur gaillarde, je lui dis :

— Faites-la boire et je pourrai me l'offrir.

Non... il ne serait pas dit que pareille chose se passerait chez elle. Qu'une femme se donne à un homme en toute liberté, c'était très bien ; qu'il la prenne carrément si elle y consent, rien de mieux : une femme a le droit de faire ce qui lui plaît... c'est tout naturel d'avoir un homme. Si Louise voulait bien, ce n'était pas son affaire à elle, Camille, mais jamais elle ne la ferait boire pour que je puisse la posséder.

Je lui dis qu'elle était toujours dans mon chemin.

— Dois-je aller vivre ailleurs ? Vous aimeriez sans doute me voir absente pour une quinzaine.

— Ce serait, en effet, la meilleure chose que vous puissiez faire.

Elle ne voulut pas tout d'abord. J'insistai et à la fin elle consentit à s'absenter pour dix jours, à condition que je lui donnasse quinze livres et que je lui payasse son loyer.

Tout étant ainsi convenu, elle partit. Je crois qu'elle se réfugia chez une amie, non sans m'avoir dit qu'elle regrettait d'avoir fait venir la jeune fille à Londres.

Louise ne devait pas savoir que j'étais au courant de son départ. Les derniers mots que Camille me dit furent ceux-ci :

— Je crois que vous me quitterez aussitôt que vous l'aurez eue.

Je lui affirmai que telle n'était pas du tout mon intention, mais une fille de joie est bon juge en cette matière.

Le jour que Camille s'en alla, je me présentai chez elle.

— Madame est partie pour dix jours à la campagne, me dit Louise. Elle m'a donné la consigne de ne laisser entrer personne.

Je montai quand même en lui disant que je viendrais là comme il me plairait et que l'absence de Camille ne m'empêcherait pas de faire ce que je voudrais.

Louise me regardait d'un œil dur.

— Je pense que madame a dû partir avec quelque individu, lui dis-je. Elle va recevoir une collection de foutre.

Louise m'avait déjà entendu tenir des propos salés et elle comprenait le mot en anglais et en français.

Nous déjeunâmes ensemble et je lui fis la cour.

Louise était orgueilleuse comme un paon et faisait un dieu de son ventre. Quand on lui versait un verre de champagne, elle l'avalait aussi vite qu'elle pouvait.

Cette faiblesse et cette inclination placent une femme à la merci d'un homme qui n'a pas peur de la dépense, et, bien qu'à ce moment je ne connusse pas aussi bien qu'aujourd'hui la force de l'argent, je sus cependant m'en servir à propos.

— C'est gentil, ce déjeuner, lui dis-je. Nous allons sortir, nous dînerons ensemble, puis nous irons au théâtre et après nous ferons ce que vous voudrez.

Ses yeux brillèrent, mais elle avait peur de sortir.

— Madame est un démon quand elle est fâchée.

— Qui le saura ? Les gens de la maison ne savent pas ce que nous faisons.

Il n'était encore que midi... J'envoyai chercher du champagne, puis j'eus une idée qui ne m'était pas encore venue.

Ainsi que je l'ai dit, Camille avait un gros album tout rempli de voluptueuses gravures. Quand elle était partie pour aller chercher Louise, je lui avais demandé de me le laisser jusqu'à son retour, et, depuis, elle ne me l'avait pas redemandé. Je connaissais l'effet de ces gravures sur les femmes. Aussi avais-je apporté le livre avec moi.

Le déjeuner au champagne fut charmant. Louise riait. Elle fit quelques objections tout d'abord pour s'asseoir près de moi, puis finalement se mit en confiance et commença de me parler de sa maîtresse qu'elle craignait beaucoup.

Elle se montrait à la fois simple et vulgaire, mais je ne me souciais alors que de son con.

Nous étions excités, Louise et moi, quand, après le déjeuner, nous débarrassâmes la table en riant comme des fous, en nous embrassant de tout cœur.

Nous nous assîmes côte à côte sur le sofa et je lui passai un bras autour de la taille.

Je sortis le livre que j'avais apporté avec moi. Je me rappelais comment les gravures de *Fanny Hill*

avaient opéré sur Sarah et sur Suzanne ; ces peintures les avaient mises dans un état d'excitation qu'il m'avait été donné d'apaiser. Suzanne même me disait qu'il lui suffisait de regarder ces gravures pendant une minute pour qu'elle fût forcée de « s'oublier ».

Ce gros livre carré attira tout de suite l'attention de Louise.

— Qu'est-ce que c'est ? demanda-t-elle.

— Des gravures.

— Oh ! montrez-les-moi.

— Venez ici, alors.

Elle s'assit sur mes genoux et je mis un bras autour de sa taille.

— Donnez-moi un baiser.

Elle me le donna.

— Et maintenant faites-moi voir.

J'avais mis ma main droite sur sa cuisse par-dessus ses vêtements en songeant à la chance que je pouvais avoir de la renverser sur le sofa... Cependant, j'ouvris la première page.

C'était une jolie gravure finement coloriée, représentant une chambre à coucher. Sur le lit étaient agenouillées deux jeunes femmes, côte à côte, les jupes retroussées sur le dos et montrant leur derrière nu jusqu'à la ceinture. Près d'elles se tenait une femme d'un certain âge qui les examinait ; par une porte entrouverte, on apercevait les têtes de deux hommes qui contemplaient les deux postérieurs exposés. Le rut se lisait sur leur visage.

L'une des deux femmes avait un cul beaucoup plus gros et plus développé que l'autre, mais les deux cons étaient entièrement visibles, l'un avec une toison brune et l'autre avec une toison blonde.

Il s'agissait d'un pari pour savoir laquelle des deux avait le plus beau cul : la femme chargée de juger avait décidé ainsi : « Mary a gagné, c'est elle qui a le plus rond et le plus beau. »

Louise fit « oh ! » comme si elle avait été surprise, son visage rougit ; elle ferma le livre, puis éclata d'un rire joyeux. Elle essaya de se dégager, mais je la tenais ferme. Elle mit sa tête sur mon épaule et continua de rire.

— Vous avez un cul aussi joli que la brune, lui dis-je. Tenez, regardez celle-ci.

J'avais de nouveau ouvert le livre. On voyait maintenant une femme déshabillée, couchée au bord de son lit, les jambes ouvertes et un doigt sur le con. A côté d'elle se tenait un homme, culotte bas, dont la pine, glorieusement raide, saillait en avant, et sa main reposait sur une des cuisses de la femme dont il regardait le con.

— Oh ! que je voudrais bien vous en faire autant ! dis-je à Louise.

— Fi donc ! répliqua-t-elle. C'est vilain.

Et elle repoussa le livre violemment.

Il tomba sur le parquet et, au même instant, elle essaya de se relever. Je la maintins étroitement et la poussai sur le sofa où elle tomba les jambes en l'air... Rapidement je lui retroussai les jupes et elle exposa à mes yeux sa superbe paire de cuisses.

L'instant d'après, j'étais à genoux devant elle, la bouche et le nez enfouis dans sa magnifique toison, embrassant et respirant l'arôme sexuel, tandis que mes mains vagabondaient partout où je pouvais toucher sa chair chaude et satinée.

Elle poussa un cri de détresse, puis, en se tortillant, parvint à se retourner. Dans ce mouvement mon nez lui frotta le bouton, mais elle m'échappa, ses jupes retombèrent, elle s'enfuit dans sa chambre et verrouilla la porte.

Je me précipitai, mais trop tard. Alors je me mis à crier à travers la porte :

— Oh ! quel beau corps vous avez, quelles super-

bes cuisses, comme il est noir le poil de votre con! Oh! comme je suis heureux d'y avoir frotté mon nez! Oh! dites, laissez-moi le voir encore! Laissez-moi vous foutre! Ayez pitié de moi!...

Tout cela, je le dis sans réfléchir, comme peut le faire un homme dont la pine est prête à décharger dans sa culotte; mais ce fut sans résultat; Louise ne me répondit pas.

Je m'en retournai sur le sofa, me demandant ce que j'allais faire.

Bientôt je l'entendis se remuer et je me dirigeai doucement vers la porte; j'entendis le giclement de l'urine dans un vase.

— Oh! Louise, criai-je, vous êtes en train de pisser. Comme je voudrais voir la pisse sortir de votre con chéri! Oh! comme je voudrais y mettre la main!

Le giclement cessa; de nouveau, je me remis sur le sofa.

Je lui avais dit que je voulais la faire sortir et je la prévins en conséquence de se tenir prête, mais elle ne répondait toujours pas.

L'idée me vint que si elle m'entendait descendre elle sortirait de sa chambre. « Si elle vient ici, me disais-je, elle verra sûrement le livre; je me demande si elle le regardera. »

Je l'ouvris à une gravure qu'elle n'avait pas vue. C'était une scène de plein air. Dans un parc planté de grands arbres, avec pour fond un magnifique château, une jolie jeune femme en costume de promenade sacrifiait aux nécessités de la nature.

Accroupie sur le gazon, en bordure d'une allée, elle pissait avec une désinvolture charmante. Ses jupes relevées presque jusqu'au-dessus des genoux encadraient un cul blanc et potelé aux proportions harmonieuses. D'une main, elle relevait ses dessous bordés de dentelle; de l'autre, elle s'appuyait légèrement sur son ombrelle fermée.

Près d'elle, un jeune homme, la tête baissée presque sous les jupes, regardait avec extase le con de la jolie pisseuse.

On devinait au sourire de la jeune femme qu'elle était heureuse de s'exhiber dans cette pose lubrique et de montrer le fonctionnement de sa ravissante fontaine. L'artiste avait, en effet, peint le con le plus charmant qui se pût voir et en avait soigné tous les détails, tels qu'ils apparaissent aux yeux de celui qui aime voir pisser une jolie femme.

Comme légende, on lisait sous le dessin :

« Vois-tu bien ? mon chéri !

— Oh ! oui, ma jolie, pisse encore... encore ! »

La jolie avait déjà pissé copieusement, car une longue ligne sinueuse s'allongeait devant elle et venait mouiller les pieds de l'heureux voyeur.

Je laissai le livre ouvert, puis déchirant quelques petits bouts de papier, je les insérai entre certaines pages, de sorte qu'ils devaient tomber si on feuilletait le livre. M'approchant de la porte, je dis alors à Louise :

— Il faut que je descende, si vous ne voulez pas sortir, j'irai sans vous.

Je restai en bas un certain temps, puis je remontai tranquillement ; j'entendis qu'elle refermait sa porte comme je remontais l'escalier.

En entrant, je jetai un coup d'œil sur le livre : il était tel que je l'avais placé, mais deux bouts de papier s'en étaient échappés.

— Louise, Louise, vous avez regardé le livre !

— Non, vous mentez, dit-elle très vite.

— Si, vous l'avez fait, j'avais mis dedans des petits bouts de papier qui sont tombés : j'en suis donc bien sûr.

— Ce n'est pas vrai, fit-elle encore.

— Écoutez, Louise, je voulais vous emmener voir

les magasins et vous conduire au théâtre : si vous ne voulez pas répondre, j'irai me promener tout seul et je dînerai tout seul.

— Eh bien, je n'irai pas !

— Comme vous voudrez !

Je m'en fus dans la chambre de Camille et me lavai les mains.

— Je sors, lui criai-je, voulez-vous venir ? Dans une minute, je serai parti sans vous !

— Vous me promettez de ne plus être méchant ?

— Mais, je n'ai pas été méchant !...

Je sentais qu'elle cédait ; je savais qu'elle avait un furieux désir de sortir avec moi.

— Voulez-vous me promettre de ne plus parler comme vous l'avez fait ?

— Jamais de la vie, répliquai-je, comment m'en empêcher après avoir vu ce que j'ai vu ?

— Je n'ai pas de chaussures ; rien que mes gros souliers.

— Eh bien, venez avec vos souliers.

— Camille en a laissé une paire, mais elles sont trop grandes et puis elles sont percées.

Finalement, elle se décida à les mettre. Habillée, Louise présentait l'aspect bizarre d'une servante qui a revêtu les défroques de sa maîtresse. J'avais un peu honte de me promener avec elle ; elle vit dans l'expression de mon visage quelque chose qui blessa son orgueil.

— Vous n'aimez pas à vous promener avec moi, n'est-ce pas ?

Elle s'assit et de grosses larmes perlèrent à ses yeux.

— Pourtant, je suis plus belle que madame : j'ai les pieds plus petits et les mollets plus gros. Mes souliers sont vilains : elle ne voulait pas que je porte des chaussures comme elle. Elle dit qu'elle veut me ren-

voyer chez nous. Sûr, elle n'y reviendra pas, elle, car je raconterai là-bas tout ce que je sais.

Tout cela fut dit d'une traite : la pauvre fille était à bout, excitée à la fois par son orgueil blessé, par le déjeuner copieux, par le livre érotique et par mes baisers sur son con. Elle parlait si vite dans son français provincial que je pouvais à peine la comprendre.

Je ne me souciais point de la dépense, dès l'instant qu'il s'agissait de Louise :

— Je suis fier, lui dis-je, de me promener avec vous, et je vous achèterai une paire de belles chaussures.

Elle sauta en l'air de plaisir.

— Mais, ajoutai-je, vous me laisserez faire une chose...

— Quoi ?

— Vous toucher les mollets, puisque vous dites qu'ils sont si beaux.

— Volontiers, fit-elle, il n'y a pas de mal à toucher les mollets. Dans mon pays, les jupes ne viennent guère qu'au-dessous des genoux.

En plaisantant ainsi, avec des baisers et des promesses, elle me jura qu'elle me laisserait lui mettre ses chaussures neuves et je l'entraînai dans un cab.

Je l'emmenai chez un bottier où elle trouva ce qu'elle désirait tant ; elle était ravie et, dans le cab, elle ne fit que lever les pieds pour se les regarder. Elle me permit de lui caresser les mollets après avoir pris soin de serrer ses jupes à hauteur des genoux.

Je voulais aller plus haut, mais elle disait :

— Non, non !

Cependant je glissai la main et parvins jusqu'à ses cuisses.

Je lui achetai un chapeau, mais il avait besoin d'être retouché et on promit de l'envoyer à domicile dans la soirée.

Je sortis du cab en lui disant de m'attendre; j'entrai dans un magasin où j'achetai pour elle des bas de soie et des jarretières de couleur voyante, mais sans le lui dire.

Ensuite j'achetai des gants, un collier et un ou deux autres articles, puis nous allâmes dîner.

Au fur et à mesure que j'achetais chaque article et que je la retrouvais dans la voiture, j'éprouvais le besoin de lui exprimer mes désirs. Je la pelotai et je devins si excité que je sortis ma queue en la tenant couverte avec mon mouchoir.

De temps en temps, je l'enlevais afin que la vue de mon membre raide pût exciter Louise.

— L'omnibus ! l'omnibus ! cria-t-elle tout à coup.

Oublieux de moi-même et en proie à mes désirs luxurieux, j'avais exposé mon joujou raidi juste au moment où passait un omnibus, et je vis le conducteur qui me regardait en rigolant.

J'allai commander un dîner; je déposai à proximité du couvert de Louise le collier, les gants, les bas, les jarretières et mes autres achats, de manière qu'elle pût les voir tout en dînant.

Elle n'avait jamais mis de gants de sa vie. La perspective d'avoir un chapeau la remplissait de joie. Il était plus beau, c'est sûr, que n'importe lequel de ceux qu'elle avait déjà vus à madame.

Est-ce que je ne pensais pas qu'elle serait plus belle que madame si elle était bien habillée ?

Elle était furieuse : elle me répéta encore que madame refusait de lui acheter les choses qu'elle désirait, en prétextant qu'une servante ne devait pas les porter.

Ce grief s'était implanté fortement dans son esprit. Entre-temps elle parlait, riait et plaisantait; parfois elle disait :

— Fi ! fi donc !... Oh ! c'est vilain !...

Parfois elle me donnait un baiser, puis ajoutait :

— Tenez-vous tranquille !

Elle mangeait bien, buvait du champagne plus qu'elle n'était capable d'en supporter, et devenait de plus en plus loquace, pendant que je devenais de plus en plus enflammé.

CHAPITRE 12

— Le bonnet doit être à la maison, dis-je à la fin du repas. Allons-y.

Nous sortîmes. Il faisait déjà nuit quand nous montâmes dans le cab.

— Il faut que je vous mette cette paire de bas, si vous voulez que je vous les donne.

— Ah! non, jamais... C'est trop fort, vous en demandez trop : je vous permettrai de m'attacher les jarretières au-dessous des genoux.

— Pourquoi pas au-dessus ?

— Oh! c'est tout à fait différent. A la campagne, une fille rattache sa jarretière sans crainte devant tout le monde au-dessous du genou, mais au-dessus, ah, non! C'est une indécence.

— Levez les pieds, lui dis-je.

Elle obéit.

— Est-ce que je puis vous attacher les jarretières ici? fis-je en lui mettant la main par-dessus les vêtements.

— Oui.

Je glissai ma main très loin sous ses jupes, jusqu'à ses cuisses : elle serra les jambes et baissa les pieds; il y eut un cri, une lutte, mais je maintins ferme ma

main sur ses jambes jusqu'au moment où nous arrivâmes à la maison.

Nous entrâmes : le bonnet n'était pas encore là. Louise ouvrit la fenêtre pour voir s'il arrivait ; il faisait déjà nuit.

On entendit un coup de sonnette : c'était le bonnet qui arrivait. Louise se précipita.

— Apportez la lumière, vite... dit-elle.

Elle tenait elle-même une bougie dans une main et le bonnet dans l'autre : elle se rua dans la chambre de Camille, où se trouvaient de larges miroirs, se coiffa de son bonnet, puis battit joyeusement des mains et m'embrassa en me disant que j'étais trop gentil.

Elle mit aussi ses gants, son collier, tournant sans cesse autour de moi et me demandant comment je la trouvais.

— Permettez-moi de coucher avec vous et, demain, je vous achèterai une belle robe.

— Impossible, impossible : est-ce que vous ne vous en allez pas maintenant ?

— Mais non !

J'avais, en effet, l'intention de coucher là et comme j'avais apporté une valise, j'en sortis mes effets, j'enlevai mes bottines et me revêtis d'une robe de chambre.

— Là ! voilà qui est entendu : je coucherai ici jusqu'au retour de Camille.

— Oh ! alors, il y aura du potin : qu'est-ce que je vais faire, moi ? Et puis Mme Boileau le saura et le dira à madame...

L'attention de la jeune fille fut alors attirée par ma robe de chambre qui était très élégante, puis elle commença à se regarder de nouveau dans la glace et à enlever ses parures, non sans soupirer.

— Oh ! que j'ai chaud et soif ! fit-elle.

Il n'y avait à cela rien d'étonnant : elle avait, en

effet, mangé comme quatre et bu du champagne. Ses mains étaient brûlantes ; la chaleur pénétrait tout son être.

— Alors, on va boire encore du champagne, lui dis-je.

Je débouchai une bouteille et me débarrassai de mon pantalon. Je restai ainsi en robe de chambre, avec seulement mon caleçon et des pantoufles, et l'idée de prendre la jeune fille de force s'ancrait dans mon esprit.

J'aperçus alors un peignoir de mousseline que portait Camille et qui s'attachait par-devant avec des rubans bleus.

— Mettez donc le peignoir de madame, puisque vous avez chaud, vous paraîtrez cent fois plus jolie qu'elle.

Louise se rendit dans la chambre de Camille où elle s'enferma ; elle en ressortit peu après, revêtue du peignoir, au travers duquel j'apercevais sa chemise de toile grossière qui lui arrivait aux genoux.

Mon cœur palpitait : j'étais presque nu sous ma robe de chambre et elle l'était presque, elle aussi, sous son mince peignoir.

Nous étions sur le sofa et j'avais un bras autour de sa taille. A travers ses légers vêtements, je sentais la fermeté de ses hanches et la perfection de son corps. Je parlais sans réfléchir, je la serrais contre moi, je prenais ses cuisses d'une main et cherchais à lui couler l'autre dans le corsage.

Tour à tour, elle criait, luttait, puis laissait faire. Encore un verre de champagne et sa jolie tête s'affaissa sur mon épaule. Quand je lui redemandai de me coucher avec elle, elle dit seulement :

— Oh ! je n'ose pas, je ne dois pas.

Je glissai ma main vers le haut de ses cuisses, mais elle l'arrêta.

« Si je pouvais seulement la faire entrer dans la chambre de Camille et la mettre sur le lit », me disais-je.

Je me rendis dans cette chambre : les bougies étaient toujours allumées.

— Est-ce que vous n'aimeriez pas des bas de soie ?

— Oh ! est-ce que c'en est ? fit-elle en bondissant.

Je les lui mis devant les yeux.

— Ils sont à vous, fis-je. Mais laissez-moi vous les mettre.

— Les jarretières au-dessous des genoux, alors.

La jeune fille s'assit sur le bord du lit et me laissa lui mettre les bas : elle levait ses jambes l'une après l'autre pour défaire ses chaussures neuves et ses anciens bas : je lui vis les cuisses, mais elle ne paraissait plus s'en soucier, tellement elle était impatiente de mettre les bas de soie.

J'avais quitté ma robe de chambre et m'étais agenouillé en face d'elle, comme le fait un bottier quand il essaye une paire de chaussures à une cliente, mais j'allais si lentement qu'elle s'impatienta :

— Laissez-moi faire, laissez-moi faire.

Elle enfila le bas elle-même, puis mit sa bottine.

J'étais assis sur le tapis, la tête coulée sous ses jupes pour mieux voir.

Les bas de soie et les chaussures neuves lui faisaient perdre la tête. Ma pine s'exhiba de dessous ma chemise, gonflée, raide et pointée dans la direction de ses cuisses. Elle ne la vit pas, tant elle était absorbée ; mais aussitôt qu'elle eut mis sa jarretière, elle se leva et courut se contempler la jambe dans la psyché qui se trouvait près du lit.

Elle mit à rire de plaisir, puis elle revint et m'embrassa. Ce fut le tour de l'autre bas. Quand je nouai la jarretière, j'embrassai la cuisse nue juste au-

dessus. Elle se mit debout, tint son peignoir et sa chemise relevés pour voir ses bas, puis fit des mines devant la glace... Ses jambes étaient vraiment exquises.

Je la caressai, l'embrassai et lui passai le bras autour de la taille.

— Oh ! laissez-moi faire, ma chérie...

J'avais glissé ma main sous sa chemise, entre ses cuisses. Elle croisa les jambes sans répondre.

— Je veux vous foutre, ma jolie : je jure que j'y arriverai.

Et je passai ma main entre ses cuisses.

— Oh ! oh !... fit-elle seulement.

Je la poussai à la renverse sur le lit. Ma queue gonflée, rigide, était sous ses yeux. J'aspirai ses lèvres dans les miennes. Mon doigt frottait doucement la fente tiède et son cul commençait à se mouvoir instinctivement. Son souffle se faisait plus court, ses cuisses s'écartaient. Mon doigt s'insinuait plus avant.

— Oh ! dites ! ne me faites pas mal !

Je la renversai complètement sur le lit et lui relevai les jambes. Elle cédait, car elle avait envie de foutre.

J'arrachai les minces rubans qui attachaient le peignoir, je retroussai la chemise et je vis enfin ses jambes gantées de soie et cerclées de leurs belles jarretières rouges ; je vis les cuisses nues, la toison noire de sa vulve. Je roulai sur elle, entre ses cuisses, ma pine affleurant les lèvres délicieuses de son con.

Mes couilles étaient gorgées de foutre. Toute la journée, ma queue avait été en l'air. J'avais craint d'y toucher, de peur d'une éjaculation intempestive, et je n'avais pu décider la jeune fille à y mettre la main. Depuis une bonne demi-heure, ma pine se tenait rigide, sans la moindre défaillance.

Aussi, lorsque mon ventre nu rencontra celui de la jeune fille, une crainte terrible me secoua tout entier.

« Mon Dieu ! est-ce que je vais décharger dehors ? » pensais-je.

Mon membre, telle une barre de fer, touchait le sommet de la fente humide et glissait droit en dessous pour trouver le passage... Est-elle vierge ? Un cri aigu...

— Oh ! ne me faites pas mal !

Je sentis un obstacle ; je poussai avec force...

— Oh ! oh ! dites ! Non...

Mais alors... zag... zag... zag... et avec chaque zag un jet de sperme s'élançait de ma verge et venait gicler à la bouche même de l'orifice.

Je perdis ma force dans la jouissance d'une émission copieuse et avec la certitude agréable qu'aucune pine n'avait encore pénétré dans ce trou auquel j'avais donné l'assaut.

Ma seconde crainte fut qu'elle ne s'échappât ; si rapide avait été ma décharge que je n'avais pas glissé mes mains sous elle ; je les avais posées simplement de chaque côté de ses hanches satinées.

Afin de la garder sous moi jusqu'au retour de ma force virile, je glissai une main sous son cul, l'autre sous sa taille et l'attirai doucement contre moi. Alors, dégageant un peu mon ventre, je poussai de nouveau vers l'endroit où reposait ma pine.

J'eus l'intense satisfaction de la sentir toujours gonflée et en contact avec un obstacle qui l'empêchait d'aller plus loin.

Je la nichai entre les deux lèvres toutes barbouillées de sperme. La chaleur de l'organe, sa douceur, me donnèrent une titillation, comme si j'allais décharger de nouveau. Je vis que je n'avais pas à craindre une défaillance de ma virilité.

Fier et fort, j'attirai Louise à moi : j'étais sûr qu'elle était vierge.

Elle gisait sous mon corps, dans toute sa beauté de

femme, soumise à ma volonté ; moi, je savourais la sensation de ma force. Je remuai gentiment pendant une minute, mais ma pique réclamait son droit d'entrée.

Je poussai. Elle fit un cri : Oh !... je poussai plus fort : le cri se fit plus aigu...

L'obstacle était dur à franchir : jamais encore je n'avais éprouvé une pareille difficulté ; mon rut se faisait sauvage... Son cri de douleur me causait un plaisir indéfinissable ; je me disais que je ne voulais pas lui faire de mal, et cependant je le désirais ; j'en étais fier. Je poussai de toute la force que mes fesses pouvaient donner, mais alors ma pine sembla se courber et me fit mal.

— Oh ! mon Dieu, ne faites pas ça ! Allez-vous-en. Oh ! il ne faut... ! Oh ! oh !... ô... ô...

Ma pique repoussait quelque chose qui l'enserrait étroitement, l'embrassait d'une étreinte terrible. Soudain, elle glissa dans le con. J'enlaçai la jeune fille avec plus de force : elle se tortillait de douleur sous mes efforts, mais j'étais entré à fond ; mes couilles lui dansaient sur le cul et mon sperme giclait contre le col de sa matrice.

J'étais arrivé à mes fins, j'avais conquis la virginité la plus rebelle qu'il m'eût été donné jusqu'ici de pénétrer.

Quand j'eus tiré mon second coup, j'éprouvais un sentiment de plaisir et de tranquillité, comme un poids de moins dans l'esprit et la perspective d'une longue période de volupté.

Mon membre alangui s'attardait avec délices dans le con de la jeune fille... Je le retirai... Excité comme je l'étais et plein de force virile, j'aurais pu continuer à foutre.

Néanmoins, je laissai mon pénis se retirer et je restai un moment penché sur elle, songeant à son con ;

puis avec un baiser, je soulevai gentiment la belle créature qui gisait sous moi, les yeux clos.

Je vis le peignoir grand ouvert, les rubans arrachés, la grossière chemise relevée en bouchon au-dessus du nombril. Je vis son ventre rond et blanc, ses cuisses finement moulées, légèrement teintées de brun et, sur la chemise, du foutre teinté de sang en quantité, qui remplissait et couvrait tout l'espace compris entre la chemise et l'orifice du con.

Je me levai et pris place à côté d'elle sur le lit. Elle semblait reprendre conscience et instinctivement, par pudeur, elle se couvrit en rabattant sa chemise, sans trop d'attention, à moitié endormie, à moitié inconsciente, plus par habitude que par souci de voiler ses charmes.

Puis elle se rapprocha du bord du lit, tenant une jambe plus haut que l'autre, mit son coude sur son genou et reposa la tête dans sa main ; elle me regardait sans me voir, sans prononcer un mot.

Louise ne parlait pas, mais elle avait l'air de se rappeler ses sensations et son attitude était si douloureuse et languissante que je m'en sentais presque gêné. Toutefois, cette attitude même, qui me permettait d'admirer ses jolies jambes, dans une pose que je n'avais pas encore vue, me rappela à moi-même.

— Oh ! Louise, lui dis-je, que vous avez d'adorables jambes !

Elle rabattit sa chemise pour les cacher. Mais la chemise était courte et, en outre, Louise était assise dessus. Elle me regarda de ses beaux yeux noirs, sa jolie tête toujours appuyée sur sa main, puis dit lentement :

— Vous m'avez promis de ne plus aller jamais avec ma sœur dans sa chambre !

— Votre sœur !

Quelle révélation ! En effet, cette ressemblance

avec Camille... Je me demandais comment elle ne m'avait pas frappé davantage. A présent, tout s'expliquait : l'hésitation de Camille à me laisser voir la jeune fille, le regret de l'avoir amenée, son intention de la renvoyer à la maison natale, le serment qu'elle m'avait fait faire de ne jamais révéler que j'avais vu le con de Louise quand elle était endormie; tout cela me revint instantanément à l'esprit.

Louise sauta du lit, effrayée.

— Non, non, non, dit-elle : pas ma sœur, ma maîtresse... Ai-je dit ma sœur? je ne voulais pas... c'est ma maîtresse; ne dites pas que j'ai prononcé ce mot de sœur.

J'étais certain qu'elle avait dit la vérité.

— Niez, si vous voulez, ma chère Louise, mais vous êtes sa sœur, sa parfaite ressemblance...

— Oh! ne parlez pas ainsi...

— Je vous jure que je ne le dirai à personne.

— Elle me tuerait, si elle savait... C'est un démon : vous ne la connaissez pas. Mon Dieu! mon Dieu! qu'est-ce que je vais faire? Il faut que je me sauve!...

Je la calmai. Je lui dis que personne n'avait besoin de savoir cela et que, pour ma part, je ne dirais jamais rien.

C'était en vérité un bizarre épisode dans toute cette aventure : bizarre aussi cette conversation entre une femme qui reçoit pour la première fois du foutre de mâle dans son con ensanglanté et un homme dont la queue dégoutte encore du jus exquis exhalé par ce con virginal.

Nous conversions, assis tous deux au bord du lit : une minute, elle mit sa jolie tête sur mon épaule et pleura; c'était plutôt par énervement passager que regret du passé.

Est-ce que j'allais partir? Je répondis en mettant

ma chemise de nuit et lui affirmai que j'allais passer toute la nuit avec elle. Je lui montrai ma chemise de jour toute souillée de sperme et de sang ; j'en étais fier et je lui dis que la sienne était dans le même état.

Elle me supplia de la laisser un moment et me poussa dans la pièce voisine ; elle s'essuya la vulve et changea de linge. Elle ne put trouver les chemises de nuit de Camille et toutes les siennes étaient sales. Alors, elle revêtit une jolie chemise de jour de Camille et mit par-dessus le peignoir de mousseline.

Je l'attirai dans la chambre à coucher, je lui enlevai ses chaussures, ses bas, son peignoir, sa chemise, et elle se mit au lit toute nue, et moi avec elle.

Ce fut une ardente soirée ; couché à côté d'elle, je collais ma bouche à la sienne, mon ventre à son ventre ; mon joujou s'insérait dur et gonflé entre ses cuisses ; ma main lui pelotait le cul ; nos jambes se touchaient dans toute leur longueur ; je parlais de foutre et de cul et elle m'écoutait, excitée.

Quelle différence ! Je guidai sa main vers ma queue ; elle l'empoigna gentiment. Oh ! quelle jouissance pour moi et aussi pour elle ! Comme ma queue se trouvait bien dans sa main caressante ! Puis cette main se glissa sous mes couilles, elle en était remplie ; de là elle revint me caresser le membre.

Il recommençait à se gonfler. La jeune fille reposait à côté de moi, ses longs cheveux flottant sur l'oreiller.

— Oh ! chérie, lui dis-je à l'oreille, vous avez pris ma pine dans votre petite main. Vous savez, elle a été dans votre con et elle a déchargé dedans.

Elle tourna doucement la tête vers moi et m'embrassa. Ma queue s'érigea aussitôt, prête à l'action.

Je tenais Louise pressée contre moi, je manipulais chaque partie de son corps, excepté celle-là même à

laquelle j'avais fait mal. Cependant, c'était son tour : j'insérai un genou entre les jambes de la jeune fille et les écartai pour permettre à ma main d'y trouver place.

Louise me suppliait de n'en rien faire... Elle avait mal... elle était malade... je lui ferais mal encore.

Lui faire mal !... Je le désirais... Je savais que j'allais lui causer encore de la douleur, mais je lui assurai qu'elle ne souffrirait pas, et en insistant gentiment, mon doigt s'insinua entre les lèvres et se posa sur le clitoris. Je tâtai doucement l'orifice du con, puis enfonçai mon doigt peu à peu... Elle frissonnait et remuait le cul d'une manière excitante... Alors, brusquement, je me mis sur elle ; mon membre pénétra de nouveau dans l'orifice vaginal... Je tirai mon coup glorieusement et à fond.

Je me retirai ensuite sur le côté, restant en contact avec son corps frais et doux, mais l'excitation ne me permettait pas de dormir : je me réveillai à peine assoupi. Une chaleur brûlante pénétrait mon pénis ; ma pensée revoyait toutes les scènes de la journée ; les jambes de la jeune fille s'entrelaçaient aux miennes ; son con était à portée de mes doigts ; le parfum de son corps me montait aux narines.

Les lumières étaient éteintes. Louise dormait d'un souffle régulier. Mon membre se redressa de nouveau, mes doigts glissèrent entre les jolies lèvres du con : je sentis les signes de mon récent plaisir et elle s'éveilla :

— Oh ! non ! dites !

Elle était souffrante, malade, disait-elle. Vraiment, je n'étais pas gentil ; mais quelle femme au monde peut refuser la queue par laquelle elle vient de se faire arroser ?

Alors, ce fut un coït prolongé et extatique, puis enfin, exténué, je m'endormais.

Quand je m'éveillai, la lumière du soleil traversait les rideaux rouges de la fenêtre et teignait de rose les cuisses de la dormeuse. Nous avions dormi huit heures et nous reposions croupe contre croupe, nus et nous touchant l'un l'autre. En effet, quand les désirs sont éteints, les amoureux les plus passionnés se tournent le cul.

Quel joli tableau de la voir ainsi couchée sur le côté, endormie encore ! Nous n'avions mis sur nous qu'un seul drap qui était tombé au cours de la nuit et Louise était nue. Je la voyais dans toute sa beauté. Elle avait le pied petit, la jambe parfaite, ses cuisses et son cul étaient moins gros que ceux de Camille ; mais, chez les femmes, le derrière et les cuisses se développent avec l'âge.

Ses tétons étaient superbes, plus fermes et plus beaux que ceux de Camille. Je vis un côté de la toison noire et crépue qui ombrageait sa fente ; je vis l'autre côté en posant ma tête contre le lit et j'aperçus ainsi les jolis poils frisés qui s'inséraient plus bas, jusqu'entre ses fesses. Sa chair avait cette légère teinte brune commune aux Françaises.

Sur le lit se voyaient des taches de foutre mélangé de sang ; j'en voyais aussi sur sa cuisse, du côté du cul. Ma pine s'érigea violemment à cette vue. J'éprouvais une furieuse envie de pisser, mais c'est à peine si je pus la satisfaire, tellement je bandais.

Je l'éveillai, elle me regarda. Alors elle se leva et s'en fut à sa chambre pour pisser, puis elle revint se mettre au lit et, quoi qu'elle fît, l'instant d'après j'étais dans son vagin.

Je sentis que son con se resserrait et je la regardai attentivement. Ses manières étaient différentes. Elle m'attirait à elle, elle m'étreignait involontairement... Sa respiration se fit plus rapide... l'instant d'après elle déchargeait sous moi tandis que mon foutre lui

inondait le con. Elle jouissait pour la première fois, car, jusqu'ici, tout n'avait été pour elle que souffrance... Je connaissais cela.

Je la rebaisai encore, puis elle se leva et fit le café. Le repas fini, on se remit au lit et de nouveau à l'œuvre d'amour.

Toute la journée se passa ainsi : nous ne prîmes pas le temps de déjeuner; nous ne faisions que nous peloter, nous embrasser, nous caresser et nous enfiler, avec parfois de courts instants de sommeil.

Nous étions moulus tous les deux et peut-être nous n'aurions pu nous lever, mais j'eus besoin de descendre et je me sentis faim. Nous nous habillâmes et nous nous rendîmes au restaurant où nous avions dîné la veille. Nous fîmes un bon repas et aussitôt après nous revînmes à la maison.

Tout le temps que je fus avec elle dans la voiture, je gardai mon doigt sur son con, le faisant aller et venir, cependant qu'elle agitait son cul.

Dès que nous fûmes rentrés, nous nous mîmes au lit : il n'avait pas été fait. Alors, sans répit ni arrêt, nous baisâmes encore... Nous finîmes par nous endormir d'un sommeil qui dura douze heures.

Mais j'étais à bout; je n'accomplis pas, certes, ces merveilleux exploits dont se vantent certains hommes, mais je puis affirmer que dans cet espace de trente heures, je baisai Louise au moins douze fois.

Elle était fatiguée et puis elle avait mal, et moi aussi. Ma queue avait un peu saigné : le prépuce était écorché; mais grâce à cet accident, il se trouvait plus relâché et plus maniable. Je pouvais le décalotter plus facilement maintenant que j'avais déchiré ce pucelage résistant.

Nous passâmes ainsi sept jours, avant que Camille revînt. Au cours de ces journées, j'avais plus que tenu ma parole envers la jeune fille : je lui avais acheté des

vêtements, une bague, une broche, un parapluie, une ombrelle. Nous dînions au restaurant, je lui payais le théâtre, et, de retour chez nous, nous foutions comme des lapins.

Les Françaises, une fois qu'elles se sont abandonnées à un homme, se donnent à lui de tout leur cœur et de toute leur âme.

Un jour, sans la moindre répugnance, elle céda à mes désirs et je la plaçai au bord du lit, je troussai sa chemise et j'embrassai la noire et épaisse toison de sa motte... Ses cuisses étaient ouvertes, elle mit ses jambes en l'air et je vis la brèche teinte de vermillon et la déchirure intime causée par mon pénis.

Je regardai avec extase l'adorable ouverture, je la manipulai, je la chatouillai, je l'embrassai, puis j'allongeai la langue qui se mit à lécher doucement le clitoris. Alors une frénésie de luxure s'empara de moi et je picorai, je léchai, je suçai le con.

Louise se tortillait, ayant à peine conscience de ce que je faisais, quand, tout à coup, elle me repoussa la tête de ses deux mains en criant :

— Oh ! mon Dieu ! Oh !...

Je n'avais jamais joué volontiers à ce jeu, sauf avec Marthe ; mais maintenant, ce caprice s'était emparé de moi furieusement. Chaque jour qui suivit, je lui mis ma bouche au con et quand je l'avais foutue au point de ne plus pouvoir, je me couchais la tête entre ses cuisses et je lui léchais le con jusqu'à ce qu'elle fût exténuée de jouissance.

Nous n'avions pas, à proprement parler, d'autre passe-temps que le coït : quand on ne baisait pas, on en parlait, même en mangeant et en buvant. Notre liaison avait tout le charme d'une lune de miel.

Je crois encore la revoir en train de me faire bander comme je le lui enseignais. Son grand plaisir était de refouler et de ramener mon prépuce sur l'extrémité

de ma queue. Je lui pelotais le cul pendant qu'elle était assise sur mes genoux et nous regardions ensemble l'album aux gravures obscènes dont je lui expliquais tous les détails.

Nous conversions ainsi jusqu'au moment de nous mettre au lit pour apaiser nos désirs, puis, après, nous nous amusions à nous laver réciproquement les parties sexuelles.

Souvent nous nous couchions en sens inverse sur le lit : j'avais ma tête entre ses cuisses et je lui léchais la vulve, tandis qu'elle-même jouait avec ma queue et mes couilles, mais je ne la lui fis jamais mettre dans sa bouche, bien qu'elle me l'embrassât très volontiers.

Le jour qui précédait celui où Camille devait revenir, je la baisai deux fois ; puis je m'aperçus que ses règles étaient venues, ou plutôt, comme elle les appelait, ses « périodes ».

Le jour suivant fut triste. Il n'y avait rien en elle qui pût la rendre d'agréable compagnie en dehors des amusements amoureux. Elle m'ennuya en revêtant toutes ses parures, l'une après l'autre, au cours de la journée et en me demandant comment je la trouvais, et si elle n'avait pas meilleur air que madame.

Et puis comment expliquer à sa maîtresse d'où lui venaient toutes ces choses ? Que faire si sa maîtresse refusait de les lui laisser porter ? Comment la reverrais-je par la suite ?

Une lettre de Camille nous annonça son retour pour le soir même. Je remportai valise et vêtements et rentrai chez moi.

CHAPITRE 13

En deux jours je fus remonté. J'écrivis à Camille, qui m'avait rencontré dans la rue et m'avait dit qu'elle avait envoyé la jeune fille au théâtre avec une amie, pour lui dire que je serais le soir même chez elle.

— Eh bien ! est-ce que vous le lui avez fait ?

Ce fut sa première question, comme si elle ne l'eût pas su déjà. Je lui racontai tout.

Elle me questionna avec le plus grand intérêt. Je lui donnai les cinquante livres.

Tout en parlant, je la regardais avec attention et je la comparais avec Louise : je constatai entre elles une ressemblance plus évidente que jamais.

— Pourquoi me regardez-vous ainsi ? demanda-t-elle.

Quand elle eut entendu le récit de toutes mes folies, elle poussa un soupir et dit :

— Oh ! si je ne l'avais pas amenée à Londres, elle serait allée à Paris avec un homme qui le lui aurait fait. Ainsi cela revient au même.

Puis, soudain :

— Est-ce que vous ne voudrez plus de moi, maintenant ?

— Non !

Je l'avais promis à Louise.

Camille me regarda d'un œil fascinateur; elle était à moitié couchée sur le sofa. Soit hasard ou intention, ses jambes étaient sur le canapé, l'une à plat, l'autre relevée avec le pied près de la cuisse, de sorte que la jambe allongée se voyait depuis le pied jusqu'au genou.

— Faites-le-moi, dit-elle tendrement.

— Non !

Mais je quittai ma chaise, me mis au bout du sofa et commençai à lui tapoter la jambe avec ma main.

Elle releva ses jupes jusqu'au-dessus du genou. Je vis sa jolie cuisse potelée presque jusqu'à sa vulve... Involontairement ma main glissa plus haut et se mit à caresser la chair satinée au-dessus de la jarretière.

— Oh ! faites-le-moi ! dit-elle en s'allongeant toute droite sur le dos.

Je pensais à Louise, à ma promesse... Je connaissais l'aspect de leurs deux cons et celui de Camille encore mieux : je désirais voir, comparer... J'avais manié le con de Louise pendant huit jours et maintenant je songeais qu'il serait exquis de manier celui de Camille. Je savais qu'il était plus large, plus garni de poils, que son cul et ses cuisses avaient plus de volume et cependant ma comparaison était-elle exacte ?

Ma queue devenait gênante : je lui donnai de l'aise dans mon pantalon...

« Je ne veux pas la foutre, me disais-je, mais il n'y a pas de mal à toucher ».

Là-dessus je me mis à jouer doucement avec les poils de sa motte.

— Vos poils sont plus longs que ceux de Louise.

Elle rit et répéta encore :

— Faites-le-moi, dites, baisez-moi !

Mes doigts touchèrent la fente onctueuse... C'était

irrésistible... L'instant d'après, je pelotais et chatouillais partout.

— Votre cul aussi est plus gros que celui de Louise.

Elle rit de nouveau.

J'étais dans une position incommode pour jouer au doigt mouillé.

— Venez plus près, me dit-elle.

Je m'assis alors près de ses hanches, au bord du sofa : elle leva ses jupes complètement. Je vis la vulve, le buisson d'un noir de jais, les splendides cuisses rondes.

Camille déboutonna mon pantalon, donna à ma pine une douce pression qui y fit affluer le sang. J'étais en rut.

— Louise ne saura pas que vous m'avez embrassée.

Camille se souleva et me passa son bras autour du cou.

Comme une jeune vierge qui dit : Non ! Non ! tout en cédant, je continuais moi de répéter : Non ! Non !

Elle avait ouvert ses cuisses et j'étais en train de séparer les deux lèvres pour essayer de voir la belle chair rouge de l'intérieur. Je disais encore « non » et cependant je m'étais glissé sur elle, j'avais appliqué ma pine sur l'orifice, j'étais entré... et j'avais déchargé avant de m'être bien rendu compte de ce que je faisais.

— Oh ! que vous avez fait vite !... dit-elle. Je suis volée, j'étais sur le point d'y aller.

De nouveau elle esquissait sur moi ses plus voluptueux exercices : elle me serrait étroitement, me caressait, comme une Française seule sait le faire.

Oubliant Louise, ma pensée se complut dans les rêves les plus lubriques ; je l'enfilai de nouveau à sa complète satisfaction et elle me laissa me relever.

Ce fut pour parler de l'affaire de Louise.

— Qu'est-ce que vous allez faire de la fille? demanda-t-elle.

— Rien : je lui ai donné de l'argent et des affaires pour environ cent livres, je vous ai payée et quand j'aurai Louise à nouveau, je lui redonnerai de l'argent.

— Vous m'aviez promis de faire quelque chose de plus.

— Je ne m'en souviens pas.

— Je comptais sur vous. Autrement, je ne l'aurais jamais fait venir. Allez-vous la garder ou bien va-t-elle devenir une putain comme moi?

Je ne les aimais ni l'une ni l'autre. J'aimais seulement à les baiser.

— Nous avons déjà eu une dispute, dit Camille. Elle ne veut pas travailler, elle dit qu'elle portera les parures qu'elle a gagnées, bien que je n'en aie vu qu'une partie.

— Que comptez-vous faire?

— L'établir à son compte dans un magasin de gants ou de parfumerie, si j'en trouve un quelque part.

C'était la première fois que de pareilles propositions m'étaient faites. Je quittai Camille avec le dessein de ne plus revenir chez elle, mais j'avais promis à Louise et je tiens toujours ma parole.

Deux jours après, je ressentis dans les couilles une sensation de plénitude qui me fit de nouveau désirer un con, et c'était le con de Louise que je voulais. Cette fente voluptueuse déchirée par ma queue était devant mes yeux et, au lieu de déverser le trop-plein de mon sperme dans le canal de quelque autre femme, je me rendis chez Camille.

Louise vint ouvrir. Elle m'embrassa et me serra dans ses bras. Une minute après, elle était sur mon

genou, maniant ma queue, mes doigts étaient sur son con et nos lèvres étaient collées ; nos langues se lapaient mutuellement. Je l'enfilai, et au bout de deux ou trois minutes, ce fut terminé.

Le lendemain, j'écrivis à Louise pour lui donner rendez-vous et je l'emmenai à la maison où je l'avais déjà amenée précédemment. Nous nous vîmes ainsi pendant l'espace de trois semaines et je passai de longues heures avec elle.

Elle avait maintenant de fréquentes querelles avec Camille. Un jour que nous sortions de la maison, après un excès de voluptueux plaisirs, nous fûmes accostés par une femme qui traversa la rue et releva son voile.

— Oh ! mon Dieu ! C'est madame ! cria Louise.

Et elle se réfugia derrière moi.

— Alors, c'est ainsi, dit Camille, c'est ainsi que je vous trouve ; vous vous permettez d'aller coucher avec mon meilleur ami !

Ce disant, elle éclata d'un rire nerveux, puis s'en alla sans ajouter un mot.

Quand elle fut partie, Louise se mit à pleurer et je ne pus lui arracher un mot ; elle avait peur de rentrer chez Camille ; aussi je la ramenai à l'hôtel et nous y passâmes la nuit. Le lendemain, je l'accompagnai chez sa sœur.

— Ainsi, vous avez été dans une maison ? cria celle-ci. Ainsi, vous avez été baisée et rebaisée ? Et par qui ? Par mon meilleur ami ! En vérité, vous pouvez à présent parler des autres.

— Je ne suis pas une putain, répliqua Louise.

— En vérité, on ne s'en douterait pas.

— Oh ! là là ! fis-je à mon tour, arrangez-vous, mais je ne veux rien savoir de vos querelles. Allons, Camille, soyez bonne pour Louise.

— Ah ! si je ne l'avais pas fait venir de France,

elle ne serait pas aujourd'hui ce qu'elle est... Mais qu'allez-vous faire d'elle, à présent ?

— Moi ? Rien !

— Alors, le plus tôt qu'elle s'en ira sera le mieux !

Louise s'assit et se remit à pleurer silencieusement.

Je déteste de voir pleurer une femme et j'avais toujours un remède... Je commandai du champagne.

Camille dit qu'elle était décidée à prendre un autre logement et que je pouvais garder le sien pour Louise, si je voulais.

Je me trouvai entraîné à cette solution : je pris le logement de Camille à mon compte. Louise prit la chambre de Camille et Camille prit celle de Louise. J'avais en fait le plaisir de les entretenir toutes les deux.

La nuit suivante, je couchai avec Louise dans le lit de Camille, puis, un beau matin, celle-ci me dit :

— Vous lui avez fait un enfant, à la fille, je m'y attendais.

Cette révélation me donna de l'ennui, car je n'aimais pas Louise, qui devenait de plus en plus jalouse de Camille et me fatiguait par sa vanité. Elle voulait sans cesse se promener dans les rues, uniquement pour se faire admirer.

La grossesse de la jeune fille me paraissant douteuse, je l'emmenai chez un docteur qui l'examina et me confirma la chose.

Sur ces entrefaites, Camille me fixa un rendez-vous et, comme elle avait des confidences à me faire, je l'emmenai à l'hôtel.

— Je dois me marier bientôt, me dit-elle, et veux me mettre dans le commerce. Je veux bien prendre Louise avec moi ; mais il faudrait m'aider, à moins que vous ne préfériez que je la renvoie en France, si vous voulez payer le voyage.

Je lui promis d'y réfléchir.

Nous étions assis sur un sofa. Au fur et à mesure que je la regardais, je sentais s'accroître mon désir de l'avoir encore.

— Laissez-moi vous donner un baiser en témoignage de notre vieille amitié, lui dis-je.

— Oh ! non, j'ai peur. Je suis sur le point de me marier, peut-être suis-je surveillée...

Mais comment une femme pourrait-elle résister à un homme qui l'a eue souvent, qui connaît chaque fossette jusqu'à en compter tous ses poils ?

Quelques légers frottements sur son clitoris et elle se renversa sur le sofa. Nous étions habillés tous les deux, mais je m'insérai quand même en elle, et empoignant sa douce et large croupe, je savourai les délices de son corps. Je pensais sans le vouloir à Louise et, au plus fort de mon plaisir, je m'écriai :

— Oh ! j'aime bien mieux baiser avec vous qu'avec votre sœur !

— Quoi ? fit-elle dans un sursaut qui fit sortir ma pine de son vagin.

Mais jurant et sacrant, je la lui enfonçai dans le con et je consommai l'acte.

— Pourquoi avez-vous parlé de sœur ? me dit-elle quand je fus calmé. De quelle sœur voulez-vous parler ?

— Vous ressemblez si fort à Louise qu'elle ne peut être que votre sœur.

— Mais ce n'est pas ma sœur, même si elle me ressemble.

Je n'insistai pas et elle se leva pour faire bidet... J'aimais à voir une femme que je connaissais ne pas se laver quand j'avais envie de la baiser encore. Camille connaissait mon caprice à ce sujet ; elle savait que j'aimais à lui voir le con quand il était encore tout imprégné de mon sperme, aussi je fus fort surpris de la voir se laver.

— Je suis sur le point de me marier, dit-elle, il le faut.

Elle était anxieuse au sujet de Louise, et comme je ne voulais rien dire, elle m'affirma :

— Vous ne me reverrez jamais. Vous pouvez faire avec Louise ce que vous voudrez, je m'en moque, mais sûrement vous la jetterez à la rue.

Là-dessus elle remit avec soin son voile et me demanda de sortir le premier.

Par une sorte de perversion irraisonnée, c'était maintenant Camille que je désirais plutôt que Louise, mais je ne la revis plus, bien que j'eusse essayé de la rencontrer à deux ou trois reprises.

Je commençai alors à prendre ma liberté ; parfois je couchais avec Louise, mais elle me persécutait sans cesse avec sa grossesse et il lui fallait en outre une telle collection de jus de couilles que j'en étais rebuté.

Mon cousin Fred voulait m'emmener avec lui à Paris et Louise disait que c'était pour la quitter.

Un soir, après dîner, je me promenais avec elle. Nous rencontrâmes Fred qui se mit à dire, avec son intempérance habituelle de langage qu'un séjour aux Indes n'avait pas corrigée :

— Ah ! voilà la petite femme dont votre mère m'a parlé et qui vous tient si bien !

C'était la première fois que j'entendais parler des soupçons de ma mère.

Pendant près de six ans j'avais donné saccades sur saccades à toutes nos servantes, presque sous son nez, et elle n'en avait pas eu la moindre idée !

Je dis à Fred que j'avais eu Louise le premier et il me répliqua qu'il aimerait fort à battre des couilles contre son cul.

— Est-elle bonne fouteuse ? Où habite-t-elle ?

Je n'avais pas du tout envie que les couilles de

mon cousin vinssent battre contre le cul de Louise tant que les miennes feraient cette besogne. Je lui répondis :

— Est-ce que vous êtes amoureux d'elle ?

— Moi, pas du tout, mais qu'importe ? Les femmes blanches sont rares aux Indes, pourtant il y en avait une qui était le béguin de tout le régiment. Il n'y avait pas un officier qui ne la baisât et les autres n'y voyaient nul inconvénient, car plus un con est bourré, plus il est délicieux.

Je ne voyais pas les choses sous le même angle et je quittai mon cousin sans lui répondre.

Deux ou trois jours après, il me reparla d'elle et me dit qu'il savait où elle habitait. J'en fus ennuyé, sans réfléchir que s'il arrivait à ses fins, ce serait pour moi une excellente occasion de lâcher Louise.

J'essayai d'apprendre de Louise si elle savait où Camille passait ses journées, une nuit où nous étions au lit ensemble, en train de nous manipuler réciproquement les parties génitales. Elle me dit, sous la promesse formelle de garder le secret, qu'un vieil ami de Camille avait ouvert un magasin de gants et de dentelles avec de l'argent fourni par elle et qu'il était sur le point de l'épouser.

Dans la rue indiquée, je vis un petit magasin où se tenait un Français dont le visage ne me paraissait pas inconnu. Un soir, je vis Camille en sortir, soigneusement voilée.

Mme Boileau était muette comme une carpe : je ne pus rien tirer d'elle, bien qu'elle empochât mon argent. J'étais sûr que Camille allait chaque jour à ce magasin et que l'arrière-boutique lui servait à se faire labourer le con.

A force de parler de Louise avec Fred, je lui avouai un jour que je l'entretenais :

— Mais il y en a deux, dit-il, les entretenez-vous toutes les deux ?

— Oui.

— Vous êtes fou : vous ne pouvez être certain d'avoir pour vous tout seul le con d'une femme si vous n'êtes pas constamment avec elle ; et quand il y en a deux, vous pouvez être sûr qu'elles forment à elles deux une couple de putains. Je ne m'étonne plus que votre galette file si vite !

Un soir que nous nous promenions ensemble, nous entrâmes dans un magasin de cigares tenu par deux femmes. Fred se mit à plaisanter et à rire avec les deux filles, qui lui offrirent de passer dans l'arrière-magasin, où nous pourrions causer plus à l'aise en buvant des liqueurs.

Nous acceptâmes et alors l'une des filles demanda à mon cousin s'il n'aimerait pas se coucher un peu pour se reposer.

— Oui, fit-il, mais quand je me repose, j'ai besoin de quelque chose de chaud pour me réchauffer le ventre.

— Voulez-vous mon ventre pour réchauffer le vôtre ? dit la fille.

— Oui, mais il y a du monde.

— Oh ! ils peuvent attendre, et puis votre ami, qui paraît si tranquille, peut s'affiler la langue avec ma sœur !

Je n'avais, en effet, rien dit jusqu'ici. J'étais parfois timide au premier abord avec une femme, surtout quand j'avais affaire à une putain.

Nous dîmes, en plaisantant, que nous n'avions pas d'argent.

— Oh ! je ne vous demanderai en tout et pour tout qu'un souverain, dit-elle en riant, et celui que je déclarerai le meilleur fouteur me donnera un demi-souverain.

Ce fut convenu : je rentrai dans le magasin et laissai Fred avec la fille, mais j'étais si excité à l'idée de

ce qui se passait derrière le rideau, que, quand mon tour fut venu, je déchargeai presque aussitôt dans le vagin de la donzelle.

— Oh ! fit-elle, comme vous étiez pressé !

Ce fut mon cousin qui fut proclamé le meilleur fouteur.

Peu après, une nuit que j'étais couché avec Louise, je sentis un malaise à l'extrémité de ma verge. Je regardai et je m'aperçus que c'était indiscutablement un commencement de chaude-pisse.

Ce n'était pas Louise qui m'avait fait ce cadeau et grande fut sa surprise quand elle s'aperçut que je ne voulais plus la toucher. Elle crut que j'avais une autre amie, et pour me plaire elle se mit à prendre des attitudes tellement lubriques que je pus à peine m'empêcher de le lui mettre. Je la quittai en lui disant que j'étais malade.

J'étais excédé de sa lubricité, de la vulgarité de ses manières. J'avais beaucoup dépensé et maintenant que j'avais la chaude-pisse, je voulais me débarrasser d'elle. J'écrivis à Camille pour lui fixer un rendez-vous.

Elle vint et je lui expliquai que j'avais la chaude-pisse.

— Je pensais que c'était quelque chose de pire, fit-elle. Mais Louise, je peux en jurer, n'a jamais vu d'autre homme que vous. Vous pouvez la faire examiner par un médecin.

Elle ajouta que dans trois semaines elle se proposait de quitter l'Angleterre et qu'elle avait fait pour Louise tout ce qu'elle pouvait, qu'elle était arrivée à rétablir ses règles et me demandait si je voulais la renvoyer en France ou la voir devenir putain en Angleterre.

Je ne pouvais me faire à cette dernière idée, aussi je consentis à donner à Camille l'argent nécessaire

pour emmener sa sœur. Sur l'indication de Camille, j'écrivis à Louise que j'avais la chaude-pisse, que je craignais de la lui avoir donnée, qu'elle ne me le pardonnerait jamais et que je ne devais plus la revoir.

Je lui envoyai un chèque. Je partis pour Paris, mais ma maladie m'incommodait et je rentrai à Londres. Quand je me sentis mieux, je désirai revoir Louise, mais un soir je rencontrai une jolie femme dans la rue et l'accompagnai chez elle.

J'étais si impatient que je la poussai au bord du lit aussitôt que je fus dans sa chambre. Je lui tâtai le con et déchargeai dedans en moins d'une minute. Je ne lui avais même pas laissé le temps d'enlever son bonnet.

Cette décharge me fit mal. Mon docteur m'avait dit que je pouvais aller avec une femme sans crainte de la contaminer, mais qu'enfin il était préférable pour moi de m'abstenir.

La jeune femme se remit sur pied et enleva son bonnet pour voir s'il n'était pas froissé.

— Oh ! je veux vous avoir encore ! dis-je.

— Oui, mais laissez-moi me laver, vous avez tellement déchargé que ça me coule tout le long des cuisses.

Je la baisai une seconde fois, mais le matin suivant je m'aperçus que la maladie était revenue. Mon docteur me dit que c'était bien fait.

Très peu de temps après, j'appris que l'appartement de Camille était à louer, que le magasin était fermé et que les deux femmes étaient parties.

CHAPITRE 14

Ma chaude-pisse me causa un rétrécissement : je souffrais cruellement et je n'osais plus baiser, mais je me branlai une fois, ce qui détermina une nouvelle inflammation.

Cependant, mon état s'améliora. Mais j'avais néanmoins une goutte qui mouillait chaque jour le pan de ma chemise. Les docteurs me conseillèrent de changer d'air et je m'en fus chez ma tante, dans le Hampshire, où je pris des bains froids et fis tout ce qu'il fallait pour me guérir.

Il m'était formellement défendu par les médecins de toucher une femme.

J'obéissais, mais je ne faisais qu'y penser jour et nuit, et je déplorais le temps perdu. Je regardais mes cousines et ne pouvais m'empêcher de les désirer. Je pensais aussi à ma tante dont j'avais vu dans mon enfance, un jour qu'elle pissait, l'orifice aux lèvres épaisses et fermes, bordées de poils bruns, et je n'aurais pas hésité à en faire le réceptacle de mes plaisirs, à défaut d'autre con à ma portée.

Je regardais avidement les paysannes, vulgaires, mais vigoureuses et pleines de santé, et telle était mon envie que je les considérais comme des beautés.

Quand je me sentis tout à fait bien, j'allai dans les

champs pour tâcher de rencontrer une femme, jeune ou vieille, qui eût un con propre à me soulager.

Hélas ! le suintement revint et je dus retourner à la ville voir un médecin. Il me prévint de la nécessité de m'abstenir encore et je suivis ses avis. Ce n'est qu'au bout de deux semaines que je me sentis tout à fait guéri.

Quelques années avant j'avais connu une paysanne qui s'appelait Pender. C'était alors une jolie fille au gai visage et aux cheveux châtains. Elle devait avoir à cette époque environ dix-sept ans.

Pender était mariée depuis un an à un homme qui portait le même nom qu'elle. Elle avait maintenant vingt-trois ans. Elle était grande, bien bâtie et elle avait un cul qui aurait pu remplir un tub. Le travail au grand air l'avait brunie, mais elle avait néanmoins la peau très blanche et on pouvait dire que c'était une agréable et accorte paysanne.

Quand nos yeux se rencontraient, nous pensions tous les deux à nos jeux d'autrefois. Elle me saluait et rougissait; moi, je riais d'un rire polisson et j'attendais.

C'était le temps des foins. En flânant, je me rendis dans un pré qui se trouvait assez près des bâtiments de la ferme.

Je vis une meule de foin à moitié achevée avec une échelle appuyée contre; j'y montai sans penser à rien, et couché paresseusement sur le tas, je me mis à lire.

Le temps vint à se couvrir, le chef se mit à appeler ses hommes en disant :

— Hé là ! nous allons avoir de la pluie, cessez votre travail, mettez le foin en tas.

Hommes et femmes s'en furent au travail, Mme Pender aussi se disposait à y aller quand l'homme la rappela :

— Vous, vous avez mieux à faire à la laiterie; allez-vous-en, ce sera mieux.

La femme partit, se rapprocha de la meule, puis, sans se presser, elle s'accroupit confortablement et se mit à pisser.

J'étais à moitié englouti dans le foin et elle ne pouvait me voir. En voyant qu'elle pissait, je me soulevai un peu et je regardai. Naturellement, bien qu'elle se fût troussée jusqu'aux genoux, je ne pouvais pas voir l'orifice de la fontaine, mais je regardais avec délices le jet copieux qui jaillissait entre ses pieds.

Quand elle eut fini, elle fit avec ses vêtements le mouvement habituel aux femmes pour s'essuyer le con, mais à ce moment elle leva la tête et m'aperçut. Toute rougissante, elle voulut s'enfuir. Je me précipitai à bas de la meule et me trouvai à ses pieds. Les autres meules nous cachaient aux yeux de tous.

— Eh bien, ma chère, vous avez confortablement pissé ?

— Oh ! monsieur !

— Un baiser, en souvenir de notre vieille amitié ?

Et j'en pris un.

— Mais je suis mariée, fit-elle.

— Que m'importe, ce n'en est que meilleur. Il est moins mouillé, ce chéri, qu'il ne l'était quand j'y mis la main, il y a quelques années !

— Oh ! laissez donc, puisque je vous dis que je suis mariée !

Je me rapprochai d'elle, je la pressai, l'étreignis, lui donnai une poussée et elle tomba assise sur le foin, moitié riant, moitié fâchée. Alors je l'embrassai et je mis ma queue raide sous ses yeux. Je vis une paire de jambes massives, gainées dans des bas noirs, de grosses cuisses, un gros ventre et, au bas, une épaisse toison de poils bruns. Je tâtai la chair satinée, mis les doigts dans une fente chaude et humide, et l'instant d'après j'étais sur elle, j'étais en elle, je déchargeais en elle.

Je revins à moi et me dis qu'elle n'avait pas dû décharger, car je n'avais fait qu'une plongée ou deux avant d'émettre ma semence. Je me jetai de nouveau sur elle pour le lui remettre, mais elle trompa mon attente :

— Oh ! non, fit-elle, non, pour l'amour de Dieu ! Si mon mari nous surprenait, il nous tuerait !

Je brûlais de désir : il y avait plus de deux mois que je n'avais agrippé un derrière de femme, plus de deux mois que je n'avais déchargé dans un con ; aussi je la repoussai furieusement sur le foin, roulai sur elle et lui patinai le cul. Malgré cela, elle parvint à m'échapper en disant :

— Oh ! je vous en prie, ne venez pas avec moi, on pourrait nous voir ; je ne voudrais pas pour tout au monde qu'on nous surprît ensemble.

Une minute de réflexion me rendit plus sage : je remontai sur le tas de foin et vis au loin les hommes et les femmes qui travaillaient activement. Je me rendis dans la cour de la ferme et de là je m'en fus à l'étable et je trouvai Mme Pender en train de traire les vaches.

Je m'approchai d'elle et lui montrai ma pine en lui demandant de me laisser le lui faire encore. Je dis tous les mots cochons que je savais. Je relevai la queue de la vache et je lui jurai que si elle ne me laissait pas faire, j'allais mettre ma pine dans la vulve de l'animal !

Quelles absurdités peuvent passer dans la tête d'un homme en rut ! Mme Pender répliquait à tout cela :

— Il faut que je fasse mon ouvrage. J'ai peur, on peut nous voir, on peut nous surprendre.

Je tombai à genoux et, comme elle continuait de traire, je mis mes doigts sous ses jupons. Sa fente était toute mouillée du sperme que j'y avais laissé. J'attirai vers moi son visage pour l'embrasser, tandis qu'elle continuait à presser les pis de la vache.

Quand la vache fut tarie, elle prit le seau, traversa la cour et alla le vider. Elle revint ensuite, regarda dans toutes les directions, puis appela un nom auquel personne ne répondit. Tout le monde était aux foins et de larges gouttes de pluie commençaient à tomber.

— Venez à l'étable ! lui dis-je, et je la poussai dans cette direction.

Au bout de l'étable se trouvait une remise et un gros tas de paille. Je la conduisis vers ce tas où je la poussai doucement.

L'instant d'après j'étais en train de la foutre. Quelle fouterie ! Je m'en souviendrai jusqu'au dernier jour de ma vie. Ce fut délicieux : j'avais sous moi une paysanne solide, à la chair dure, au cul potelé, rude peut-être et insuffisamment soignée de sa personne, mais une femme dont les cuisses étaient blanches, dont le con était un étau, qui était en rut et possédait tout ce qu'il faut pour faire les délices d'un homme.

Pas une femme de la haute classe, habillée de soie et de dentelles, n'aurait pu mieux m'administrer une meilleure preuve de la vigueur de ses sentiments. Celle-ci me rendait coup pour coup. Son con me suçait la queue et nous déchargeâmes ensemble.

Je me soulevai un peu, mais sans déconner ; la paille froissée crissait sous nos efforts. Mme Pender gisait, inerte de jouissance. En revenant à elle, elle me dit :

— Pour l'amour de Dieu, laissez-moi aller maintenant, il faut que mon travail se fasse.

Elle s'en fut à l'étable, mit à terre son récipient, s'assit sur un tabouret bas et se mit à presser les mamelles d'une autre vache. Pour moi, je me tenais près d'elle, après avoir sorti de ma braguette toutes mes parties sexuelles.

Je brûlais du désir de lui voir les jambes et de lui

manier les tétons. Je voyais par la pensée son con qui déversait toute son humidité sur sa chemise, pendant qu'elle était assise sur le tabouret. Je voulais tout voir. J'avais cet irrésistible besoin de tout voir, de tout manier, qui s'empare d'un homme quand une femme a déjà répondu à ses premiers désirs.

La jeune femme pressait toujours les pis et suppliait :

— Oh ! je vous en prie, allez-vous-en : je ne veux plus. Dites, j'ai fait ce que vous avez voulu... Oh ! qu'est-ce qu'on dirait si on nous voyait ensemble ?... Ne causez pas d'ennuis à une pauvre femme comme moi. Il faut que la traite se fasse... Si ce n'est pas fait, qu'est-ce que je pourrai répondre ?...

— Mais, fis-je, après avoir gardé le silence un instant, personne ne viendra avant qu'ils aient amoncelé tout le foin.

— Si, fit-elle, ce sera très long, et certainement il viendra quelqu'un pour chercher de la bière et il traversera la cour. Partez, pour l'amour de Dieu !

Je sortis dans la cour et vis, en effet, un homme venant vers la ferme ; je me dissimulai derrière les tas de foin et rentrai chez ma tante.

Seules les servantes étaient à la maison, ma tante et mes cousines étant allées à la prière. Bientôt un homme apparut avec deux cruches à la main : c'était le mari de Pender ; il s'éloigna peu après avec ses cruches remplies.

Dès qu'il fut hors de vue, je repris le chemin de l'étable.

— Il est parti, dis-je à la jeune femme.

— Oh ! que j'ai eu peur ! dit-elle.

Je ne lui dis pas que c'était son mari : elle était toujours occupée après les mamelles de ses vaches.

Je ne voulais plus être repoussé et je recommençai l'attaque.

Elle refusait, suppliait, puis elle me promit de se laisser faire si je voulais lui permettre d'emporter le lait à la laiterie.

Je le lui permis. Elle stationna quelques minutes, puis revint vers moi en regardant de tous côtés avec précaution. Avant d'entrer dans l'étable, elle appela un nom auquel personne ne répondit.

La minute d'après nous étions sur la paille et j'avais ma main entre ses cuisses.

— Oh ! chérie, fis-je en la touchant, vous vous êtes lavé le con !

— Oui, je me suis lavée dans la laiterie.

Je lui agrippai la vulve et lui chatouillai le clitoris, puis je me baissai et lui mis ma bouche sur le bas-ventre, mes lèvres un peu en dehors du con. Lavé de frais, il avait une odeur exquise qui m'excita ; mon membre s'y engloutit une fois de plus et quand elle fut bien spermatisée, la jeune femme s'en retourna à ses vaches.

Ce travail fini, elle me dit :

— Il faut maintenant que j'aille au foin.

Je ne voulus pas la laisser aller et lui dis que je la suivrais à ce travail si elle ne revenait pas me trouver.

— Oh ! soupira-t-elle, qu'est-ce que j'ai fait ? Il faut que je sois folle !

Elle partit porter son lait à la laiterie et j'attendis son retour. Je considérai ma queue avec une satisfaction intense, car toute trace d'écoulement avait définitivement disparu.

Pendant la période qui venait de s'écouler, je n'avais pour ainsi dire connu que des putains. Avec Mme Pender, c'était comme un retour vers les temps anciens.

C'était délicieux d'avoir une femme qui montrait dans l'action un plaisir réel, qui frissonnait de volupté

et me serrait la pine comme dans un étau. En outre, j'y trouvais le piment de l'adultère. Je riais en moi-même à l'idée que la pine du mari allait pénétrer dans ce con où la mienne avait pénétré trois fois : aussi ma pique à cette idée se redressait, retombait, puis se redressait à nouveau. Je me sentais sûr qu'au moindre contact de la vulve, elle serait encore en mesure de faire son devoir.

Oh ! l'enfoncer encore une fois en elle, sentir les lèvres du con se crisper tout autour, lui empoigner les fesses à pleines mains ! Quelle perspective ! J'étais sûr de pouvoir la baiser encore avant que les foins fussent rentrés.

Telles étaient mes pensées, tandis que je me caressais doucement le membre et que je regardais au-dehors par une fente de la porte.

Mme Pender revint. Je l'emmenai à nouveau dans la grange. Là, il faisait plus sombre et elle me laissa faire tout ce que je voulais. Oh ! cette volupté de retrousser les jupons d'une femme et de contempler les trésors qu'ils sont chargés de voiler !

Je vis avec ravissement une motte potelée, recouverte d'une profusion de poils bruns. J'admirai des fesses énormes et satinées, un ventre blanc comme du lait, des cuisses massives et rondes dont une duchesse aurait pu à bon droit s'enorgueillir. J'embrassai le con, faisant courir ma bouche sur les lèvres grassouillettes, et ensuite, depuis le nombril jusqu'au trou du cul. Je possédais pleinement, des yeux, du nez, de la bouche et des mains, un adorable cul de femme et je le mettais dans les positions les plus propres à m'en révéler tous les aspects.

Je la baisai enfin. Ce coït silencieux dura longtemps et nous énerva. Ma queue, après la décharge, s'attarda encore dans le con de la jeune femme et,

tout en tenant mes lèvres collées sur sa bouche rose, je lui dis :

— Vous aurez un bébé dans neuf mois !

C'est ce qui devait arriver.

Après un dernier baiser, nous nous séparâmes.

CHAPITRE 15

C'est à peine si je pus dormir cette nuit-là. Mme Pender me semblait la plus délicieuse des femmes que j'eusse jamais fourgonnées. Mais qu'allait-il arriver si l'excitation avait ramené la chaude-pisse et si je la lui avais communiquée ?

Quand je m'éveillai, je m'examinai la queue. A ma grande joie, elle était aussi sèche qu'un os. L'instant d'après, j'étais en pleine érection en songeant aux charmes de Mme Pender.

C'était un matin délicieux. Tous les gens de la ferme étaient dehors pour étendre le foin qui avait été amoncelé la veille. Mme Pender seule avait été retenue à la ferme par ses travaux de laitière.

Je la surpris à l'étable, à son grand étonnement, car il n'était pas plus de six heures. Je me précipitai sur elle et l'embrassai avec vigueur. Elle repoussa mes mains errantes :

— Oh ! ici, non, non, plus jamais. Madame va venir... non ! plus jamais ! Je suis mariée... Oh ! je vous en prie... Il ne faut pas !...

Je la poussai contre un mur. Ma main était aux lèvres veloutées de son con, ma bouche pressait la sienne... Comment eût-elle pu résister ? A dix pas il y avait l'étable et le monceau de paille...

Ah ! quels coups de couilles je donnai sur son cul, tandis que le soleil d'été envoyait sur nous ses rayons matinaux !

Elle se remit à traire avec le con plein de mon essence.

— Ils sont tous aux foins, finit-elle par dire, mais madame vient de bonne heure tous les matins à la laiterie ; elle ne sera pas là avant une heure, mais si elle y était, qu'est-ce que je ferais ? Et puis mon mari va revenir ; il doit emporter le déjeuner au pré afin de gagner du temps s'il venait à pleuvoir encore. Oh ! je vous en prie, partez !...

Je traversai la cour de la ferme, contournai le rideau d'arbres qui ceinturait le Hall et la ferme, de sorte que je paraissais entrer du côté opposé à celui où se trouvait Mme Pender, en train de traire les vaches.

— Est-ce que ma tante est levée ? demandai-je à la servante.

— Non, monsieur, elle ne descendra pas avant sept heures pour aller à la laiterie.

Je pris un livre et m'assis jusqu'à ce que la servante eût disparu, puis, courant par le sentier, je fus en deux minutes à la cour de la ferme. Mme Pender était dans la laiterie. Toute résistance de sa part fut inutile : je lui collai le derrière contre le mur et je l'enfilai... Je revins au plus court à la maison et me remis à lire. Bientôt ma tante apparut.

— Oh ! oh ! qu'est-ce qui se passe ? Comment ? Déjà levé !

— Je ne pouvais pas dormir... Bonjour, chère tante.

— Bonjour, Walter... A la bonne heure ! Cela vous fera beaucoup de bien de vous lever tôt tous les jours. Venez avec moi à la laiterie.

En cinq minutes nous y fûmes. Seigneur ! quelle

contenance eut cette pauvre Mme Pender quand elle nous vit tous les deux ensemble !

Elle attendait debout, tandis que ma tante, le binocle aux yeux, regardait les pots de crème, posait des questions sur les vaches, sur le lait, etc. Je regardais aussi, comme si j'étais profondément intéressé à la chose, et je pinçais le cul de Mme Pender quand elle se tenait devant ma tante.

— Oh ! comme vous êtes rouge ! lui dit ma tante en la regardant.

— Oui, il fait si chaud ! répliqua-t-elle.

Après le déjeuner, j'eus le plaisir de voir mes cousines, ma tante et deux des servantes, toutes coiffées d'un large chapeau de grosse paille, s'en aller vers la prairie. Pour elles, c'était une joyeuse distraction.

Je promis de les rejoindre et, aussitôt qu'elles furent hors de vue, je me dirigeai du côté de Mme Pender. Je flânai un instant dans la cour de la ferme pour m'assurer qu'elle était seule et je la trouvai en train de battre le beurre.

L'étable nous apparut encore comme la meilleure place pour nos jeux. Nous nous y rendîmes et, comme il faisait un jour merveilleux, je vis mieux dans tous ses détails le magnifique bijou enclos entre les blanches cuisses de Mme Pender. Je le vis avec tous ses accessoires, tel que le peut montrer la femme la plus complaisante. Je lui payai un nouveau tribut et m'en fus rejoindre ma tante, comme je l'avais promis.

J'en eus bientôt assez de la fenaison ; aussi je me mis à l'ombre et regardai les gens travailler, plus particulièrement les femmes. Tandis qu'elles s'affairaient, actives, des pensées lubriques occupaient mon esprit. Une femme surtout, forte et vigoureuse, attira mon attention par ses magnifiques dents blanches.

Comme toutes les autres, elle avait des jupons

courts qui laissaient voir ses jambes et je me sentis bander. Je la regardais avec tant d'attention, quand elle s'approchait de mon côté, qu'elle ne pouvait pas manquer de s'en apercevoir.

— Il fait chaud, lui dis-je aimablement.

— Oh ! oui, monsieur !

Elle se baissa, le derrière tourné de mon côté, et ses jupons, en se relevant, me permirent de lui voir les jambes jusqu'aux genoux. Et je pensais :

« Oh ! qu'est-ce que je donnerais pour être sous ses jupes, tout près de ses fesses ! »

Linge douteux, vêtements négligés, chair en sueur et odorante, tout cela ne me rebutait pas. C'était une femme, elle avait un cul, et, comme elle le tenait en l'air, un renfoncement entre les deux éminences désignait l'orifice anal au-dessous duquel deux lèvres accolées formaient un con.

Je changeai de place pour me rapprocher, car les faneuses, travaillant en rang, s'étaient éloignées de l'endroit où je reposais. Je m'étendis à cette nouvelle place en lisant un journal avec lequel je cachais mes parties sexuelles. Finalement, je sortis de ma braguette ma queue qui était très raide, et quand la faneuse se fut rapprochée, je lui parlai de nouveau.

Elle s'arrêta, les autres continuèrent, et, comme elles tournaient le dos, je soulevai mon journal. Ma queue se dressait rigide, la tête rouge comme un bigarreau.

La femme la regarda, mit une main à sa bouche, comme si elle eût voulu retenir son rire, puis se retourna et rejoignit les autres faneuses.

Quand son travail la ramena près de moi, je vis ses blanches dents qui souriaient et ses grands yeux bleus fixés sur moi. Les autres femmes firent demi-tour, mais elle s'arrêta un instant. Alors je levai de nouveau le journal et elle contempla une seconde fois mon joujou pendant une ou deux secondes.

Ensuite, elle s'éloigna ; je la vis parler avec la femme qui se trouvait en face d'elle et qui se mit à regarder de mon côté. Je crus qu'elle avait raconté l'aventure, et, de dépit, je quittai la prairie.

Au cours de l'après-midi, il y eut beaucoup de monde à la ferme et je n'avais aucune chance d'avoir Mme Pender.

Après dîner, je m'en allai par le sentier qui conduisait à la maison de Mme Pender ; il faisait déjà nuit ; des faneuses passèrent qui me saluèrent lorsqu'elles m'eurent reconnu. Je pensais à Mme Dents-Blanches, mais je ne la vis pas avec elles. Je dépassai le cottage de Mme Pender et continuai mon chemin ; je languissais de désir. J'entendis des pas derrière moi. C'était la femme aux dents blanches.

— Bonne nuit, madame.

— Bonne nuit, monsieur.

— Venez ici, dites.

Elle s'approcha, je lui mis un bras autour de la taille et l'attirai contre une barrière.

— Venez dans le champ avec moi, je vous donnerai cinq shillings.

Elle eut une légère hésitation ; ses jolies dents blanches se montrèrent dans un sourire.

— Oh ! je n'ose pas !

Mais, tandis qu'elle parlait, je l'avais déjà appuyée contre la barrière et ma main était sur sa vulve.

— Oh ! non, mon mari va m'attendre... Je ne peux pas ! Non, non... quelqu'un peut passer !

Je mis une main sur le loquet, la barrière s'ouvrit ; nous étions dans le champ et je refermai d'une poussée. Je conduisis la femme jusqu'au coin d'une haie. Elle ne faisait pas de résistance. Une minute après, nous étions enfouis dans l'herbe épaisse et mon joujou se trouvait englouti dans son vagin. Nous n'avions pour ainsi dire pas parlé. Autour de nous, tout était silencieux.

Combien délicieux sont ces coups tirés au hasard d'une bonne fortune ! Mon membre viril, qui n'avait pas été lavé depuis qu'il avait quitté le con de Mme Pender, se trouvait maintenant enfoui jusqu'aux racines dans le con d'une femme inconnue !

Pas un mot n'avait été prononcé depuis notre entrée dans le champ. La copulation se faisait en silence. Je déchargeai. Ma queue acheva de se dégorger sans déconner. Je fis un mouvement comme pour me retirer, mais la jeune femme me serra avec force. Elle souleva son cul et fit faire à son con une constriction irrésistible en murmurant :

— Oh ! encore !

Je pouvais voir les jolies dents blanches, mais d'une façon indistincte... J'aurais voulu, mais je sentais que je ne pouvais pas et j'avouai :

— Oh ! je ne peux pas : j'ai fait ça toute la journée !

— Ah ! vous avez eu une autre femme... Si j'avais su, vous ne m'auriez pas eue !

Et, d'une secousse, elle me fit déconner.

— Mais non, répliquai-je. C'est une plaisanterie.

Elle se souleva un peu, comme pour me regarder en face, mais il faisait trop noir.

— Aussi, ça m'étonnait, fit-elle.

Alors, elle prit en main ma queue et se remit sur le dos. Je vis dans le noir un large étalage de cuisses et de ventre.

— Laissez-moi toucher... Laissez-moi voir...

En un clin d'œil, ses cuisses furent grandes ouvertes. Je touchai un ventre large, doux et frais, une toison épaisse et crépue ; mes doigts se mouvaient aisément dans la cage d'amour abondamment lubrifiée et graissée, mais je ne pouvais voir l'ouverture.

— Chut ! fit-elle tout à coup, on entend des pas !

Nous restâmes silencieux sur l'herbe... Les pas se rapprochèrent, nous dépassèrent, puis s'éteignirent dans le lointain.

Elle ne m'avait pas lâché la queue, et bientôt nos deux ventres furent en contact. Quand ce fut fini, elle me dit :

— Il faut que je m'en aille. Restez ici jusqu'à ce que vous n'entendiez plus mes pas. Il ne faut pas qu'on nous aperçoive ! Mon mari est au *Lion*, mais je vais m'en aller tout droit chez nous.

— Peut-être ne sera-t-il pas encore arrivé ?

— Lui ! oh, non ! ils aiment tous à rester à l'auberge quand ils ont travaillé tard.

Et Mme Dents-Blanches s'en fut.

Je la suivis dans l'intention de faire un tour pour me retrouver en face du Hall. En passant devant la maison de Mme Pender, je vis, à mon étonnement, que celle-ci se tenait sur le pas de sa porte. Je me dirigeai de son côté.

— Oh ! fit-elle, c'est vous ! Mon mari va rentrer tout à l'heure, je l'attends d'une minute à l'autre.

Elle pouvait entendre ses pas à un mille de distance, mais elle ne voulut pas me laisser entrer chez elle.

Face à la maison se trouvait aussi la barrière d'un champ. Je lui persuadai de sortir et d'y venir avec moi ; la haie cachait tout ce qui pouvait venir par le sentier.

— Au premier bruit de pas, lui dis-je, j'entrerai dans le champ et vous n'aurez qu'à traverser pour rentrer chez vous !

Je désirais encore la femme, mais je m'imaginai mal ce que je pourrais faire après cette journée de copulation incessante. L'idée de fourrer ma pine encore toute mouillée du jus de Mme Dents-Blanches dans la vulve de Mme Pender me stimulait. Je ban-

dais. A cette heureuse époque, quand ma queue se redressait, j'étais sûr qu'elle pouvait remplir son devoir.

J'étreignis Mme Pender dans mes bras en lui chuchotant des mots d'amour ; je la branlai, et le plaisir la mit bientôt hors d'elle-même. Finalement, ma pine s'enfonça dans son vagin et accomplit son œuvre, après que j'eus limé environ un quart d'heure.

Trois jours avaient suffi pour produire en moi un grand changement. Mon abstinence prolongée des femmes, ma guérison, la nourriture réconfortante que je prenais, le bon vin, ma nouvelle manière de vivre, avaient ranimé au plus haut point mes forces physiques.

Ma queue s'érigeait du matin au soir. Pas une femme ne passait sous mes yeux, jeune ou vieille, sans que je la désirasse.

Un ou deux jours après ces aventures, dans l'après-midi, j'espérais avoir quelque chance de trouver Mme Pender et, sans savoir pourquoi, je me dirigeai du côté de la grange où je l'avais eue déjà. Je n'y étais pas depuis une minute que j'entendis un cri étouffé, puis le bruit d'un baiser.

— Non, pas maintenant ! Quel sale gamin ! disait une voix féminine.

Un autre baiser, un autre cri.

— Il faut que je rentre à la maison, disait la femme.

Je guettai : c'était une bonne d'enfant et le groom de ma tante. La fille s'esquiva sans m'avoir vu.

Ce groom, que ma tante avait pris chez elle quand il était encore tout petit, avait grandi depuis peu très rapidement. C'était maintenant un fort garçon, lourd et stupide, âgé de quinze ou seize ans, et trop fort pour son emploi. Ma tante avait toujours l'intention de le renvoyer. Elle ne l'avait gardé jusqu'ici que par bonté, mais elle avait fini par dire :

— Il faut que le groom s'en aille, je ne le remplacerai pas et ce sera une économie.

Ce garçon avait l'air stupide comme une oie. Je ne me figurais pas que l'idée d'un con lui fût jamais entrée dans la tête.

Quand il fut seul, il se mit une minute à réfléchir, puis il déboutonna son pantalon et en extirpa sa queue raide et grosse. Après avoir refoulé son prépuce à deux ou trois reprises, il se reboutonna... Il s'assit sur la paille, réfléchit un instant, puis, se déboutonnant à nouveau, il se mit à se branler. Il regarda le sperme jaillir, puis il s'essuya les doigts avec de la paille et, soulagé, il quitta la place.

J'étais étonné de la vigueur de son érection, de la taille de son joujou et de la quantité de foutre qu'il avait éjaculée. Tout de même, ce petit vaurien, faire pareille chose! J'oubliais ce que j'avais fait moi-même quand je n'étais guère plus âgé.

— Holà! qu'est-ce que vous faites ici?

C'était Mme Pender... Le gamin ne répondit pas.

— Vous feriez beaucoup mieux d'aller au Hall, il n'y a rien ici à faire pour vous.

— Je cherchais la bonne, fit-il.

— En vérité, qu'est-ce qu'elle viendrait faire ici?... Allons, ouste!... On va bientôt sonner après vous!...

Quand les voix se furent tues, je descendis et retournai au Hall.

LIVRE TROISIÈME

CHAPITRE 16

Arrivé à la maison, je sonnai pour avoir n'importe quoi : c'était simplement un prétexte pour avoir une femme près de moi ; il en vint une sous la forme d'une servante aussi laide que le péché.

Quand elle fut sortie, je mis ma queue à l'air et songeai un instant à imiter le groom, mais je m'arrêtai à temps. De ma fenêtre, je vis une bonne qui promenait un enfant et je rôdai de son côté pour la rencontrer.

Cet enfant, qui avait alors environ quatre ans, était le fils d'une de mes cousines qui avait suivi son mari aux Indes en laissant son fils à la garde de ma tante.

La bonne était une petite femme assez insignifiante que je n'avais pas remarquée jusqu'à ce jour.

Je parlai à l'enfant et jouai avec lui ; ensuite, je demandai à la bonne si elle n'aimerait pas avoir un enfant et si elle voudrait que j'en fusse le père. Je dis aussi :

— Vous aimeriez mieux que ce soit Robert, dites ?

Elle rougit, parut confuse, puis, comme si elle ne se souvenait pas, elle dit :

— Robert ! Quel Robert ?

— Le gros Robert, le groom.

— Pffut !... Ce gros gamin !

Elle prit l'enfant et s'éloigna. Je la suivis. Elle entra dans une sorte de kiosque qui formait un abri assez vaste et se composait de ruines artificielles. Elle s'y assit.

Je vis quel paravent l'enfant était pour moi et j'entrai aussi dans la grotte. Elle le tenait sur ses genoux. Au bout d'un instant, il dit :

— J'ai besoin de faire pipi.

— Chut ! nous allons aller nous promener.

— Je veux faire pipi.

Il glissa de ses genoux, s'éloigna un peu, puis, se retournant, il sortit sa petite queue et pissa juste en face de nous.

— Oh ! le vilain petit garçon ! dit-elle.

— Quelle petite queue il a ! fis-je à mon tour.

Elle saisit l'enfant, s'en alla vers la maison, et ce fut tout pour ce jour-là.

Je rôdai de la prairie à la cour de la ferme. Je vis Mme Pender fort affairée et cherchai Mme Dents-Blanches, mais sans succès.

Le soir, je pus joindre la bonne et je lui chuchotai à l'oreille :

— Je veux coucher avec vous cette nuit !

— Ce n'est pas possible... M. Joey couche dans ma chambre !

J'étais en rut, je me mis au lit ; j'avais été sur le point de décharger dans mon pantalon en regardant au salon la blanche nuque de mes cousines.

Durant toute la nuit, je pensais au con, au con, toujours au con. Je ne voulais pas me branler. Je m'endormis, mais bientôt je m'éveillai avec la pine toujours plus raide et je dus me branler pour obtenir le repos.

Le lendemain, je me mis à surveiller le groom Robert. Je m'aperçus bientôt qu'il serrait de près la jeune bonne. Je le découvris en train de l'embrasser

et de lui mettre la main au bas du ventre, par-dessus les vêtements.

Elle m'aperçut et lui donna un violent coup sur la tête pour le faire finir. Comme je la plaisantais à ce sujet, elle finit par me répondre :

— Un gamin pareil ! Ah, non ! Je suppose, monsieur, que vous ne parlez pas sérieusement.

Plusieurs jours passèrent... J'étais toujours en chasse dans l'espoir d'avoir Pender, Dents-Blanches ou la jeune bonne. Mon goût, à cette époque, se portait sur les femmes bien formées, larges du cul et grosses des cuisses, pourvues d'un con bien saillant et abondamment poilu. Ce que j'aimais, c'est que ma queue eût un large espace pour se gonfler à l'aise. Un con étroit n'avait pas d'attrait pour moi.

Mon heureux destin finit par reprendre le dessus. Je me rendis un matin avec ma tante à la laiterie. Tandis qu'elle partait, il me vint une idée. Je n'irais pas déjeuner et quand Mme Pender reviendrait de porter son lait au Hall, je l'entraînerais dans les cabinets où nous serions tranquilles.

C'est ce que je fis. Quand elle passa, je l'appelai doucement.

— Venez ici !

— Non !

Mais déjà je l'avais prise.

— Oh ! non, je vous en prie, si quelqu'un vient !

— Il ne viendra personne, vous le savez bien.

— Oh ! non... peut-être y a-t-il quelqu'un ?

— Mais non, tout le monde est en train de déjeuner.

— Je ne sais pas où est mon mari.

Je l'avais fait sortir du sentier et l'avais attirée tout doucement dans la cabane où se trouvaient les cabinets. Mme Pender était en chaleur. Je l'adossai contre le mur, après avoir verrouillé la porte.

— Oh ! que j'ai peur ! fit-elle. Oh ! si on nous trouvait !

Elle était hors d'elle et indécise. Mais que peut faire une femme qui sent sur son ventre le membre chaud d'un homme dont les mains lui chatouillent le clitoris ?

Aussi, bientôt étions-nous en train de décharger ensemble.

J'avais la tête sur son épaule, ma pine achevait de lui dégorger dans le con ses dernières gouttes de sperme, quand elle m'étreignit tout d'un coup avec un sentiment de terreur sur ses traits.

— C'est lui ! C'est lui !... Oh ! mon Dieu !

On entendait dans le sentier le pas lourd d'un homme.

— Oh ! mon Dieu ! C'est lui, je reconnais son pas.

Ma pine s'affala. Les jupes retombèrent. Nous nous tînmes immobiles contre le mur... Les pas s'approchèrent dans le sentier, puis dépassèrent la porte et bientôt s'évanouirent. Je regardai par les petits carreaux de la fenêtre en soulevant doucement le rideau rouge et je vis le chapeau de son mari.

La jeune femme s'était assise sur le siège du privé et restait la tête plongée dans ses deux mains.

— Mon Dieu, disait-elle, que serait-il arrivé si mon mari m'avait trouvée ici ? Mais que fait-il dans ce sentier ? Il n'a rien à faire par là !

Quelques secondes après, je m'esquivai dans la direction qu'elle m'avait indiquée. Quant à elle, elle retourna à son cottage où elle retrouva son mari ; ils déjeunèrent ensemble et le vieux ne soupçonna certes pas qu'en face de lui le con de sa jeune femme était tout plein de mon sperme.

Je m'en fus déjeuner. Ma tante était ennuyée de me voir si en retard. Une de mes cousines, jolie fille, qu'on aurait désiré me voir épouser, m'apporta le thé. Tandis qu'elle me servait, je pensais :

« Ah ! chère petite, si vous saviez où se trouvait ma pine il y a quelques minutes, vous seriez bien étonnée ! »

Un peu avant midi, je rencontrai Mme Dents-Blanches, qui portait un panier au bras. Elle me sourit ; je la suivis jusqu'à la mémorable barrière où elle s'arrêta.

— Venez dans le champ, lui dis-je.

— Je ne peux pas, j'emporte le dîner de mon homme et il y a d'autres femmes qui passent par ici.

— Je vous dois déjà cinq shillings, je vous en donnerai dix, venez !

— Je n'ai pas besoin de votre argent.

— Venez pour l'amour, alors.

— Oui, mais faisons vite...

Elle me suivit, tout en regardant avec précaution les alentours. Nous passâmes par la barrière et nous allâmes retrouver notre place. Mais, cette fois, c'était en plein jour et cette place me paraissait dangereusement rapprochée du sentier.

La jeune femme posa à terre son panier et, tout de suite, je me mis à trousser ses jupes et je vis le con bien garni de poils noirs. Je l'enfilai rapidement, sans tâtonnement, sans pelotage ni branlage, et je lui donnai dix shillings.

— Donnez-les-moi en monnaie, dit-elle ; on pourrait s'étonner dans le village que je sois obligée de changer cette pièce d'or.

Je repris la pièce et lui donnai toute la monnaie d'argent que je possédais, ce qui ne faisait pas tout à fait le compte. Elle promit de me retrouver le soir, à moins que son mari ne se trouvât à travailler avec elle dans le même champ.

Après le déjeuner, je revis la jeune bonne avec l'enfant. Elle jouait à courir avec lui et ses jupes se retroussaient jusqu'aux genoux. Elle n'y prenait pas garde, parce qu'elle se croyait seule avec le petit.

Je guettai à travers le fourré, espérant voir plus haut, mais sans succès.

Le petit eut besoin de pisser : elle l'aida et lui tint sa petite bibite. Tandis qu'elle était occupée à cette action intéressante, je m'avançai et, en me voyant, elle remit en ordre les vêtements de l'enfant.

Je me mis à marcher à ses côtés.

— Vous aimez à tenir ça en main, dites ? Laissez-moi coucher avec vous !

Elle se mit à rire et, me montrant le gamin, elle répondit :

— Voilà mon compagnon de lit !

Elle rentra sur ces mots à la maison, tandis que moi, naturellement, je prenais la direction opposée.

Le soir se passa sans que je pusse voir ni Mme Pender, ni Mme Dents-Blanches. Je me mis au lit. Vers le milieu de la nuit, je fus obligé d'aller au water-closet et, pendant que j'étais assis là, je pensais à la bonne et me rappelai que ma tante avait pris avec elle, cette nuit-là, le petit Joey, qui se trouvait un peu souffrant le soir.

« Au fait, pensais-je, elle doit être seule, la bonniche, et elle m'a l'air d'avoir le cul chaud... »

Ma queue se redressa aussitôt et les chevilles fines de la jeune fille repassèrent devant mes yeux. Tout en bandant, je m'en retournai vers ma chambre, mais je devais, pour cela, passer devant sa porte... J'entendis remuer à l'intérieur et cela me décida. Je tournai le bouton doucement et poussai la porte. Elle s'ouvrit et un spectacle inattendu vint frapper mes yeux.

La jeune bonne était allongée sur son lit, appuyée sur le coude. Elle était en chemise et tenait les jambes mi-relevées et écartées ; je la vis de dos lorsque j'entrai.

Près du lit se tenait le groom Robert, la culotte ouverte. A la façon dont elle était couchée, elle

devait, avec sa main libre, ou le branler, ou lui peloter la queue ; la main du groom était entre les genoux de la jeune fille, soit sur le con, soit en train d'essayer de l'atteindre. Ils étaient tous deux en train de savourer le plaisir d'une mutuelle investigation.

J'étais presque arrivé près d'eux sans qu'ils m'eussent aperçu, tellement ils étaient adonnés à leur plaisir réciproque. Tout à coup, elle me vit :

— Oh ! mon Dieu ! Je suis perdue. Allez-vous-en... Oh ! monsieur... Qu'est-ce qu'il y a ?... Que venez-vous faire ici ?..

Sans un mot, le groom s'en fut, relevant son pantalon qui lui tombait sur les fesses. La jeune fille se tourna sur le côté, sans essayer de cacher ses jambes ni sa poitrine, et elle se mit à pleurer en se voilant la figure.

— Oh ! qu'est-ce que je vais faire ?... Qu'est-ce que je vais faire ?... Allez-vous-en, monsieur !... Allez... Je ne sais pas ce qu'il faisait là !...

Je ne disais pas un mot, mais je m'en fus verrouiller la porte par laquelle le groom était sorti, ainsi que celle par où j'étais entré.

— Et maintenant, ma chérie, soyez tranquille, lui dis-je, ne faites pas la folle. Je vais vous foutre... Mais arrangeons-nous pour cela d'une façon confortable.

Elle refusait :

— Oh ! Robert vous a bien foutue !

— Non, il ne l'a pas fait.

— Vous étiez en train de le branler ?

— Non... Ce n'est pas vrai... Je ne sais pas ce que vous voulez dire...

— Oh ! chérie ! Oh ! chérie ! disais-je en la caressant.

— Oh ! vous ne le direz pas, monsieur, n'est-ce pas ? Et puis ce serait encore pire pour vous que pour moi si vous le disiez.

— Je ne dirai rien si vous me laissez faire. Soyez mignonne : je veux vous avoir ! S'il y a du bruit, je dirai que je vous ai trouvée avec Robert et vous serez mise à la porte sans tambour ni trompette. Qu'on pense de moi ce qu'on voudra, je m'en moque absolument. Je quitterai la maison et, dans quelques mois, tout sera oublié ; mais vous aurez perdu votre honorabilité : vous avez été vue dans la grange avec Robert...

— Quelle histoire ! fit-elle en tressaillant. Qui m'a vue ?

Et elle recommença à pleurer.

Sans plus de discours, je quittai ma robe de chambre et, me rapprochant d'elle, je troussai sa chemise. Ma main, en un instant, fut sur son con ; avec ses cuisses minces, elle essayait de m'en empêcher, mais elle ne disait plus mot.

— Oh ! je vous veux ! dis-je en m'étendant sur elle, et, avec mes genoux, je la forçai à ouvrir les siens ; sa résistance se faisait moindre.

— Oh ! dit-elle, je ne puis pas me défendre : vous êtes un polisson... Oh ! non ! dites... Oh ! ne me faites pas de mal.

— Bêtises, tout cela, vous avez déjà eu une pine là-dedans, voyons !...

— Non, jamais, jamais un homme ne m'a touchée.

— Laissez-moi tâter, alors.

Ses cuisses s'ouvrirent légèrement : je pus glisser un doigt sur la fente.

— Oh ! quel petit con vous avez !

— Soyez gentil ! fit-elle.

Finalement, mon ventre rencontra le sien, ma main entoura son petit cul et ma pine fut en contact avec sa fente.

Je poussai : ma queue ne pénétra pas, comme je m'y attendais. Je me sentais arrêté et je voulus pousser plus fort : la jeune fille jeta un cri étouffé.

— Oh ! quel petit con vous avez !

Je poussai plus fort, elle étouffa une plainte et dit doucement :

— Oh ! que vous me faites mal !

Mais je poussai plus vigoureusement encore et me logeai tout entier jusqu'aux couilles dans ce vagin récalcitrant ; j'achevai l'œuvre d'une façon triomphale ; je l'avais possédée en dépit d'elle-même.

J'extirpai ma pine et me mis sur les genoux pour examiner l'aspect que présentait le con. La jeune fille ne referma pas les jambes. A la lumière d'une petite chandelle, je pus voir qu'elle n'avait pas plus de poil sur le con qu'une jeune fille de seize ans.

Je me mis à lui parler, puis, voyant des taches sur ma chemise, je lui dis :

— Tiens, vous êtes indisposée ?

— Moi ? pas du tout.

— Mais je vous ai fait saigner.

— Oui, vous m'avez fait beaucoup de mal, vous êtes méchant.

— Oh ! là là ! à vous entendre, on jurerait que vous n'avez jamais eu d'homme avant moi.

— Pensez ce que vous voulez, mais c'est la vérité. Et maintenant, allez-vous-en !

L'étroitesse de son con, l'aisance avec laquelle j'avais pu l'examiner, sa soumission à tous mes désirs, tout cela me remplissait d'étonnement, je la foutis à nouveau et trouvai son con toujours très étroit.

Avant de partir, nous convînmes de garder le silence et de dire à Robert qu'il devait tenir sa langue s'il ne voulait pas être mis à la porte sans certificat.

Je dormis quelques instants, puis me réveillai avec une érection terrible. De nouveau, je me glissai vers la porte de la jeune fille et je frappai doucement. J'entendis une voix à moitié endormie qui disait :

— Oui, madame !

Et la porte s'ouvrit. Malgré sa résistance, j'entraînai la jeune fille sur le lit et l'enfilai de nouveau. Elle déchargea et nous nous endormîmes tous les deux ensemble.

Une violente poussée me réveilla, on avait frappé à la porte :

— Mon Dieu, c'est madame !

Nous étions dans l'obscurité. Prenant sur la chaise ma robe de chambre, je me faufilai sous le lit, oubliant la porte par laquelle j'aurais pu m'échapper.

— Laissez-la entrer, murmurai-je.

Toute tremblante, elle ouvrit. C'était ma tante.

— Tenez, dit-elle, prenez M. Joey, il m'a tenue éveillée toute la nuit.

La bonne mit le petit dans le lit ; ma tante se tenait à côté d'elle et ses pieds touchaient presque mes pantoufles.

— Pourquoi avez-vous encore fermé votre porte ? dit ma tante ; ne vous ai-je pas recommandé toujours de ne pas vous enfermer à clef ?

— J'avais peur, dit la jeune fille.

Ma tante partit enfin et la fille s'affaissa sur une chaise. Il y avait maintenant de la lumière. Je murmurai de dessous le lit :

— Jouez avec le petit.

La fille se mit au lit, prit l'enfant dans ses bras et se mit à lui parler et à l'amuser pendant que je me glissais doucement par la porte restée ouverte et regagnais ma chambre. Il faisait maintenant grand jour.

Dans la même journée, j'avais eu trois femmes différentes et je ne m'étais lavé ni après l'une, ni après l'autre ; leur fluide lubrifiant s'était mélangé avec le mien et avait coulé sur ma pine et sur mes couilles. Le tout m'avait coûté seulement cinq shillings. Jamais encore pareille chance ne m'était arrivée !

La jeune bonne était de petite taille, mince, aux os peu développés. En d'autres circonstances, je n'aurais pas fait attention à elle, mais l'extrême exiguïté de son con fut pour moi une nouveauté.

J'avais pensé tout d'abord que c'était une petite intrigante qui cherchait aventure, mais je dus conclure en moi-même que c'était moi qui l'avais eue le premier et que, jusqu'ici, elle n'avait été qu'une enragée masturbatrice qui se branlait jusqu'à se dessécher les os.

Rien qu'à lui frotter le clitoris une seconde, ses yeux se dilataient et reflétaient un sentiment de volupté si intense que son visage se parait d'une sorte de beauté singulière. Je lui disais qu'elle avait tort de se branler ainsi et que c'était l'abus de ce plaisir qui la rendait si maigre.

Je me sentis pris tout d'un coup d'une grande affection pour mon petit cousin Joey, car, grâce à lui, j'avais l'occasion de me rapprocher de la bonne. Je courais avec lui, je lançais sa balle dans la direction de la grotte et, quand il n'y avait aucun jardinier aux alentours, je faisais signe à la jeune fille et elle entrait.

Je la prenais soit sur le siège, soit contre le mur ou, plus fréquemment, renversée sur la vieille table rustique de la grotte, pendant que je lui maintenais les jambes au-dessus de mes hanches. L'enfant, pendant ce temps, jouait au-dehors.

Une fois, elle l'assit devant elle sur la table et se mit à jouer avec lui, tandis que je lui troussais les jupes par-derrière et que je la foutais en levrette.

— Prenez-lui la queue ! lui dis-je au moment où, d'après les mouvements de son cul, je m'apercevais qu'elle allait jouir.

Elle obéit aussitôt, caressa le petit membre qu'elle embrassa avidement jusqu'au moment où elle déchargea.

L'heureux petit coquin ! Je me demande si, plus tard, il se rappela quelque chose de ce qu'il avait vu alors.

Bien des années après, ma bonne fortune voulut que je le visse opérer lui-même sur une servante, dans cette aimable grotte tapissée de lierre.

Nous nous demandions si l'enfant était d'âge à remarquer ce qu'il voyait et ce fut pour nous un sujet de conversation. Nous arrivâmes à conclure qu'on pouvait être tranquille.

Ce kiosque, qu'on appelait la grotte, était une vaste salle, garnie de sièges divers. Au milieu, une grande table pouvait permettre à une douzaine de personnes d'y prendre leur repas. Elle servit souvent à mes jeux d'amour. Une fois, j'y fus branlé par les doigts délicats d'une jeune et jolie dame, et en outre, j'y baisai deux servantes. Ces aventures seront contées en temps et lieu.

Je ne pus coucher qu'une seule fois pendant toute une nuit avec la jeune bonne. Joey ne s'y trouvait pas. La peur d'être surpris nous tint presque continuellement éveillés. La jeune fille m'avoua que le groom lui avait montré sa queue à chaque occasion favorable et que la chose durait déjà depuis près d'un an. Elle lui avait permis de venir dans sa chambre le soir où je l'avais surprise, uniquement pour voir ce qu'il voulait faire.

— Vous étiez en train de le branler, hein ? Ne mentez pas !

— Oh ! non, je ne faisais que lui toucher son affaire.

— C'est un polisson, ce Robert, je l'ai vu se branler dans la grange.

— Et qu'alliez-vous faire par là ? Les servantes se demandent pourquoi vous allez si souvent du côté de la ferme.

« Comment diable peuvent-elles savoir cela ? » me dis-je en moi-même.

Quoi qu'il en soit, depuis cette révélation, je me tins sur mes gardes.

Elle me jura encore qu'aucun homme avant moi ne l'avait touchée.

— Vous m'avez prise de force et vous m'avez fait saigner ; je n'aurais pas voulu me laisser faire, mais j'avais peur que vous ne racontiez ce que vous aviez vu et j'aurais été mise à la porte sans certificat.

Toujours est-il que, maintenant, elle était devenue insatiable. Son petit corps maigre s'agrippait à moi d'une manière étonnante et elle aimait que mon pénis la heurtât jusqu'à l'extrême profondeur de son petit con étroit.

— Ainsi, vous trouvez que ma « Fanchette » est petite ? me dit-elle plusieurs fois. Parlez-moi de celles des autres femmes. Sont-elles beaucoup plus grandes que la mienne ? Je sais que la mienne n'a pas beaucoup de poils, mais est-ce qu'elle en est plus laide pour cela ?

Je la rassurais. Ce sujet de conversation plaisait infiniment.

Elle avait toujours été bonne d'enfant. Aussi loin qu'elle pouvait se rappeler, elle s'était toujours branlée. Elle avait eu à s'occuper d'une petite fille de huit ans qui ne cessait de se branler. On avait dû la battre et même lui attacher les mains pour l'empêcher de se livrer à cette passion.

— Maintenant, dites-moi la vérité : n'avez-vous jamais branlé un petit garçon ?

— Non, jamais, mais j'ai fait raidir plus d'une fois leurs petites queues. Il m'est arrivé de branler une petite fille et je lui avais appris à me branler aussi. C'est ce que font à peu près toutes les bonnes.

Cette fille avait alors vingt-sept ans.

Le lendemain du jour où je l'avais eue, je dis à Robert de venir au jardin immédiatement après le déjeuner ; il y vint et je lui fis la morale :

— J'ai entendu du bruit, cette nuit, comme je passais ; j'ai ouvert la porte et je vous ai surpris. J'ai bonne envie de tout dire à votre maîtresse, mais la bonne m'a tellement supplié en votre faveur que je veux bien garder le silence. Toutefois, si je vous vois encore courir après elle, je vous fais mettre à la porte immédiatement tous les deux. C'est bien compris... Allez.

Il s'éloigna sans dire un mot.

CHAPITRE 17

J'eus l'occasion de baiser une nouvelle fois Mme Dents-Blanches dans la prairie. Nous avions choisi un champ assez éloigné qu'elle m'avait indiqué. J'y restai un instant après son départ, de manière qu'on ne pût s'apercevoir, en cas de rencontre fâcheuse, que nous avions été ensemble. J'attendais ainsi bien tranquillement quand j'entendis du bruit de l'autre côté de la haie et en même temps le son de deux voix, celle d'un homme et celle d'une femme.

Les arrivants prirent place à quelques pas de l'endroit où j'étais ; je ne pouvais entendre qu'avec difficulté, mais je puis quand même résumer ce qui fut dit.

— Je ne peux pas rester longtemps, disait la femme, mère doit être à ma recherche, elle ne sait pas que je suis sortie.

Un baiser, un autre, d'autres encore, puis une sorte de lutte.

— Restez tranquille !

Ce ne fut alors qu'un chuchotement.

— Je ne veux pas ! je ne veux pas ! Non, jamais, vous ne devez pas !

— Chut ! fit l'homme, si quelqu'un nous entendait... Laissez-moi le toucher... dites ! laissez-moi

vous le faire... Qu'on le fasse une fois ou deux, c'est la même chose quand on l'a déjà fait une fois.

Je restais aussi silencieux qu'un mort.

— Non, non... Cela n'a pas été un plaisir pour moi, je n'ai fait que pleurer depuis ; vous ne voudrez plus m'épouser, après.

— Mais si, je le veux bien... Je vous épouserai.

Il jura énergiquement.

— Oh ! peut-être vous... Mais ma mère ne voudra pas : elle vous déteste.

Je les entendis chuchoter de nouveau, puis un bruit de baisers et soudain :

— Oh ! vous me faites mal avec vos doigts.

— Chut ! chut ! Tenez-vous tranquille.

Je n'entendis plus rien pendant un instant, puis elle parla de nouveau.

— Non, je me trouverais dans l'embarras comme Bessy.

— C'est une folle. Elle n'avait pas besoin de s'encombrer d'un enfant... Je connais une vieille qui sait très bien débarrasser les filles qui se trouvent prises.

— Non... non... Oh ! ça fait mal, non, oh ! Oh !...

Les voix s'affaiblirent, les baisers se succédèrent, puis il y eut un bruit de frottement et tout redevint tranquille.

Au bout d'un instant, la femme parla la première.

— Oh ! je ne vous laisserai plus jamais faire, allez-vous-en !

Ils se séparèrent, la femme se dirigea vers la barrière par laquelle j'étais entré et lui s'en fut à travers champs. Elle s'arrêta un instant pour pisser et attendit sur place qu'il fût assez éloigné.

Je suivis la femme et la vis entrer dans la cour de la ferme, mais je ne parvins pas à l'identifier. Ce devait être une jeune fille appelée Molly, car aucune autre femme n'avait affaire par là.

Le lendemain, je m'enquis de Molly auprès de la bonne.

— Ah ! c'est donc pour cela que vous allez si souvent du côté de la ferme, dit-elle en riant d'un rire de jalousie. Oh ! c'est une honnête fille et sa mère la surveille de près...

Un dimanche, je me promenais sur la route qui conduit à la ville. Je savais que Mme Pender devait venir par là sous prétexte de voir sa mère et elle m'avait indiqué une auberge de campagne où je pouvais l'attendre. Je découvris l'auberge ; il y avait des chambres meublées et j'en pris une.

Mme Pender fit à sa mère une courte visite, puis vint au rendez-vous. Elle était en toilette du dimanche. Ce fut pour moi une délicieuse journée, une de celles dont je garde le plus exquis souvenir.

Lentement, je la déshabillai et ce fut une indicible volupté pour moi de voir toute nue cette vigoureuse paysanne, grande et forte et, néanmoins, admirablement proportionnée. Elle avait une peau blanche et ferme, douce et satinée tout à la fois, et qui avait l'odeur du lait frais.

Elle faisait montre, sans affectation, d'une pudeur exquise, se sentait honteuse d'exposer ses charmes à mes regards et, cependant, elle était fière de me les montrer.

Elle était vêtue d'un linge grossier, mais propre et net. Quelle volupté fut la nôtre ! Combien abondante fut notre décharge ! Je pus la foutre trois fois avant le dîner. Pendant une heure et demie, son con fut occupé soit par ma pine, soit par mes doigts.

A midi et demi, elle me quitta avec promesse de revenir. En effet, deux heures après, elle était de retour. Elle avait allégué la maladie d'une de ses amies. Une femme qui a envie d'une queue n'est pas à court de mensonges.

J'étais aussi excité qu'on peut l'être, aussi, dès que Mme Pender fut entrée, je la fis se tourner, à son grand étonnement, le visage contre le lit, je lui relevai les jupes pour lui découvrir le cul et je la pris ainsi, mon ventre en contact avec ses fesses. Je n'oublierai jamais le côté comique de cette position. Elle protestait et s'étonnait que je lui fisse prendre une pareille attitude. Cette nouveauté la bouleversait.

Ce fut un après-midi délicieux, je lui appris beaucoup de choses et elle me fit ses confidences.

— Ah ! dit-elle, vous me l'avez déjà fait presque autant de fois que mon mari depuis que nous sommes mariés.

— Quoi ?... fis-je surpris. En un an ?

— Oui, nous étions déjà mariés depuis plusieurs semaines qu'il ne me l'avait pas encore fait. Je dus le dire à ma mère, et voilà pourquoi mon mari la déteste.

Elle était échauffée par le vin et par les caresses : mes doigts lui travaillaient le clitoris. Nous savourions tout le plaisir de notre nudité. Je la pressai de se confier davantage à moi, de me parler de son premier coït et aussi de ses peines et de ses ennuis.

— Quand j'eus parlé à ma mère, celle-ci dit à mon mari : « Vous n'avez pas besoin de femme, à ce qu'il paraît, monsieur Pender ? — Pas besoin de femme, moi ? Mais si ! Je ne me serais pas marié sans cela. — Il n'y paraît guère, en tout cas, dit ma mère. — Holà ! la mère. Occupez-vous donc de vos affaires, car il pourrait en cuire à votre fille. » Là-dessus, il sortit en tirant la porte. Mère n'osait lui en dire davantage, car elle craignait qu'il ne me maltraitât. D'ailleurs, il me dit en me revoyant : « Qu'est-ce que vous êtes allée raconter à votre mère ? — Moi, rien ! » Il me regarda dans le fond des yeux et ne dit rien pour cette fois. Le soir, au lit, il me prit la main et la mit sur son affaire.

« Touchez-la, cette petite », me dit-il. En même temps, il me touchait lui-même à l'endroit que vous savez.

Mme Pender riait de tout son cœur en racontant cette aventure. Et elle reprit :

— Il ne me l'avait jamais fait encore ; après qu'il m'eut bien pelotée, il monta sur moi et il me le fit... C'est tout. Je suis sûre qu'il fut très prompt... Je criai, car il me faisait mal ; j'étais toute tremblante et je saignais.

— Mais personne ne vous l'avait donc jamais fait ?

— Oh ! dame, il y en a beaucoup qui ont essayé, dit-elle en riant, vous tout le premier, aussi votre cousin, et bien d'autres. Vous ne pouvez pas empêcher cela... Si une fille ne fait pas attention, un homme a vite fait de lui mettre la main entre les cuisses, mais il ne peut rien de plus si elle ne veut pas.

Puis, repensant à son mari :

— Ce n'est pas un mauvais homme : il ne boit pas et ne me cherche pas querelle, mais je ne l'aime pas et je ne l'aimerai jamais. Je ne pensais pas d'abord à cette idée qu'il ne me le faisait pas souvent. Ce fut une femme qui m'y fit penser. Elle me demanda un jour si j'aimais ça et s'il me le faisait souvent. Je lui dis oui et, tout en parlant, j'appris que les hommes faisaient souvent cela à leurs femmes, tandis que lui ne me l'avait fait qu'une fois en trois semaines. Aussi, je me sentis très vexée.

— Et qu'est-ce que vous fîtes alors ?

Elle rit, et je fis une douce friction sur son clitoris.

— Je fis ce que vous êtes en train de faire... Oui.

— Vous sentez-vous souvent le besoin d'être baisée ?

— Oh ! oui, tous les jours, dit-elle franchement.

— Et sentiez-vous aussi ce besoin le jour où je vous ai eue derrière la meule de foin ?

— Certes oui, j'en avais besoin. Et puis, vous savez, mon mari sait très bien que je me le fais toute seule, et quand je lui demande de me le mettre, il me répond : « Oh bien ! vous n'avez qu'à vous branler si vous avez le con si chaud ; pour moi, je suis fatigué. »

A six heures, elle fut obligée de me quitter. Nous étions tous les deux exténués. J'avais pris plaisir à lui apprendre tout ce que je savais et je l'avais fait mettre dans toutes les attitudes propres à favoriser ma luxure.

Le lendemain, la jeune Molly, dont j'ai parlé, me courut par la tête. Je me décidai à tâter le terrain de ce côté. Jusqu'alors, elle m'avait paru si jeune que je n'avais pas pris garde à elle. C'est que j'aimais mieux les femmes au con grassouillet, niché au milieu d'un gros cul.

Quand je la rencontrai, je la regardai en face tout en pensant en moi-même :

« Hé, petite ! si innocente que vous paraissiez, votre con a été mouillé par un homme. »

Quand l'ouvrage était terminé à la ferme, Molly allait s'accouder parfois à la barrière du sentier. Rôdant un soir de ce côté, j'aperçus un homme, du nom de Gilles, qui s'esquiva quand il me vit.

Après avoir eu deux femmes au con bien poilu, je ne faisais plus que m'imaginer un joli petit con avec presque pas de poils, encore moins que n'en avait la bonne de Joey. Cette idée m'excitait.

Dans la grange dont j'ai déjà parlé, une échelle conduisait au grenier et souvent les poulets grimpaient par cette échelle. J'avais déjà vu Mme Pender aller à la recherche de ces égarés. Ce jour-là, c'est Molly que j'aperçus en haut de l'échelle, elle montrait ses jambes innocemment.

— Oh ! quelles jolies jambes ! lui criai-je.

La jeune fille grimpa plus haut afin d'échapper à

mes regards et je grimpai après elle ; elle était à la recherche de poussins égarés et son visage était rouge comme la crête d'un coq d'Inde.

Je la pris dans mes bras, le cœur battant, et je l'embrassai. Elle résista. Je mis la main sous ses jupes et tout en luttant nous roulâmes tous les deux sur un tas de foin ; j'avais senti la chair de ses cuisses.

— Restez tranquille, dit-elle, ou j'appelle ma mère.

— Oh ! soyez gentille, fis-je en essayant de lui toucher la fente.

— Non, il ne faut pas faire des choses pareilles, monsieur... Je vais appeler ma mère. Oh ! c'est mal...

— Si vous appelez votre mère, je lui dirai que Gilles vous a baisée dans le champ, la semaine dernière.

Jamais je n'oublierai le regard désespéré de la pauvre fille.

— Oh ! non, dites, vous ne ferez pas cela ! Oh ! non ! Je vous en prie... C'est une vilaine histoire. Je n'ai pas été dans le champ...

— Ah ! Non ?... « Ça fait mal ! » N'est-ce pas ce que vous avez dit ?

Je répétais les mots que je lui avais entendu dire.

Elle se mit à pleurer et mit sa tête dans ses mains.

— Laissez-moi vous le faire et je ne dirai rien. Personne ne le saura, car vous ne le direz pas à Gilles, c'est sûr.

Elle cessa de pleurer et fixa sur moi ses grands yeux ; je mis ma main sous ses jupes, ses cuisses étaient closes. Elle continuait de me repousser :

— Non ! non ! non !

Oubliant où j'étais, oubliant aussi que quelqu'un pouvait survenir en montant par l'échelle, je lui mis ma queue raide sous les yeux et je parvins à lui mettre la main au con.

— C’est sûr, fit-elle, vous ne direz rien ?

— Non, si vous me laissez faire.

Elle se laissa étendre sans trop de résistance, et, l’instant d’après, ma pine était dans son vagin et je baisais avec tout le plaisir, toute l’énergie que peut donner à un homme le con frais d’une jolie fille. Soudain, nous entendîmes :

— Molly ! Molly !

D’un fort coup de reins, elle me fit déconner. Ma décharge commençait à venir, j’éjaculai sur sa motte.

— Qu’est-ce que vous pouvez bien faire si longtemps, Molly ?

— C’est une poule qui est venue là : je crois qu’elle a pondu, mais je ne peux pas trouver l’œuf.

Et Molly disparut en bas de l’échelle.

— On vous demande au Hall, dit la voix.

C’était celle de Mme Pender.

Rien n’est plus irritant que de décharger à l’extérieur d’un con longtemps convoité, alors qu’une plongée de plus aurait permis d’y injecter tout son sperme. Je ne faisais que repenser à la jeune fille. Je n’avais rien vu de ses charmes, mais elle me semblait la perfection même.

Je lui donnai rendez-vous à huit heures, dans la grange, en la menaçant de nouveau de tout révéler si elle ne venait pas.

Je me rendis à l’heure dite à l’endroit que j’avais indiqué. Il faisait noir. Elle ne venait pas. Est-ce que j’aurais à attendre ainsi jusqu’au matin ? J’étais en rut et presque décidé à me branler. Peut-être les circonstances l’avaient-elles empêchée de venir ? J’avais presque perdu tout espoir quand le guichet de la porte s’ouvrit. C’était Molly. Elle monta avec moi dans le grenier et je la pris dans mes bras.

— Voyons, qu’est-ce que vous voulez ?... Vous n’irez rien dire, je suppose. Vous n’avez entendu parler de rien ?

Je ne pouvais pas la voir, mais je sentais couler ses larmes. Je la rassurai, je lui dis que je l'aimais. Qui donc saurait quelque chose, à part nous deux ?

— Mais quel tort vous ai-je donc fait ? dit la pauvre fille. Gilles veut m'épouser, lui, c'est tout à fait différent... Oh ! non ! Finissez !...

Je l'avais poussée sur le foin. Tantôt je la menaçais et tantôt je cherchais à la calmer.

J'étais en train de la peloter. Ma main courait sur un joli petit cul dur et potelé, sur son ventre élastique et satiné ; mon doigt pénétrait dans une étroite petite fente, autour de laquelle je sentais des poils courts et frisés. Bientôt ma pine suivit mon doigt et alors, sur le foin coupé de frais, ventre à ventre, mais non bouche à bouche, car elle ne me rendait pas mes baisers, ma pine prit ses ébats dans un con qui me parut divin et qui fut bientôt noyé dans un lac de sperme.

— Laissez-moi maintenant, dites... Mère est allée chez Mme Pender ; quand elle va revenir, elle se demandera où je suis.

Je ne voulus pas la laisser partir avant de lui avoir fait fête de nouveau et cette fois elle prit sa part du plaisir qu'elle me donnait. Elle ouvrit la porte de derrière, par laquelle je me faufilai dans la campagne, puis je revins du côté de la ferme. Près des barrières, j'aperçus Molly avec sa mère.

— Bonne nuit ! fis-je en passant.

Les deux femmes me rendirent mon salut et je rentrai au Hall.

Évidemment, elle ne me désirait pas. Je l'avais eue contre sa volonté et c'est encore contre sa volonté que je l'eus par la suite.

CHAPITRE 18

Un jour que je rôdais aux champs en fumant paresseusement mon cigare, je vis des groupes de filles et de femmes qui travaillaient à la moisson. J'entamai la conversation avec le chef des travailleurs et me mis à examiner les filles et de préférence les plus jeunes.

Je me demandais si elles avaient des cons plus petits que celui de Molly, et pour l'une d'elles, je me demandais même s'il y avait déjà du poil. Quelques-unes, en effet, ne paraissaient pas avoir plus de douze ans.

J'aurais voulu leur voir le con à toutes.

J'avais alors dissipé une bonne part de ma fortune ; mais tous les coups que j'avais tirés dans cette campagne ne m'avaient pas coûté plus de cinq livres, si bien qu'en dehors de la nouveauté et des délices que me causait la crainte d'être surpris, il y avait encore cet avantage que le coït était économique.

Les choses auraient pu durer longtemps ainsi, si mon cousin Fred n'était revenu chez sa mère.

Fred était un gaillard déluré. Ma tante lui exprima sa satisfaction de m'avoir vu si sage depuis mon séjour au hall. Il me regarda avec étonnement.

— Oui, dit-elle, il vient souvent avec moi à la laiterie.

— Parfaitement, et il soigne les vaches, ajouta l'une de mes cousines.

Fred me lança un coup d'œil malin, puis quand nous fûmes seuls !

— Quel jeu jouez-vous là, Walter? Dites-moi donc plutôt quel con vous êtes en train de chasser?

— Un con? Oh! non, ce ne serait pas à faire, ma chaude-pisse n'est pas guérie! mais, grâce à Dieu, elle est en bonne voie de guérison.

Il fut complètement dupe de ce mensonge.

— Vous avez fait pour le mieux, mon vieux. Ici, vous êtes tranquille, il n'y a rien pour vous exciter, je ne connais pas une femme qui vaille le coup.

Nous nous promenions chaque jour du côté de la ferme, en fumant et en conversant; il avait été si longtemps absent que les visages ne lui étaient plus familiers.

— Quel squelette que la bonne de Joey! me dit-il un jour en me montrant la jeune fille.

— C'est vrai, mais regardez celle-ci, n'est-elle pas jolie? lui dis-je en désignant Mme Pender.

— Oui, fit-il, je me rappelle avoir voulu la peloter avant qu'elle fût mariée, et elle m'a presque assommé.

— Je ne me soucie guère de l'avoir.

— Oh! mon cher, vous n'auriez aucune chance! Tiens, comme elle a grandi, cette petite Molly, fit-il en riant. Voyez-vous cette gamine, j'ai vu souvent son petit cul et son petit con, quand elle était petite et qu'elle jouait sur la place. Elle est jolie!... Je crois que j'essaierai quelque chose de ce côté.

— Elle est jeune.

— Qu'importe? Plus un con est étroit, plus on a de plaisir.

Je remarquai par la suite qu'il se montrait effectivement très aimable avec Molly.

Un matin que nous étions aux champs, le contremaître vint nous saluer. Il était depuis longtemps en place, avant même que nous fussions nés, Fred et moi.

— Eh bien, Smith, dit Fred, toujours paillard, hein ? Quels sont les derniers petits bâtards ?

— Oh ! monsieur, je suis trop vieux maintenant.

— Peut-être bien que les filles n'aiment plus à se faire baiser, à présent ?

— Oh ! si, mais c'est moi qu'elles n'aiment plus comme autrefois.

Fred me dit que Smith avait la réputation de baiser toutes les travailleuses qu'il occupait et, à cause de cela, il avait été menacé de renvoi à différentes reprises.

Il me raconta aussi comment le vieux Smith opérait pour lui procurer, à lui, Fred, les femmes qu'il désirait.

— Dites-lui celle que vous voudriez, ajouta-t-il, et vous verrez.

Il y avait là justement une petite jeune fille, toute brûlée par le soleil, qui pouvait avoir environ quinze ans et dont la seule vue me faisait bander.

— Voilà une jeune fille, dis-je à Smith, je donnerais bien un souverain pour l'avoir. Est-elle libre ?

— N'y pensez pas trop, monsieur, elle est facile à effaroucher ; mais elle a une sœur qui n'a pas encore quatorze ans. D'aucuns prétendent qu'elle est déjà enceinte. Vous savez, quand une des sœurs se met dans ce chemin, les autres suivent généralement.

— Où leur payez-vous leur salaire ?

— Sous l'appentis, là-bas.

Il y avait, en effet, à un quart de mille environ, une sorte de hangar où se trouvait un bureau. Les femmes attendaient dehors et entraient au fur et à mesure qu'on les appelait. On les payait tous les soirs.

A l'heure de la paye, je me dirigeai vers l'appentis. La fille que je désirais vint la dernière. Smith lui dit qu'il avait besoin d'elle pour porter un paquet au village.

— Bien, monsieur, fit-elle.

Smith sortit pour aller chercher le paquet.

Quand il fut sorti, j'entrai dans le hangar. La fille s'était assise sur une botte de paille, elle se leva pour me saluer.

— Asseyez-vous, ma chère, vous aurez peut-être longtemps à rester. Vous êtes très jolie, savez-vous ?... Vous allez faire attendre votre amoureux.

— Je n'ai pas d'amoureux, monsieur, dit-elle en souriant.

Je continuai la conversation ainsi pendant un quart d'heure ; je devenais de plus en plus échauffé. Je l'embrassais, je la chatouillais et je lui pinçais les jambes.

Elle n'en paraissait pas très émue et semblait au contraire prendre tout du bon côté. Ainsi encouragé, je produisis ma pine au grand jour, mais alors, tout changea aussitôt :

— Oh !... fit-elle, en se levant comme pétrifiée.

Je la fis se rasseoir.

— Laissez-moi vous le faire, dites ?

— Non, je ne veux pas.

— Voyons, vous avez déjà été baisée.

— Ce n'est pas vrai. Je n'ai que quinze ans ; laissez-moi tranquille.

Je la renversai sur la paille et lui mis la main sous les jupes. Elle poussa un cri terrible... Je luttai, je lui offris de l'argent, je lui dis que sa sœur avait été baisée ; enfin, que sais-je... D'ailleurs, j'étais d'autant plus hardi qu'elle n'avait aucune chance d'être secourue. Je roulai sur elle. Elle continua de crier, mais si fort qu'elle criât, on ne pouvait l'entendre du Hall, qui était l'habitation la plus proche.

Je découvris son cul, ses cuisses, son con, tout ce qu'elle avait. J'étais furieux de rut et déterminé à la posséder coûte que coûte. A la fin, elle se trouva étendue sous moi, pantelante et sans souffle.

— Non, dites... Je vous en prie, non !

Mais je poussai un coup de reins furieux, rapide et brutal, et je n'entendis plus que ces mots :

— Non... je vous en prie, non ! Oh !... Oh !...

Déjà, j'étais en train de décharger dans son étroit vagin et l'enlaçais étroitement en lui donnant force baisers.

Ses larmes coulaient. J'avais bel et bien commis un viol et ce fut cette pensée qui me vint à l'esprit, tandis que j'étais étendu sur elle, ma pine dans son vagin.

Je me redressai et pendant un instant je vis ses cuisses grandes ouvertes, son con tout mouillé et ensanglanté. Elle continuait de crier, de pleurer et se frottait les yeux. J'étais stupéfait. J'avais si souvent entendu parler de la complaisance des femmes de la campagne sur ce sujet que je m'étais attendu à parcourir un sentier déjà frayé depuis longtemps. Cette résistance, ces cris me renversaient. Finalement, elle me dit :

— Je vais le dire à ma sœur, nous irons chez le magistrat et je lui raconterai ce que vous m'avez fait.

Je l'avais réellement violée, la chose pouvait me mener loin ; aussi je ne voulus pas la laisser. Je la calmai peu à peu, la suppliai de n'en rien faire et lui offris de l'argent. Elle cessa de pleurer, mais conserva son air affligé et me pria de la laisser partir.

Elle ne voulut pas prendre l'argent que je lui offrais, mais néanmoins je sentais que l'or la fascinait. Quelle tentation pour cette pauvre fille qui gagnait péniblement neuf pence par jour et n'avait pas d'ouvrage tous les jours !

Au bout d'une heure et demie environ, le vieux

Smith fut de retour ; il avait réellement un paquet pour elle. La jeune fille recommença à crier et se plaignit au vieux que le gentleman l'avait insultée.

— Quoi ? Il vous a embrassée ?

— Plus que ça ! Oh ! ôô... Oh ! ôô...

— Qu'est-ce qu'il a fait ?

— Il m'a fait des cochonneries, je le dirai à ma sœur et nous irons en justice.

— Peuh ! Quelle affaire ! Il ne vous a pas fait de mal... Un gentleman comme lui ! Il n'y a pas de quoi fouetter un chat. Allons, consolez-vous. Il n'y a rien de mal dans ce que font un jeune homme et une jeune fille, et je crois bien que c'est vous qui vouliez qu'il vous fasse des cochonneries. Un gentleman comme lui ! Vous devriez être fière qu'il vous ait fait l'amour. Allons, prenez ce paquet et dépêchez-vous.

— Prenez ce souverain, lui dis-je à mon tour, je vous en donnerai davantage une autre fois. Avec ceci, vous serez heureuse quelque temps, mais tenez votre langue et personne ne saura rien.

Elle hésitait, faisait la moue, se tortillait, haussai les épaules ; mais à la fin elle accepta et prit le paquet en disant qu'elle raconterait tout à sa sœur.

— Ne dites rien, fit le vieux Smith, car si j'entends parler de quelque chose, je vous jure que vous ne travaillerez plus nulle part dans la paroisse... Je vous connais, vous savez, et je sais qui a fait enfler le ventre de votre sœur. A son âge, est-ce qu'elle ne devrait pas avoir honte ?... Aussi, prenez garde.

— Mais moi, je n'ai rien fait dont je doive avoir honte. C'est vous qui êtes méchant avec les femmes, tout le monde le dit...

— M. Walter, non plus, ne vous a pas fait de mal. C'est une chance pour vous qu'il vous aime. Ne dites rien, c'est le meilleur conseil que je puisse vous donner.

Tout en murmurant, la jeune fille s'en alla.

Je la suivis, il faisait presque nuit, je lui promis mille choses, je ne suis pas bien sûr même de ne pas lui avoir promis le mariage. Finalement, comme nous approchions du village, la petite mijaurée se laissa pousser sur un coin suffisamment gazonné où je la baisai de nouveau. Elle me promit en outre de ne rien dire à personne.

Je n'avais eu, en la possédant, aucune de ces sensations délicieuses qu'on éprouve en déflorant une vierge. Je ne me souvenais pas que son con eût fait beaucoup de résistance à cette pénétration, pourtant elle était bien pucelle. Dans mon accès de lui et avec ma pine bandante j'avais dû franchir l'obstacle sans m'en apercevoir. Elle n'avait poussé qu'un cri : « Oh ! je vous en prie, non ! Oh ! non ! » Mais ce cri ne m'avait pas arrêté. Ce qui m'excitait, c'était sa jeunesse, sa petite taille et l'idée d'avoir un petit con presque sans poils et plus petit en quelque sorte que celui de Molly.

Au lit, en réfléchissant à ce qui s'était passé, sans souci des conséquences qui auraient pu en résulter, je soupirais après une fille plus jeune encore et qui n'aurait pas de poil du tout autour du con.

Sans savoir ce qui me poussait, je racontai à Fred toute la scène de la veille ; il se mit à rire en disant :

— Était-elle vierge ? C'est une jolie garce bien potelée. Vous êtes un heureux mortel. Oh ! vous n'avez pas besoin de craindre quoi que ce soit. Il leur en faut dès qu'elles ont un demi-pouce de poils sur le con. Au fond, elle doit plutôt être fière que vous l'ayez foutue. Est-ce qu'elle a beaucoup de poils au con ? Et ses nichons, est-ce qu'ils poussent ?

Je lui dis ce que je savais et c'était peu ; je n'avais pas vu les tétons de la jeune fille et je n'avais fait qu'entrevoir la maigre toison qu'elle portait sur la motte.

Le lendemain, comme les deux sœurs étaient au travail, je dis à Smith que je voulais parler à l'aînée. Il se trouva justement qu'elle eût besoin d'aller chercher son mouchoir resté sous le hangar où Smith m'avait dit de l'attendre. Il lui donna la permission de s'y rendre. Quand elle me vit, elle s'arrêta stupéfaite. Je lui parlai, et elle me répondit :

— Non, je n'ai rien dit à personne, mais je ne veux plus me laisser faire.

— Un baiser, alors ?

— Ah ! non, je n'aime pas votre main sur mes cuisses. Oh ! non... Vous m'avez dit que vous ne le feriez plus... Enlevez votre main.

Mon doigt était sur son con ; je tâtais pour me rendre compte du peu de poils qu'elle avait, et mon doigt pénétra entre les deux lèvres. Oh ! comme le passage était étroit !

— Oh ! chérie, laissez-moi faire, dites, vous ne partirez pas avant ! Oh ! quel délicieux petit ventre !... Quelle mignonne petite fente ! Oh ! que je l'embrasse...

— Ah ! c'est assez, on va se demander pourquoi je reste si longtemps. Ma sœur va me poser des questions ; laissez-moi partir.

Je l'avais poussée sur la paille.

— Tenez-vous tranquille, ma chérie... Là ! ma pine est entrée... La sentez-vous ?

— Ah ! ah !... a... a...

Le con bien lubrifié, elle s'en alla et je me reboutonnai. Juste à ce moment apparut sur la porte Fred, qui riait à se tenir les côtes.

— Qu'est-ce qu'il y a, Fred ?

— Oh ! oh ! oh !

— Mais encore ?

— Oh ! oh ! je vous ai regardé en train de foutre la petite gamine... Comme je m'approchais d'ici, j'ai

entendu vos deux voix, alors j'ai écouté et je vous ai regardés jusqu'à ce que vous ayez fini.

— Ah ! ce n'est pas bien ce que vous avez fait là !

— Pourquoi donc ? Est-ce que vous n'auriez pas regardé, vous, si vous m'aviez surpris ?

— C'est fait, c'est fait, mais je vous prie de laisser cette jeune fille tranquille, vous savez. C'est mon domaine.

— Très bien, mais j'aurai la petite Molly. Hier, je lui ai donné un baiser.

Il sortit, me laissant en proie à une sorte de jalousie injustifiée. En vérité, je trouvais qu'il était trop souvent sur mes talons, et cette surveillance me déplaisait.

Un jour, Mme Pender m'avait dit :

— Le jeune maître tourne beaucoup autour de Molly. C'est honteux pour un officier comme lui de harceler ainsi une pauvre fille. Je l'ai surpris en train de l'embrasser et de lui mettre la main sous les cotillons. Je le dirai à madame si je l'y trouve encore.

— Vous ferez bien, lui dis-je. Oui, dites-le à ma tante.

C'est ce qu'elle fit. Ma tante pria son fils de ne plus rôder ainsi du côté de la ferme et Molly fut surveillée. Agacé, Fred dit qu'il voulait aller à Londres. Pour changer d'air, je résolus de l'accompagner.

Mon départ mit Mme Pender en larmes, elle fit tout ce qu'elle put pour m'obliger à la baiser encore. De plus, je pus revoir Molly dans le grenier et là, pour la première fois, j'eus une vision complète de son ventre et de son con et je la baisai avec une énergie doublée par l'idée de la séparation.

J'avisai la nurse d'avoir à se garder du groom Robert, sans quoi j'étais résolu à n'avoir plus rien de commun avec elle.

Elle se mit à ricaner en disant :

— Quelle perte !

Je pus également me rencontrer avec Nelly dans le sentier et, après l'avoir baisée, je lui fis promettre d'être chaste et de ne jamais permettre à un homme de mettre la main sur son minet.

Fort de toutes ces promesses, je partis avec Fred pour la vertueuse ville de Londres.

Au dernier moment, Mme Pender me dit :

— J'ai peur, je me sens mal, mes affaires ne sont pas venues depuis deux mois.

CHAPITRE 19

Le théâtre chaque soir, force dîners et soupers, abondance de vins et de cigares, tels furent les premiers passe-temps de notre séjour à Londres.

Fred entretenait une femme nommée Laura. Elle était constamment avec nous.

Vers le cinquième ou sixième soir, nous allâmes à un bal masqué qui se donnait dans les jardins du Vauxhall. C'était à l'époque tout un événement. Un de mes grands plaisirs fut de me cacher sous des bosquets, loin des lumières, dans un endroit où je m'étais aperçu que les femmes se rendaient pour pisser. J'en entendis ce soir-là au moins une centaine.

Au souper, Laura me dit :

— Où donc étiez-vous tout à l'heure ?

Je me mis à rire.

— Allons, dites-le-nous ?

— Eh bien, j'étais caché dans le coin où vont les dames seules ou deux à deux, sans les hommes.

Laura comprit.

— C'est bien fait pour elles. Elles n'avaient qu'à aller aux cabinets des femmes ; mais vous, vous êtes un cochon.

— Oh ! non ! C'était joliment amusant de les entendre pisser et parler.

— Il a eu raison, dit Fred ; voir pisser une femme, c'est un joli spectacle, n'est-ce pas, Laura ? Par ma foi, j'en ai bien vu pisser, mais jamais une seule qui pisse aussi raide et aussi vite que vous !

Laura lui donna une tape sur la tête. Elle n'était pas putain au sens exact du mot, elle était modeste de manières et réservée dans ses expressions, mais elle aimait quand même une conversation épicée, pourvu que tout fût dit à mots couverts.

On donna le signal du feu d'artifice. Nous nous précipitâmes dehors pour avoir de bonnes places. Je me souciais beaucoup plus des femmes que du spectacle et je m'attardai par-derrière contemplant les masques et les femmes décolletées qui causaient en poussant des cris.

— Oh ! il me semble que vous avez gentiment employé votre temps, mais ça ne fait rien... Il ne faut pas lui faire de mal à cette petite... Prenez-moi... Je suis une belle femme, regardez.

Là-dessus, elle sauta sur le lit, troussa sa chemise et m'exposa une nudité qu'en toute autre circonstance j'aurais appréciée à sa valeur.

— Regardez mes poils, comme ils sont noirs ! Aimez-vous les poils des aisselles ? J'ai de quoi vous satisfaire.

Elle dégagea ses bras de sa chemise et me montra dans le creux de ses aisselles une floraison de poils noirs telle que j'en ai rarement vue, surtout chez les Anglaises qui, parfois, n'en ont pas du tout.

— Que diable me montrez-vous là ? Je suis venu pour elle et non pour vous... Je déteste les poils... Je n'aime que les cons qui n'en ont pas du tout.

— Prenez-moi... Et pendant que vous me le ferez, vous regarderez le con de la petite Mary. Venez, ma chérie...

La petite se rapprocha et la femme la mit sur le lit, son petit con bien exposé à mes regards.

— Aimez-vous mieux voir son petit cul ?... Agenouillez-vous, ma jolie...

Je vis le petit cul sous un nouvel aspect, il était rond et potelé. Sous la raie des fesses, entre les cuisses, je revoyais encore la fente adorable, objet de mes désirs.

— Non, c'est elle que je veux, c'est elle que je veux.

— Bon, bon... Mais ne faites pas tant de bruit, tenez un peu votre langue... Ma chère, il ne va pas vous faire de mal... Regardez, sa queue n'est pas bien grosse.

Elle ramena la fillette au bord du lit et au moyen du traversin et des oreillers la disposa de manière qu'elle eût le con au niveau de ma pine.

— Venez me le faire. J'en ai tant besoin... Je n'ai pas baisé depuis quinze jours.

Je sentis revenir subitement mon amour pour les gros culs et pour les beaux cons abondamment barbus. Je me tins immobile un moment, tournant les yeux tout d'abord vers le mignon orifice imberbe de la fillette, puis vers la fente superbe aux lèvres potelées, une seconde fois encore vers le petit con rose pâle et finalement je les fixai sur le con arrivé à sa pleine maturité.

— Venez me le faire, dites !

— Il faut que je m'en aille.

— Pourquoi ?

— Vous savez bien que je suis venu pour la petite.

— Eh bien, vous l'avez eue... Prenez-moi maintenant, dites... Et puis, vous pourrez encore avoir la petite Mary après, si vous voulez.

— Bien vrai ?

— Oui !... Oh ! venez vite... Je suis enragée...

— Il est tard.

— Ça ne fait rien, restez toute la nuit.

— Je veux bien.

Tout heureuse, elle descendit du lit, passa une chemise de nuit à la fillette, la coucha sur le sofa et lui dit de dormir. Puis, quittant ses chaussures et ses bas, elle vint s'étendre sur le lit.

— Faut-il me mettre toute nue ?

— Oui, il fait si chaud.

En un clin d'œil, elle enleva sa chemise, et l'instant d'après elle s'occupait avec ardeur à me caresser. Elle me manipulait la queue, m'embrassait passionnément et employait tous les stimulants lubriques qu'elle connaissait.

Bien qu'il fît chaud, nous étions nus tous les deux et nous sentîmes le froid. Nous dûmes nous couvrir avec un drap.

— Quel âge avez-vous ? demandai-je.
— Devinez !
— Un peu plus de quarante.
— Non, pas encore trente-huit... C'est parce que je suis forte... Touchez comme ma chair est ferme et comme mes nichons se tiennent bien !

Je rabattis le drap pour mieux la voir. Elle en fut ravie. Elle se tourna de tous les côtés pour me permettre de la contempler. Elle ouvrit les cuisses et m'exhiba son con, dont elle écarta elle-même les lèvres. En un mot, elle s'exposa à mes regards sous toutes les attitudes, avec cette liberté d'allures qu'on ne trouve que chez les Françaises.

Un tel spectacle ne pouvait manquer d'avoir son effet. Ma queue palpitante se plongea avec délices dans le vagin qui lui était offert.

Après une libation réciproque, nous nous mîmes à parler. Elle n'était ni la mère, ni la tante de l'enfant, bien que la petite eût employé avec elle cette dernière expression. Cette enfant n'avait plus de parents et elle en avait pris la charge pour lui éviter d'aller travailler au-dehors.

Elle avait des ennuis ; il fallait bien vivre, n'est-ce pas ? L'enfant était destinée à en goûter un jour ou l'autre. Pourquoi ne pas se servir d'elle pour gagner un peu d'argent ? Une autre ferait de même... C'est une chose bien connue que les messieurs aiment bien voir les fentes des fillettes, mais ils n'en ont pas toujours l'occasion... Alors pourquoi ne pas leur procurer ce plaisir quand ils ne demandent qu'à bien payer ?...

Ainsi parla la charmante femme étendue à côté de moi sur le lit.

Je ne pouvais dormir. Au bout d'une heure ou deux, j'éprouvai le besoin de les voir toutes les deux côte à côte, de savourer l'étrange contraste qui exis-

tait entre elles, aussi bien par l'âge que par la taille, d'apprécier avec mon doigt la différence que j'avais éprouvée avec ma pine.

Elle alla chercher l'enfant qui était tout endormie et la déposa au bord du lit. Je plongeai ma verge dans le petit con, l'en ressortis et la plongeai ensuite dans celui de la femme. C'était un ravissement de goûter la différence. Dans l'un c'était le libre espace, dans l'autre c'était l'étroitesse et la contrainte.

La tante m'ennuya en mettant sa main entre nos deux ventres pour m'empêcher de pénétrer trop loin dans le con de la fillette. Ce n'était pas l'écartement ni le frottement qui pouvaient lui faire mal, disait-elle, mais un enfoncement trop prononcé.

Je me mis sur le dos et posai sur moi le ventre de la fillette, j'écartai ensuite ses petites cuisses et je la fis s'enfiler d'elle-même sur ma verge tendue. Pendant ce temps, la tante avait les doigts autour de ma queue et me pressurait les couilles. Oh ! comme c'était exquis d'avoir sur moi cette délicieuse créature dont je tâtais les fesses, en pelotant en même temps le superbe con velu offert à mes caresses !

Une pareille pensée mit le comble à ma jouissance, je déchargeai une fois de plus dans le con de la fillette, qui alla ensuite se recoucher sur le sofa. Puis, cul à cul avec la tante, nous nous abandonnâmes au sommeil.

Nous restâmes couchés jusqu'à midi. Je baisai ce jour-là comme je ne l'avais encore jamais fait et pourtant j'éprouvai cette sensation qu'un petit con étroit, qui peut à la vérité satisfaire un caprice, ne peut pas donner autant de plaisir que le con d'une femme arrivée à sa pleine maturité.

Si étroit qu'il fût, il n'avait pas cette succion particulière, cette étreinte, cette pression indéfinissable qu'on trouve chez un con de femme ou de jeune fille.

Sur la fin, comme je devenais de plus en plus vanné, la femme, avec ses doigts, me faisait bander encore et je plongeais mon membre dans le vagin de la fillette, mais j'avais beau faire osciller mon cul dans toutes les directions, je n'arrivais pas à décharger. Au contraire, dès que je plongeais dans le con de la tante, celui-ci, quoique large, semblait se resserrer sur ma queue et je déchargeais en un rien de temps.

Pour foutre convenablement, il ne faut pas que la pine soit à moitié enfoncée dans le vagin d'une fille. Il faut qu'elle y entre jusqu'au fond. En outre, une fillette n'a pas ce balancement du cul, cette pression musculaire du con qui ranime une ardeur près de s'éteindre. Aussi, si la pine est à moitié molle quand on la lui met, elle s'affaissera bientôt, à moins que le désir ne soit dans toute sa force.

Par contre, une pine flasque, à moitié fourbue, peut ressusciter dans le con d'une vraie femme et les deux fouteurs peuvent éprouver du plaisir si la femme sait se servir de la force musculaire que la nature lui a donnée entre le trou du cul, les fesses et le nombril.

Nous mangeâmes et bûmes, je payai libéralement et, les couilles vides, la queue flapie, je les quittai. La femme me donna des indications pour lui écrire et me permettre de posséder à nouveau la fillette. Au bout d'une quinzaine environ, je lui fixai un rendez-vous auquel elle ne se trouva pas.

Je me rendis à la maison et m'enquis des deux femmes. Une vieille m'ouvrit la porte :

— Vous la connaissez donc ? fit-elle. Elle n'est pas ici et je ne sais pas où elle est partie, peut-être ne valez-vous pas mieux qu'elle !

— Oui !

Et elle me ferma la porte au nez.

Au bout de trois semaines, je retournai chez ma tante et ma mère vint avec moi. Fred s'en alla à Paris

avec Laura. Il aurait voulu que je l'accompagnasse, mais j'étais à court d'argent et je dus décliner son offre.

Au Hall, je ne revis ni la nurse ni le groom.

— Vous avez donc une nouvelle nurse pour Joey ? dis-je à ma tante.

— Oui, j'ai renvoyé l'autre. Nous avons trouvé qu'elle n'était pas convenable... Robert aussi est parti. Il était trop grand.

Pendant deux ou trois jours je ne pus arriver à voir Mme Pender. Quand je la rencontrai, elle me parut triste et elle se mit à regarder vers le ciel en secouant la tête. Elle eut toutefois le temps de me faire comprendre qu'elle était enceinte.

Le jour suivant, je la vis l'espace d'une seconde et elle me donna rendez-vous pour le dimanche suivant.

Le jour venu, je me rendis à l'endroit indiqué. Longtemps après l'heure convenue, elle apparut enfin et bientôt nous fûmes dans la petite chambre de l'hospitalière auberge.

— Je suis enceinte, me dit-elle, qu'est que je vais devenir ?

— Eh bien, n'avez-vous pas un mari ?

— Ah ! il ne croira jamais que c'est de lui.

— Il ne peut pas dire le contraire ; il devrait plutôt en être fier.

— Peut-être, mais je ne crois pas.

J'étais pressé de la baiser, elle se donna.

Mme Pender était enceinte de moi : il n'y avait pas de doute. Elle avait dû se trouver prise dès la première fois que je la possédai, mais, songeant à son mari, je lui demandai :

— Votre mari ne vous a donc pas fait ça à peu près à cette époque ?

Elle hésita, puis, sur mes instances, elle avoua :

— C'est bizarre, je ne fais qu'y penser, mais il est

de fait que mon mari me l'a fait cette même nuit, et même après, quand vous me le faisiez, il me le faisait aussi le même soir.

— Vous avez joui avec lui, alors ?

— Non, je ne crois pas, je le déteste... Je le déteste surtout depuis que je vous connais.

Mme Pender avait donné comme excuse pour s'absenter que sa mère était souffrante. Elle était maintenant couchée à côté de moi, silencieuse et résignée, les yeux clos, le vagin encerclant ma pine. L'heure vint à sonner ; immédiatement elle se redressa, me forçant à déconner, et elle me dit :

— Il faut que je parte. Je dois aller chercher le dîner chez le boulanger et il faut que je sois à la maison quand mon mari rentrera.

Rapidement elle me quitta, à peine habillée et sans prendre la précaution de se laver.

CHAPITRE 20

En quittant l'auberge où j'avais pris un léger repas, je vis sur le sentier deux jolies paysannes en habits du dimanche. En me rapprochant, je reconnus l'une d'elles. C'était Nelly, la jeune fille que j'avais violée. Elle s'arrêta et me sourit.

— Vous ici, dis-je, pourquoi donc ?

— Nous sommes en promenade.

— Venez avec moi.

Elle hésita et consulta du regard l'autre jeune fille.

— Venez avec votre amie.

Deux minutes plus tard, je les avais amenées à la petite auberge...

— Restez ici un moment.

Je contournai l'auberge et entrai par-derrière ; je dis alors à la vieille femme de faire entrer les jeunes filles par l'autre porte.

Elles vinrent et me saluèrent courtoisement quand elles furent entrées dans la petite chambre. Je commandai des liqueurs et au bout d'un instant j'appris de Nelly que l'autre jeune fille était sa sœur.

— Votre sœur ! fis-je étonné. C'est donc cette jolie petite qu'on dit enceinte et qui n'a pas quatorze ans !

— Oh ! fit l'autre, quel mensonge ! C'est honteux de dire une chose pareille.

J'étais déconcerté.

— J'aime mieux m'en aller, fit-elle.

Nelly l'apaisa.

— Non, restez... Le gentleman nous a amenées ici, et il est gentil avec nous. Il ne serait pas content si vous partiez, n'est-ce pas, monsieur ?

— Certes...

Je les fis boire et je désirai brusquement baiser cette jeune sœur. Oh ! comme j'aurais voulu voir son ventre !

Ma conversation devenait plus animée, plus paillarde. Les deux jeunes filles s'échauffaient et riaient de mes plaisanteries risquées. Après avoir embrassé l'une, j'obtins d'embrasser l'autre, puis je les caressai, je les pinçai et je touchai leurs jambes.

La petite avait un peu plus de quatorze ans. Nelly était son aînée de onze mois. Tout à coup, je dis :

— Une fille ne peut pas être enceinte avant d'avoir quatorze ans.

— Oh ! si, fit Nelly.

— Comment le savez-vous ?

Elle rit. Je leur versai un nouveau verre de liqueur et pris la plus jeune sur mes genoux. Brusquement, je lui mis la main sous les jupes.

Elle poussa un cri et m'échappa.

— Ce que vous êtes sotte ! fit Nelly. Il peut bien me le faire à moi.

Aussitôt je glissai la main sous les jupons de Nelly qui se laissa faire le plus tranquillement du monde. Alors, il me vint à l'esprit une idée bizarre.

— Mettez-vous devant moi toutes les deux en me tournant le dos et mettez vos mains derrière vous, je vous donnerai quelque chose avant de partir et puis chacune de vous devra demander à l'autre de deviner ce que je lui ai mis dans la main.

Elles se prêtèrent à la chose, attendant quelque pièce de monnaie.

Aussitôt, je sortis ma pine et mes couilles, je guidai l'une des petites mains de la première sous mes couilles et celle de la seconde autour de ma queue. L'attouchement fut simultané, elles sentirent ce que c'était et se retournèrent.

— Oh ! c'était son affaire, dit la plus jeune.

— Bien dit, ma jolie. Vous savez ce que c'est qu'une pine. Vous en avez tâté et il en est une qui est entrée en vous. Dites ! Laissez-moi voir si vous l'êtes et je vous donnerai un souverain. Que je voie seulement et, enceinte ou non, je vous le donnerai quand même.

Elle refusait, mais clignait de l'œil vers le souverain.

— Quel dommage ! fit Nelly, je voudrais que ce fût à moi qu'il le demandât...

— Ainsi ferai-je, mais c'est votre sœur que je veux voir la première et vous après.

— Comment l'entendez-vous ? demanda la petite.

— Ma chérie, je vous coucherai sur le lit, je relèverai vos jupes, je vous regarderai le ventre et je toucherai aussi à votre petit con.

— Non, alors, je ne veux pas.

— Vous ne voulez donc pas gagner un souverain ?

— Ce que vous êtes sotte ! fit Nelly, il ne le dira pas. Il ne connaît pas les gens du village...

Finalement, elle se laissa convaincre et je l'installai sur le lit. Je pus voir et toucher le pauvre petit ventre qui commençait déjà à se durcir et à gonfler. J'ouvris ensuite les mignonnes cuisses et je regardai l'orifice sexuel. Elle tenta de résister, puis se laissa faire. Je la branlai un peu, je l'embrassai, je l'amadouai et finalement je l'enfilai avec délices. Elle jouit copieusement en même temps que moi. C'est ma destinée d'avoir des sœurs.

— Dites-moi la vérité, maintenant, Sophie... Depuis combien de temps êtes-vous enceinte ?

Elle compta sur ses doigts :

— Depuis quatre mois et huit jours.

— Êtes-vous bien sûre ?

— Oh ! oui, malheureusement.

— Comment pouvez-vous le savoir ?

— Je n'ai jamais fait cela qu'un jour.

— Vous plaisantez.

— Non, je vous assure.

— Alors, rien qu'à vous le mettre une fois, vous êtes devenue enceinte ?

— Je ne sais pas si c'est la première fois. Ce qui est sûr, c'est que tout s'est passé le même jour, mais il me le fit presque toute la nuit, et le jour suivant presque toute la journée.

— Une douzaine de fois, alors.

— Je ne sais pas, j'étais trop malade et puis j'avais sommeil.

— Et qui est le père ?

— Je ne peux pas le dire, je n'ose pas, il m'arriverait malheur.

— Qu'est-ce que vous allez faire ?

— Je vais travailler à l'usine tant qu'ils voudront me garder.

La pauvre petite pleurait. C'était pour moi une fin de journée particulièrement excitante. Il me plaisait de manipuler ce con jeune et frais qui répondait à mes caresses. Je la branlai jusqu'à la faire monter au septième ciel, puis je l'enfilai de nouveau. C'était dans le lit même où, deux heures plus tôt, j'avais baisé Mme Pender.

Nelly était restée dans l'antichambre.

— Qu'avez-vous donc fait ? demanda-t-elle. Vous êtes restés plus d'une heure.

— Rien que de regarder.

— Oh ! là là ! quelle blague !

— A votre tour, Nelly, venez...

Elle ne voulait pas, elle était boudeuse et une heure s'écoula de la sorte. Il se faisait tard. Assis sur une chaise, j'attirai Nelly à cheval sur moi et relevai ses jupes. Elle avait le dos appuyé contre sa sœur. Je lui mis ma queue entre les jambes et lui en frottai les cuisses, mais elle m'échappa et ne voulut pas se laisser faire.

Elles me quittèrent et je sortis à mon tour peu de temps après.

Sur la route, il faisait noir ; je pus les rejoindre et Sophie me dit où et comment je pourrais la revoir. Je me sentais furieux de ce que Nelly n'avait pas voulu se laisser faire. J'éprouvais le besoin de l'avoir et je l'en priais dans les termes les plus lascifs. Ma requête l'excita et elle dit à Sophie de prendre les devants.

Alors je la poussai contre un arbre et là, en écartant les jambes, je parvins à lui introduire mon membre, mais ce fut difficile, car elle était étroite.

Nous étions bien en train de nous frictionner quand un bruit de voix et de pas se fit entendre.

— Oh ! fit-elle, laissez-moi.

J'espérais pouvoir terminer avant l'arrivée des importuns, je lui tenais le cul fortement, mais j'étais vidé ; aussi elle parvint à me faire déconner et elle s'esquiva en toute hâte.

La petite Sophie avait un béguin pour moi. Après l'avoir eue à plusieurs reprises, soit dans le sentier, soit en plein champ, je l'emmenai un jour à l'hôtel. J'avais du plaisir à la baiser, mais elle pleurait toujours.

— Pourquoi venez-vous me voir, alors ?

— Pour avoir un peu d'argent le jour où ils me mettront à la porte.

— Quand ?

— Quand ils s'apercevront que je suis enceinte.
J'obtins à la fin le récit de son aventure.

— Oui, c'est un bel homme, grand et fort, je n'ose pas dire qui c'est. Un soir, il vint à mon lit en disant : « Il fait froid. » C'était vrai. Il ajouta : « Laissez-moi me coucher près de vous ; il n'y a pas de mal, personne ne le saura. » Je lui dis que j'allais crier, mais il n'y avait personne à la maison que nous deux, et il le savait. Il me caressa. Il était gros et fort et je ne pouvais pas l'empêcher... Puis, il retroussa ma chemise... La sienne l'était déjà et il mit son ventre près du mien... J'étais hors de moi, comme assommée ; il me faisait mal et je criai... Je ne me souviens pas bien, mais il se tint couché sur moi longtemps, longtemps.

— Non, pas sur vous, mais dedans ! fis-je en souriant.

— Oui. Oh ! bien longtemps.

— Est-ce qu'il baisait toujours ?

— Je ne sais pas, de temps en temps il s'arrêtait, mais il ne la sortait jamais. Finalement, je dus m'endormir ou m'évanouir, car, en revenant à moi, je m'aperçus qu'il avait quitté mon lit. Dès que je fus éveillée, il revint dans mon lit et il recommença à me le faire je ne sais pas combien de fois. Au jour, il s'habilla, puis me dit : « Si jamais vous parlez à personne de ce que nous avons fait, je vous coupe la gorge avec ce rasoir. »

Ce récit entrecoupé m'avait délecté. J'aimais à penser à cette virginité prise d'assaut par un homme grand et fort qui devait être pourvu d'une belle pine. Il devait avoir commencé l'assaut vers neuf heures du soir et avoir continué sans interruption jusqu'au jour.

— Vous l'a-t-il fait depuis ?

— Non, jamais, il n'en a pas eu l'occasion.

— Oh ! vous deviez l'avoir excité auparavant. Ne

vous avait-il jamais fait des signes équivoques ? Ne vous avait-il pas déjà montré sa pine ?

— Oh ! toutes les deux, Nelly et moi, nous l'avions vue ; nous regardions par le trou de la serrure quand nous entendions...

Ici, elle s'arrêta court et s'aperçut qu'elle était sur le point de me donner la clef de l'énigme.

Je vis qu'elle était en veine de confidences. Doucement, je lui chatouillai le clitoris et je la suppliai de finir son histoire. Elle était excitée, elle aurait voulu que je l'enfilasse tout de suite, car ma queue était raide et elle la voyait.

— Oh ! faites-le-moi, dites.

— Non, ma chérie, pas avant que vous m'ayez dit le nom.

Elle se frotta les yeux, hésita, puis dit :

— C'est Tom !

— Qui ? Tom ?

— Le mari d'Esther.

— Qui est-ce, Esther ?

— Mon autre sœur ! Oh ! ne le redites pas, il me tuerait.

Excité au plus haut point, je l'enfilai et nous restâmes confondus de jouissance. L'instant d'après, elle finissait son histoire.

Elles étaient trois sœurs. Esther avait épousé Tom, un cultivateur, et Sophie vivait avec eux. Nelly, au contraire, vivait chez leur mère.

La mère s'étant trouvée dangereusement malade, Esther alla la voir pour en prendre soin avec Nelly. Par suite, Sophie resta seule au cottage avec son beau-frère, qui saisit l'occasion pour introduire sa pine dans le con de sa petite belle-sœur et pour la rendre enceinte.

Cette histoire, contée naïvement, m'émut de pitié pour la jeune fille et je résolus de lui venir en aide. La

mère était morte et les trois sœurs vivaient ensemble chez Tom. Je continuai de la voir de temps à autre et je lui donnai pas mal d'argent.

J'eus aussi Nelly. Elle devenait de plus en plus éhontée, lascive et mal embouchée, mais j'aimais la lubricité de ses manières.

CHAPITRE 21

J'étais en excellente forme. Couché de bonne heure, levé tôt, toujours au grand air, bien nourri, tout contribuait à me donner de la vigueur. Si un jour je n'avais pas de femme, le lendemain je ne faisais que bander depuis le matin jusqu'au moment de me mettre au lit.

Quand j'étais seul dans les bois, à la chasse, je sortais ma queue et je la regardai, heureux de la voir en si belle condition. A force de penser aux cons, j'en oubliais de tirer les lapins. Je me souviens d'avoir fait feu une fois sur un lapin avec ma pine hors du pantalon.

Un jour, j'étais dans un tel état d'érection que j'étais déterminé à me branler, quand j'entendis le roulement d'une voiture venant dans ma direction. Je vis qu'elle était conduite par une femme assise sur l'un des brancards, les jambes pendantes, laissant voir de gros mollets.

Le rut me mettait dans un tel état que je m'occupai peu des détails. Cette femme me paraissait vieille, mais eût-elle été ma grand-mère que j'eusse agi de même. Il y avait un con entre ses jambes et c'était assez. J'oubliai son âge, sa position, le risque d'être rebuté, et je ne pensai qu'à obtenir du soulagement.

Du reste, cette femme ne m'était pas inconnue. Le vieux fermier m'avait dit d'elle qu'elle avait été en son jeune temps la plus grande putain de la paroisse.

Je la saluai :

— Bonjour, la mère, venez donc un peu par ici...

Ma queue raide à souhait était sous ses yeux.

La femme se mit à rire, sauta de la voiture et s'arrêta.

— Venez !

— Non.

Mais elle restait immobile, indécise. Je lui jetai un coup d'œil et m'éloignai de la route. Elle me suivit.

Alors, sans préliminaires, sans dire un mot presque, je l'étendis sur de l'herbe un peu plus sèche que le reste et je pris avec elle un plaisir aussi grand que les meilleurs de ma vie, du moins il me parut tel.

L'affaire finie, elle s'éloigna, le con plein. Je me remis à chasser.

Un matin, je me mis en route pour Londres... Juste comme le train s'arrêtait, Molly et sa mère apparurent ; la jeune fille monta dans un compartiment de troisième classe.

Au premier arrêt, j'entrai dans ce compartiment et Molly ouvrit de grands yeux en me voyant. Nous nous mîmes à causer. Molly se rendait chez une tante qui devait se trouver au *Terminus*, à Londres. On devine sans peine le tour que je fis prendre à la conversation. Je lui murmurai à l'oreille les propos les plus lascifs. Une vieille femme en face de nous me regardait d'un œil sévère. A la fin, elle me dit :

— Vous connaissez cette jeune femme ?

— Bien sûr, autrement je ne lui parlerais pas.

Le visage austère de cette femme me causait une certaine gêne. Aussi fus-je ravi de la voir descendre deux ou trois stations plus loin. Avant de nous quitter, elle lança cette apostrophe à Molly :

— Prenez garde à vous, ma petite, il ne fait pas bon se lier avec des gens qu'on ne connaît pas.

Il y a des tunnels sur cette ligne et à cette époque les troisième n'étaient pas éclairées. Je profitai du premier tunnel pour embrasser la jeune fille qui me rendit mon baiser, puis je lui mis les doigts au con et les y gardai tout le temps que nous fûmes dans l'obscurité.

Il faisait froid et le jour était brumeux. Je m'assis près de Molly. J'étais enveloppé dans un manteau de voyage dont j'étendis les pans sur elle pour la recouvrir. Sous prétexte de lui réchauffer les mains, je les mis sous mon manteau et lui donnai ma pine à manier pendant près d'un quart d'heure. Elle avait peur d'être aperçue des gens qui se trouvaient dans le wagon, mais elle savourait néanmoins la douceur et la chaleur du contact.

Juste avant d'arriver à Londres, nous passâmes un autre tunnel. Je pus enfouir mes doigts dans le nid tiède de la vulve, puis je remis de l'ordre dans mes vêtements.

A la gare, contrairement à ce qu'elle pensait, personne n'était là pour l'attendre. J'avais déjà retenu une voiture quand je m'aperçus de son embarras.

— Il n'y a personne. Vous ne pouvez rester ainsi, venez prendre quelque chose... Sûrement il y a erreur.

Comment eût-elle pu refuser? Ses doigts avaient joué avec ma queue, les miens sentaient encore l'odeur de son con. Je fis charger sa valise et trois minutes après je la tenais en cabinet particulier tout près de la gare. Bientôt le petit con de la charmante Molly fut arrosé de mon essence.

Si sa mère avait connu les risques qu'elle courait, elle ne lui aurait jamais permis ce voyage à Londres.

La tante de Molly était épicière. Je la conduisis près de l'adresse qu'elle m'indiqua, mais par la suite

elle ne tint pas la promesse qu'elle avait faite de me revoir, aussi me rendis-je sur place. Je l'aperçus qui se tenait dans la boutique, elle me reconnut et secoua la tête. Je passai et repassai à pied, puis en voiture ; je craignais que toute la rue ne s'aperçût de mon manège.

A la fin, elle vint et put me dire :

— Tante ne veut pas me laisser sortir seule. Mère le lui a bien recommandé. Je ne puis rester que cinq minutes.

Elle cherchait un bureau de poste ; je lui en indiquai un tout près. Elle glissa une lettre dans la boîte et, après m'avoir demandé de ne pas la suivre, elle rentra au magasin. Je lui écrivis deux fois par la suite et n'obtins pas de réponse.

Un matin que je passais devant la boutique, j'aperçus, flânant dans ces parages, un jeune garçon en complet de velours. C'était Gilles. Elle lui avait écrit, c'est sûr. Caché dans un cab, je vis sortir la jeune fille qui s'en fut le rejoindre ; ils pénétrèrent dans un café où je savais que l'on donnait des chambres. J'étais roulé.

Je revins à la campagne où j'eus l'occasion de revoir Mme Pender. Entre autres histoires, elle me dit :

— Cette petite gale de Molly donne beaucoup de tourments à sa mère. Elle était à Londres chez sa tante et il paraît qu'on l'a vue entrer dans un hôtel avec un homme. Gilles a quitté le village. La mère croit qu'il court après sa fille. Aussi a-t-elle dit à Molly de revenir.

Ce qu'il y a de certain, c'est que Molly, deux ou trois jours après, était de retour, aussi fraîche qu'une rose, avec l'air modeste d'une putain qui assiste à un baptême.

Mais bientôt après, Molly devint malade et blême

et son visage perdit sa fraîcheur. Je n'y comprenais rien. Le mauvais temps forçant les gens à rester à la maison, je n'avais guère de chances de pouvoir la posséder encore. Quand je la voyais, ce n'était guère que pour une minute, mais j'en profitais pour tirer ma queue et lui montrer. Un jour, je le fis dans le corridor pendant que ma tante marchait devant. J'essayai de la faire sortir, mais elle ne voulut pas. En outre, Fred était revenu et se trouvait beaucoup trop souvent, à mon gré, sur mon chemin.

Il y eut à cette époque une revue non loin de chez nous, à laquelle Fred devait assister en uniforme. Tout le monde, tante, cousines et moi-même, nous devions l'accompagner.

La voiture était déjà à la porte quand je dus aller aux W.-C. Comme j'en sortais, j'aperçus Fred au bout du corridor, il descendait tranquillement.

« Pourquoi est-il venu en haut ? me demandai-je. Il a mis bien longtemps à s'habiller. »

Un soupçon me passa par l'esprit : j'étais près de la chambre des bonnes, je collai mon oreille à la porte et j'entendis remuer ; j'ouvris doucement et j'aperçus Molly, toute rouge, rajustant son corsage et sa chevelure, elle descendait rapidement sans m'avoir vu. L'instinct me dit qu'elle avait été baisée par Fred.

Je me précipitai en bas : Fred et tout le monde étaient dans la voiture et ma tante était en colère de ce que je les faisais attendre.

J'invoquai mon indisposition et je les assurai que si je me sentais mieux, je les suivrais immédiatement à cheval.

Le majordome et Molly étaient dans le hall avec la cuisinière. C'étaient les seuls qui restassent à la maison.

J'envoyai le majordome au village me chercher quelque médecine, après avoir demandé à Molly, devant lui :

— Est-ce vous qui allez faire l'ouvrage à la maison ?

— Oui, monsieur.

— En ce cas, arrangez ma chambre aussi vite que vous pourrez, car je ne suis pas bien et veux me recoucher.

— Bien, monsieur.

— Occupez-vous de la chambre tout de suite, dit le majordome.

Molly s'éclipsa. Je vis l'homme partir pour le village et courus aussitôt à ma chambre. Molly s'y trouvait. Je verrouillai la porte et sortis ma pique. Jamais Molly ne m'avait tant résisté. Elle luttait, me battait.

— Qu'arriverait-il s'il venait quelqu'un ? Je serais perdue.

— Personne ne peut venir, ma chérie, tout le monde est dehors, à part la cuisinière, et si elle a besoin de vous, elle croira que vous êtes allée chez votre mère.

Mais elle luttait toujours, implorait, suppliait : elle me reverrait une autre fois, elle ferait n'importe quoi si je voulais la laisser, elle était indisposée, que saisje ?

Tout fut inutile. J'avais été, bien malgré moi, chaste pendant quelques jours. La fascination de la queue exerça sur elle son impression bienfaisante, elle céda ; je la jetai sur mon lit, je la montai, l'enfilai et en une demi-douzaine de plongées l'affaire fut faite.

Je me dressai sur un coude et regardai la jeune fille. La pensée que ma pine reposait maintenant dans le foutre de Fred mélangé au mien, au lieu de m'horrifier, me causait une irritation voluptueuse. La pine toujours enfoncée dans le vagin, je pris la jeune fille par les fesses et lui dis en la regardant bien en face :

— Fred vient de vous baiser tout à l'heure !

— Oh ! fit-elle, avec un sursaut qui me fit déconner, en voilà une sotte histoire ! Laissez-moi !

Mais je la tenais bien, je parvins à replacer mon membre dans son logement et je dis encore :

— Je suis sûr qu'il vous l'a fait... Tiens ! tiens ! Je l'ai vu... han !... quitter la chambre... han !... et vous êtes sortie par l'autre porte... Han !... han !... han !... Laissez !... Han ! han ! han !...

— Ah ! non. Lâchez-moi.

— Non, impossible... Han... Je vais jouir... Han ! Oh ! mon amour... Han ! ah ! hâ, â... â... ôôôôô...

Nos lèvres mouillées s'étaient jointes... un spasme suprême et mutuel mit fin à nos mouvements, à nos soupirs, à nos paroles... Elle gisait à présent immobile, parfaitement tranquillisée par l'intensité de son plaisir.

— Oh ! si quelqu'un venait ! fit-elle enfin.

— N'ayez aucune crainte, je dirai que vous n'êtes pas là et personne ne peut entrer sans ma permission. Avouez que Fred vient de vous enfiler.

— Non, c'est un mensonge...

Et elle sauta du lit, puis s'en alla vite, le con saturé de sperme.

Au bout de deux heures, je sonnai et elle revint, je lui promis un bonnet neuf si elle voulait se laisser faire et, comme elle était consentante, il me vint à l'idée un voluptueux caprice, je la tournai le ventre sur le lit, la croupe de mon côté, pour l'enfiler par-derrière.

— Qu'est-ce que vous voulez faire ? demanda-t-elle. Vous ne pouvez pas comme cela.

— Si, mon amour, facilement.

— Ah ! je n'aime pas qu'on me relève les jupes de ce côté.

Je dus la faire se retourner deux ou trois fois, car elle résistait, mais j'arrivai à mes fins. Quand tout fut

consommé, la jeune fille était tout étonnée... Jamais, j'en suis sûr, elle n'avait été enfilée dans cette attitude.

Molly retourna à Londres et j'eus l'occasion de la revoir par la suite. Elle s'était faite putain, mais je ne pus apprendre depuis combien de temps elle avait embrassé cette profession. Je restai avec elle tout un soir et elle me permit de lui trousser les jupes et de lui ouvrir les cuisses avec une liberté qu'elle n'avait jamais montrée auparavant. Je pus en déduire qu'elle avait eu plus d'une pique dans la fente depuis le jour où elle avait eu la mienne. Elle était voluptueuse et avait un con exceptionnellement juteux.

Peu de temps après, elle épousa Gilles, son amoureux, et ils s'installèrent à quelques milles du manoir. Elle eut un enfant et chacun au village crut que c'était un bâtard de Gilles. Je suppose qu'il ne sut rien de toute la vie passée menée par son épouse, car, heureusement, les cons ne peuvent pas parler.

Fred, au cours d'une promenade, m'avoua qu'il avait possédé cette petite deux ou trois fois et même une fois en uniforme.

— Vous rappelez-vous, Walter, le jour où vous étiez malade ?

Si je m'en souvenais, certes, mais je ne lui dis pas que je lui avais succédé.

CHAPITRE 22

Avec Fred, je me rendis à Londres, lui pour revoir Laura, et moi pour me procurer des amusements du même ordre.

Laura était une des rares femmes de sa classe que j'aie trouvées bien éduquées; elle vivait chez elle avec une amie originaire de Plymouth. Cette amie s'appelait Mabel et avait l'air d'une jeune fille modeste et réservée.

Laura se faisait passer pour la femme légitime de Fred et Mabel lui avait été confiée pour lui tenir compagnie.

Un soir, au sortir du théâtre, Fred commanda un souper luxueux et une folle gaieté s'empara de nous quatre. La nuit était froide et brumeuse; il était trois heures du matin. Je leur dis qu'il était trop tard pour rentrer chez moi et que j'allais dormir sur le sofa.

La conversation avait été particulièrement épicée, aussi Fred ne se gêna pas pour dire que je ferais beaucoup mieux de coucher avec Mabel.

Laura lança un coup d'œil de surprise à son ami, mais la conversation était lancée. Mabel s'était mise à rire, et, après des sous-entendus, on en vint aux histoires les plus osées.

Fred nous laissa bientôt pour aller se mettre au lit.

Laura attendait que Mabel allât se coucher aussi, mais la jeune fille ne l'entendait pas ainsi et continuait à rire et à plaisanter. Laura se fâcha. Entendant du bruit, Fred revint en chemise de nuit et dit à Laura que si elle ne venait pas tout de suite, il allait sortir et chercher une autre femme. Laura nous quitta alors. Fred avait besoin de tirer son coup avant de s'endormir.

Nous restions donc seuls, Mabel et moi. J'attirai ma chaise près d'elle et, tout en buvant du whisky, je lui dis :

— Oh ! que je voudrais être à la place de Fred !

— Pourquoi ?

— Parce qu'il est entre les cuisses de Laura, ventre contre ventre. Qu'il doit y faire chaud et comme ce doit être délicieux par cette nuit froide !

— Oh ! c'est mal, ce que vous dites là !

— C'est mal, dites-vous ? Mais non, ma chérie... C'est, au contraire, tout à fait convenable et naturel. Nous sommes faits pour nous réchauffer mutuellement et nous donner l'un à l'autre du plaisir.

— Quand on est marié, seulement.

— Marié... Peuh ! Alors combien de millions d'êtres ne goûteraient jamais le plaisir ?

Elle était excitée, je l'embrassai et je fus embrassé. Je me portais sur un coin du sofa et petit à petit ma main se fit un chemin de ses chevilles jusqu'à ses cuisses, puis, pendant que je la saoulais de baisers, ma main atteignit son con et la sienne m'empoigna la queue.

Elle avait les yeux fixés sur moi et palpitait doucement de volupté. Ses jupes étaient au-dessus de ses genoux. Je vis des jambes gainées dans des bas noirs, l'un d'eux était en tire-bouchon à moitié du mollet.

J'avais à cette époque une telle horreur des bas noirs que j'étais privé à leur seule vue de tous mes

moyens amoureux. En voyant ceux de Mabel, le désir me quitta et ma queue commença à s'affaisser. J'essayai de réagir, mais en vain ; une nervosité spéciale s'était emparée de moi, j'étais vaincu.

Je cessai de sonder avec mes doigts le con de la jeune fille, ma queue glissa de sa main et, la titillation cessant, Mabel rabattit ses jupes en me regardant d'un air étonné.

Je restais assis sans mot dire.

— Êtes-vous malade ? fit-elle.

— Oui, fis-je en me raccrochant à cette planche de salut... Une faiblesse passagère... Bientôt je vais être mieux.

Elle me crut et me fit boire un peu d'eau fraîche, puis nous nous assîmes un moment. Je regardais son beau cou blanc, je pensais à la délicieuse blancheur dont son cul devait être pourvu ; j'essayais de me sortir de la tête les maudits bas noirs, mais je ne pouvais y parvenir. Le charme était rompu. Mabel dit qu'elle allait se mettre au lit.

Reprenant courage, je lui demandai :

— Est-ce que votre cul est aussi blanc que votre cou ?

— Je ne sais pas, mais Laura me dit toujours que j'ai la peau la plus blanche qu'elle ait jamais vue, et à l'école les filles m'en disaient autant.

Je vis en imagination le beau cul blanc et les cuisses satinées. Le rut s'empara de nouveau de mes sens.

— Oh ! laissez-moi voir !

Je l'avais reprise ; ma lubricité était déchaînée. Je lâchai un torrent de paroles obscènes qui auraient suffi à exciter les passions de toutes les femmes de Londres. J'avais oublié les bas.

— Chut ! fit-elle. Laura va nous entendre.

Effectivement, Laura vint à la porte en chemise de nuit.

— Je viens voir si vous vous décidez à vous mettre au lit.

— Ne vous faites pas de bile à ce sujet, répondit Mabel.

— Vous en parlez à votre aise. Aussi longtemps que vous resterez ici, je suis en droit de vous surveiller. Quand vous serez chez vous, vous ferez ce que vous voudrez.

— Oh ! là là ! je suis assez grande pour savoir ce que j'ai à faire.

Elles se querellèrent. Fred sortit à son tour :

— Que diable avez-vous besoin de vous mêler de ces affaires, Laura ? Venez donc vous coucher...

Après une minute d'altercation, Fred et Laura se remirent au lit.

Alors Mabel dit qu'elle allait se coucher, mais auparavant elle était obligée de monter cinq minutes et elle allait redescendre.

— Vous aller pisser, hein !

— Oui !

— Oh ! que je voudrais voir.

— Une autre fois.

Cinq minutes après j'étais sur le lit avec elle et je l'enfilai avec vigueur malgré ses bas noirs ; mais les premiers mots que je dis en déconnant furent ceux-ci :

— Je déteste les bas noirs.

— Je ne peux pas les supporter moi-même, me répondit-elle, mais je suis en deuil.

Quand elle eut quitté ses bas, je retrouvai toute ma vigueur et, après un ultime coup, nous tombâmes tous les deux endormis. Un coup frappé à la porte nous réveilla ; il faisait grand jour. J'ouvris. Laura me regarda, puis regarda Mabel et se mit à dire :

— Le plus tôt que je me débarrasserai de vous sera le mieux.

Sur ces mots elle nous quitta. Mabel se rendormit; je me remis au lit près d'elle et la baisai de nouveau.

Je connus par la suite Mabel depuis la tête jusqu'aux pieds. Maintenant, elle se lavait le con après chaque coup tiré et je lui demandai pourquoi elle ne l'avait pas fait la première fois.

— Parce que cela porte malheur!

Je ne pus obtenir aucun éclaircissement sur cette bizarrerie, mais j'ai la conviction qu'elle avait connu déjà avant moi la sensation d'une pine dans son con.

Elle avait un cul magnifique et était adorablement faite. Elle était potelée et pouvait avoir vingt et un ans. Sa peau était d'une merveilleuse blancheur. Comme Laura, elle avait reçu une bonne éducation.

Trois semaines environ après que j'eus conquis Mabel, Fred et moi nous nous rendîmes avec quelques amis à la chasse, dans le Nord. On était alors à la fin du mois de novembre et tous les arbres étaient dépouillés de leurs feuilles.

J'avais différentes cousines, dont deux, d'environ dix-sept ou dix-huit ans, achevaient leurs études dans une pension de demoiselles.

C'était un grand bâtiment de construction ancienne, tenu par trois dames, dont l'une s'était mariée, bien que déjà âgée de quarante ans, à un pasteur âgé lui-même de soixante-cinq ans. Les sœurs non mariées avaient entre cinquante et soixante ans. C'étaient des personnes austères et guindées.

Maria, celle qui était mariée, avait un aspect agréable, une belle chevelure d'un noir de jais, des yeux couleur de noisette et un embonpoint d'heureux augure. Elle avait eu des chagrins d'amour dans sa jeunesse et quand le clergyman, qu'elle connaissait depuis l'enfance, la demanda en mariage, elle accepta, sans doute pour avoir un compagnon dans la vie et aussi pour la considération que lui valait cette situation dans le voisinage.

A l'origine, la maison était assez spacieuse pour former deux pensions séparées. On l'avait divisée en deux parties au moyen de murs et de cloisons hâtivement construits. La partie la plus petite était habitée par Maria et son mari. Un jardin potager y était attenant. Tout l'accès à l'autre partie, jardin et classes, était clôturé par des briques.

Quand on dirige un établissement de demoiselles, toutes d'âge à se sentir pisser et dont les cons se recouvrent déjà d'une floraison pileuse, il importe de n'y laisser accéder aucun mâle, ce mâle fût-il même un curé de soixante-cinq ans. Les jardiniers, qui étaient des hommes âgés, n'y avaient pas accès non plus.

Bien qu'en principe on ne reçût pas les familles, les parents des jeunes demoiselles pouvaient rester une semaine ou deux chez le pasteur, en payant, bien entendu.

Les invitations pour la chasse que nous avions reçues, Fred et moi, étaient justement pour cette contrée et il se trouva que ma tante vînt séjourner une semaine chez Mme Maria pour être près de sa fille.

Nos amis ne pouvaient donner l'hospitalité qu'à Fred seulement. Mais plutôt que d'être séparés, nous écrivîmes au vieux pasteur pour lui demander s'il ne pourrait pas nous recevoir en même temps que ma tante.

Il y consentit et nous y transportâmes aussitôt nos pénates. Après avoir déposé nos bagages, je me rendis dans la chambre de Fred.

— Voici une magnifique armoire, dit-il, en ouvrant la porte d'un grand meuble assez vaste pour contenir quatre personnes. Si une femme couchait dans cette chambre, elle croirait toujours qu'il y a quelqu'un de caché là...

Il était en train d'y accrocher un vêtement quand tout à coup il s'arrêta pour écouter.

— Dieu me damne si je n'entends pas des femmes en train de rire ! Chut !

Mais il n'entendit plus rien.

Deux ou trois minutes après, il me dit :

— Venez, Walter !

Tous les deux, nous entendîmes des voix de femmes, mais assez indistinctement.

Fred alluma une bougie.

— Voyez, fit-il. Voici une vieille porte condamnée. Elle doit donner sur une chambre. Que ce serait amusant de l'ouvrir ou d'y percer un trou ! Il n'y a rien que j'aime comme entendre ce que disent les femmes quand elles ne savent pas qu'on les écoute.

Je lui objectai que c'était malhonnête, et que cette chambre pouvait être celle de sa sœur.

— Qu'importe ! fit-il en riant, alors tout se passerait en famille.

Nous allâmes dîner, puis nous revînmes à sa chambre. Il se rendit tout de suite au cabinet, défit son nécessaire de chasse, en sortit un petit tournevis et essaya de dévisser la fermeture, mais ne put y parvenir. Il se rendit au village et en rapporta un tournevis plus fort avec lequel, non sans peine, il parvint à ouvrir la porte.

Nous nous trouvâmes alors dans une pièce vide qui devait servir de communication entre les deux maisons avant qu'elles fussent séparées.

Le lendemain, après le déjeuner, ma tante, Fred et moi, nous fîmes le tour pour aller voir sa sœur qui était ma cousine. On nous fit voir les chambres et presque toute la maison. Fred avait eu soin auparavant de repérer les fenêtres.

— Quelle est cette pièce qui est fermée ? demanda-t-il.

— C'est la salle de bains, répondit sa sœur, regardez comme elle est jolie.

Nous y entrâmes. C'était la pièce sur laquelle donnait le passage que nous avions découvert.

Fred me lança un coup d'œil et, quand nous fûmes seuls, il laissa éclater sa joie.

— Seigneur ! on pourra les voir toutes nues !

En effet, les cloisons avaient joué, il y avait des fissures, il suffisait de passer un canif et de trouer la toile et le papier.

— Vous verrez, ajouta-t-il, ce qu'on va s'amuser ! On va voir les filles au bain et il y en a deux ou trois qui sont diablement jolies.

— Le diable vous emporte ! Fred, vous oubliez que l'une d'elles est votre propre sœur.

— Et quand ce serait ma mère !... Est-ce que vous n'avez pas vu leurs cons ?...

— Oui, mais elles étaient encore des enfants.

— Eh bien !... Elles sont seulement plus grandes, et elles ont probablement du poil. Si ça vous gêne, vous pourrez ne pas regarder.

— Mais si on nous découvre, nous serons déshonorés. Si c'était dans un hôtel ou ailleurs, je ne m'en inquiéterais pas, mais ici !...

— Personne ne nous verra.

— On pourra voir la fissure faite dans le papier.

— Mais non ! on croira que c'est le papier qui a cédé sous l'action du bois. Mon Dieu, que vous êtes timoré !

Rien ne l'arrêta. Avec un long couteau, il pratiqua des ouvertures de plusieurs pouces de long, à travers lesquelles nous pûmes voir la salle de bains, les serviettes, les peignoirs et un grand canapé canné. Il ne se passa rien ce jour-là, mais le lendemain matin, Fred vint m'éveiller en me disant :

— Levez-vous vite, une servante est en train de préparer les baignoires.

Deux minutes après j'étais près de lui. Nous vîmes

entrer deux jeunes demoiselles qui se déshabillèrent et se mirent au bain. La pièce n'était éclairée que par une bougie qui donnait une lumière insuffisante. Cependant, nous vîmes les deux jeunes filles s'essuyer tout le corps et s'attarder particulièrement à sécher la toison mouillée de leurs cons. Nous vîmes le poil dessus et dessous et tous leurs petits secrets. Nous sûmes par la suite qu'elles étaient sœurs.

— Oh! je vais éclater, dit Fred; et vous, Walter, comment vous sentez-vous?

Comme lui j'étais fou de désirs à la vue de ces deux jeunes filles nues, fraîches et modestes, qui se livraient sans soupçon aux gentils soins de leur toilette la plus intime.

Deux autres jeunes filles leur succédèrent, elles prirent leur bain en vitesse, comme si l'opération ne leur plaisait pas.

— Voici Carry, dit Fred.

Je regardai et vis entrer mes deux cousines.

— Seigneur! quelle collection de poils elle a maintenant sur le con! me chuchota à l'oreille cet animal de Fred.

— C'est bien mal ce que vous dites là, savez-vous!

— Le diable vous emporte! Ne regardez pas si vous voulez.

Mais je regardais, je ne pouvais pas m'en empêcher. J'avais au plus haut point le sens de l'honneur, mais mon désir fut le plus fort et je vis mes deux cousines toutes nues.

— Holà! voici Mme Maria, souffla Fred.

C'était elle. Elle se déshabilla et nous contemplâmes une jolie femme dodue, potelée, pourvue entre les cuisses d'une telle masse de poils noirs qu'il y en aurait eu assez pour garnir le coussin d'un sofa.

Fred était médusé.

— Que Dieu me damne, fit-il, si je n'aime pas mieux celle-ci que toutes les autres !

Nous ne pouvions suivre tous ses mouvements, mais quand elle sortit du bain, nous fûmes gratifiés du plus voluptueux spectacle qui se puisse rêver.

Elle avait mis un pied sur une chaise et, bien placée vis-à-vis de nous, elle se frottait avec une serviette tout autour du con et du cul ; elle nous montrait sans s'en douter deux tétons superbes, bien placés et bien fermes, deux bras ronds et potelés, deux cuisses charnues, entre lesquelles apparaissait parfois la chair vive d'un joli con bien dessiné, le poil noir de ses aisselles et son ventre rond et blanc. A la voir ainsi sous la faible lumière de la bougie, on ne lui aurait pas donné plus de trente ans.

— Quelle pitié qu'elle n'ait jamais été proprement foutue, Fred ! Je parierais que ce vieux gâteaux de pasteur ne peut rien lui faire, sinon la branler !

Ce matin-là, il n'y eut que quatre ou cinq demoiselles qui prirent un bain et, les jours suivants, nous vîmes entrer les mêmes.

Fred, passionné pour la chasse, s'en alla avec un ami dans une propriété à quelques kilomètres de distance de là, et je restai seul avec ma tante chez le révérend.

C'était un samedi. Pensant que je pourrais avoir la chance de voir quelque chose, je me rendis dans la chambre de Fred, dont il m'avait laissé la clef, et je vis alors la salle de bains tout éclairée par la lumière du jour et par un grand feu qu'on y avait allumé.

Oh ! quelle soirée inoubliable !... Il me parut bientôt évident que toute la pension devait prendre un bain ce jour-là.

Les jeunes demoiselles y vinrent tour à tour, soit seules, soit par couples de deux. Parfois, la maîtresse venait jeter un coup d'œil pour le bon ordre.

Elles étaient vêtues uniquement d'un peignoir passé par-dessus la chemise et avaient les pieds dans des sandales. Quand la maîtresse était présente, le décorum était scrupuleusement gardé. Chaque jeune fille déposait sur une chaise son peignoir et sa chemise, en tournant le dos à sa camarade, puis entrait dans le bain.

Quand elles quittaient la baignoire, elles s'avançaient d'un pas et venaient s'essuyer juste en face de mon observatoire. Des servantes entraient et vidaient les baignoires. Quelques jeunes filles ne prenaient qu'un bain de pieds. Tout se passait si tranquillement et si modestement que je pouvais à peine entendre un mot de ce qu'elles disaient.

La maîtresse vint à partir. Deux jeunes filles étaient au bain et, dès lors, adieu toute réserve ! L'une d'elles quitta sa baignoire et entra dans celle de son amie et elles s'amusèrent à se donner réciproquement des claques sur le cul. Je les entendis alors parler de mon cousin et de moi.

Elles vinrent se mettre devant le feu. L'une d'elles traversa la pièce et alla verrouiller la porte, puis, l'une après l'autre, elles mirent un pied sur une chaise et s'examinèrent mutuellement le con. Incapable de me contenir plus longtemps, je me branlai avec délices contre la cloison et je puis bien avouer qu'après l'avoir fait une fois, je recommençai, tellement j'étais excité par la nudité de ces deux jolies filles. Depuis huit heures du soir jusqu'à dix heures que dura le bain, je restai à regarder et à me branler aussitôt que ma queue se mettait à raidir. Je vis ainsi successivement presque tout le pensionnat et, en outre, quatre jeunes servantes.

Je regardai particulièrement mes cousines et je vis que chacune d'elles avait du poil au con.

En général, il était difficile d'entendre la conversa-

tion des jolies baigneuses ; la plupart du temps elle roulait d'ailleurs sur des choses insignifiantes, à l'exception des deux jeunes filles qui s'étaient examinées réciproquement face au feu.

J'avais ainsi entendu l'une qui disait à l'autre :

— Je me demande si les hommes se regardent ainsi entre eux leur affaire... Je crois qu'ils le font.

— En tout cas, les garçons le font. Miss Eveline m'a dit qu'elle avait vu deux de ses frères qui se frottaient mutuellement leur affaire.

— Vrai !

— Oui.

— Est-ce que ce n'est pas drôle que les affaires des hommes puissent être mises dans les nôtres ?

— Oh ! oui, alors !

— Ce doit être sale !

— Vous devriez bien demander à Miss Yvonne de nous faire voir encore ce livre, vous savez !

— Je le lui ai déjà demandé, mais elle ne l'a plus.

— Oh ! qu'il était drôle !

— N'est-ce pas.

Et toutes les deux se mirent à rire.

— Dépêchons-nous. On va se demander pourquoi nous sommes si longtemps.

— Chut ! Voici quelqu'un.

Les servantes vinrent à leur tour ; la maîtresse était avec les deux premières et leur dit d'éteindre le feu.

Dès qu'elle fut dehors, l'une d'elles se mit à dire :

— Vieille peau, va !

Pour moi, il était toujours plus excitant de voir une femme avec des bas et des chaussures que de la voir complètement nue. Les jeunes demoiselles étaient venues à moitié déshabillées de leurs chambres ; au contraire, les servantes vinrent tout habillées, portant des chandelles avec elles. C'étaient des femmes entièrement formées et mon plaisir s'accrut de les

voir graduellement se déshabiller. L'une d'elles dit tout haut :

— Je ne vais faire que me laver les pieds. Il fait trop froid.

Elle prit de l'eau dans la baignoire, la mit dans un bassin, enleva ses chaussures et ses bas et, troussant ses jupes en paquet jusqu'aux cuisses, elle se lava les pieds devant le feu. C'était une femme de forte structure. Comme elle était placée, je ne pouvais lui voir le con.

L'autre femme s'était déshabillée et était entrée dans le bain. Je l'avais vue toute nue et, bien qu'elle fût laide de visage, je me branlai en la regardant.

Les deux qui leur succédèrent étaient beaucoup plus jeunes.

— Ravivez le feu, dit l'une, mais ne faites pas de bruit, car il y aurait du grabuge à cause du charbon.

— Oh ! ils sont tous au lit, à cette heure-ci.

Toutes les deux se mirent en chemise, l'une dit tout haut :

— Je ne veux pas me baigner après la cuisinière.

Et elle laissa couler l'eau.

— Faites attention. L'eau ne sera plus chaude. On en a tant dépensé aujourd'hui.

— Alors, je ne prendrai pas de bain.

L'autre femme était près du feu, le dos tourné, et tenait sa chemise relevée pour se chauffer le cul. Elle se trouvait placée de côté par rapport à moi.

La première s'approcha du feu à son tour. Elles prirent alors une chaise et s'assirent en relevant leurs chemises. L'une d'elles se rapprocha de sa compagne, inclina la tête vers ses cuisses qu'elle embrassa, puis se mit à la regarder entre les jambes et lui plaça la main sur le con. L'autre, à son tour, avança la main vers les cuisses de son amie et elles se manipulèrent réciproquement pendant trois ou quatre minutes.

— Est-ce que la porte est fermée ? dit l'une d'elles tout à coup.

Elle se leva et alla s'en assurer.

Puis elle déposa ses vêtements sur le sofa et s'y étendit tout du long. L'autre, aussitôt, quitta sa chemise et se mit à lécher le con de celle qui était couchée.

Je ne voyais que sa tête qui couvrait l'entre-deux des cuisses et ne pouvais me rendre un compte exact de ce qu'elle faisait. Bientôt après, d'ailleurs, elle monta sur son amie. Je pensais qu'il s'agissait d'un simple caprice. A la vérité, j'avais déjà vu une femme opérer sur une autre, mais j'étais resté incrédule.

Maintenant, je les voyais toutes les deux agir comme un homme et une femme. Quelquefois les deux cuisses de l'une entre les cuisses de l'autre, quelquefois les jambes entrelacées. Leurs mains s'agrippaient fortement aux fesses ; les cuisses de l'une s'arrondissaient sur les reins de l'autre, les bouches se rencontraient, les derrières se mouvaient et se contorsionnaient sans discontinuer.

Elles restèrent bien ainsi une demi-heure, se reposant parfois pour reprendre ensuite avec plus de vigueur. J'entendis des baisers et des soupirs, comme en laissent échapper des femmes en pleine crise voluptueuse.

La lumière s'éteignit. Il n'y avait plus, pour éclairer la pièce, que la flamme du foyer. La femme qui était dessus se releva et demanda :

— Est-ce qu'il n'y a pas d'autre bougie ?

— Non.

— Il faut aller à la cuisine en chercher une. Nous ne pouvons pas rentrer dans notre chambre sans lumière.

Elle se leva et sortit après avoir passé sa robe.

L'autre raviva doucement le feu, puis, s'asseyant

de nouveau, elle se mit la main sur le con et se branla gentiment. Elle dut éprouver du plaisir, car sa tête s'affaissa doucement tandis que ses doigts s'immobilisaient. La flamme du foyer qu'elle avait ravivée me permettait de tout voir.

Son amie revint bientôt avec deux bouts de bougie et toutes les deux sortirent. Ni l'une ni l'autre n'avaient pris de bain.

Je m'en retournai à ma propre chambre et, surexcité par tout ce que j'avais vu, je me branlai de nouveau jusqu'à extinction de ma chaleur vitale.

CHAPITRE 23

Quand je m'éveillai, le dimanche matin, je crus que j'avais été le jouet d'un songe. L'image d'une douzaine de femmes nues passait et repassait sans cesse devant mes yeux. Je ne pouvais penser à autre chose et j'attendis à la grande porte pour voir passer les jeunes demoiselles qui se rendaient à l'église. Je les suivis à quelque distance. Elles étaient conduites par Mme Maria. J'essayais de deviner par-derrière quelles étaient celles que j'avais vues toutes nues. De temps à autre, je regardais aussi Mme Maria et je pensais aux charmes poilus de son con et de ses aisselles.

A l'église, placé dans un vieux banc carré, je pus voir la plupart des visages des jeunes demoiselles et je les regardai pendant tout le service. Je reconnaissais chaque visage, et au-dessous, je me rappelais le cul, les tétons et la motte de chacune d'elles. Ma queue, si bien branlée la veille, se tint érigée pendant tout le sermon.

Je revins à l'église l'après-midi, parce que quelques pieuses jeunes filles aimaient à assister aux deux services.

Le soir encore, j'y retournai, parce que les ser-

vantes y allaient, et je m'assis près des deux plus jeunes, celles qui s'étaient si tendrement aimées.

Le soir de ce dimanche, Fred revint. Je lui racontai tout ce que j'avais vu.

Fred me raconta que pendant son séjour aux Indes il entretenait trois jeunes filles à la fois dans un « bungalow ». Il les avait achetées à leurs parents comme vierges, au prix de vingt shillings chacune. Il était au courant des habitudes féminines de ce pays et il m'expliqua comment les femmes satisfaisaient leurs passions les unes avec les autres dans les harems, quand elles n'avaient pas d'hommes à leur disposition.

Ses petites amies, me dit-il, se gougnottaient entre elles et il s'amusait souvent à les voir opérer sous ses yeux.

Après le déjeuner, n'allant pas chasser, Fred et moi, nous allâmes à la ville pour voir nos femmes. Cinq minutes après notre arrivée, en visite chez Laura, la maîtresse de Lord A..., que j'appellerai Lady A... Après avoir dégorgé notre sperme dans les cons respectifs de nos amies, nous rentrâmes tous les quatre au salon, où Lady A... nous attendait tranquillement.

Fred me demanda ce que j'avais fait. Je lui posai la même question et la conversation, s'échauffant, prit un tour assez risqué sans toutefois de propos trop lubriques.

Lady A... se prit à dire que nos deux amies étaient bien heureuses... Quant à elle, elle n'avait pas vu Lord A... depuis un mois et on ne lui avait rien fait pendant tout ce temps.

Fred avait à sortir. Il revint au bout d'une heure et me montra une collection de gravures érotiques qu'il se proposait de jeter dans le jardin de la pension, où les jeunes demoiselles se promenaient chaque jour quand le temps était beau.

Je lui objectai que sa sœur et sa cousine pourraient les trouver.

— Qu'importe ! fit-il. L'essentiel est de les instruire. Je suis sûr qu'à regarder ces délicieuses cochonneries, elles seront si enragées qu'elles ne sauront pas si elles ont le cul par-devant ou par-derrière.

Je lui suggérai de les envoyer par la poste à l'une des demoiselles.

— Jamais de la vie ! fit-il. Elle les garderait pour elle ; il faut qu'elles soient vues par plusieurs. Elles se le diront les unes aux autres et toutes les verront. Ce jour-là, il y aura sous les draps plus d'un joli doigt en action sur un mignon bouton.

L'idée de voir ces jeunes filles en contemplation devant des gravures obscènes le chatouillait délicieusement.

Revenu à la pension, nous vîmes les demoiselles dans le jardin.

— Voici Carry, dit Fred en me montrant sa sœur qui approchait avec d'autres jeunes filles.

Nous avions jeté tout le paquet de gravures : nous vîmes un groupe s'approcher de l'endroit, ramasser le paquet et, l'instant d'après, toutes les têtes étaient rapprochées pour voir. Comme deux ou trois autres venaient les rejoindre, celle qui tenait les dessins les dissimula et toutes ensemble s'esquivèrent dans un coin du jardin.

Fred était ravi et il exprimait ses pensées de la façon particulière qui lui était habituelle.

— Oh ! mon cher, à l'heure qu'il est, leur con est chaud comme braise... Elles serrent leurs cuisses... leur cul se tortille. Elles vont toutes se branler ce soir, les jolies chéries.

Peu de temps après, Fred me dit qu'il devait aller à la ville par le prochain train. Je me proposai pour l'accompagner.

— Je dois aller chez un tel et un tel, me dit-il, et je ne pourrai guère être avec vous.

Voyant cela, je résolus de rester.

En rentrant à la maison du pasteur, je vis Mme Maria habillée pour sortir. Elle allait à la ville :

— Je ferai le voyage avec vous, dit Fred ; nous prendrons le train ensemble.

Mme Maria allait à la ville pour faire des achats. Ni l'un ni l'autre ne revinrent avant le dernier train. J'étais assis, en train de fumer avec le révérend, quand sa femme rentra. Elle avait l'air vannée.

Bientôt après, Fred rentra à son tour. On eût juré qu'il avait passé la nuit dehors. D'un air surpris, il dit à la femme du pasteur :

— Vous venez seulement de rentrer ?

— Oui, fit-elle, le plus innocemment du monde.

— Eh bien, nous sommes revenus par le même train sans le savoir.

J'eus la conviction à cet instant qu'il avait vu les cuisses de la dame de beaucoup plus près qu'il n'avait pu le faire à travers les fentes de la cloison.

Le vendredi, Fred se fit une entorse et dit qu'il ne pouvait m'accompagner le lendemain à la chasse. J'y allai seul et rentrai pour dîner. Mistress Maria l'avait soigné. Comme ce jour-là le mari était presque toute la journée à l'église, je crois qu'elle dut le frictionner un peu plus haut que la cheville.

Au soir, l'entorse allait beaucoup mieux et il n'eut aucune peine à se rendre à notre observatoire.

Les jeunes demoiselles vinrent prendre leur bain. Les plus jeunes d'abord. C'était un spectacle délicieux, décent et voluptueux à la fois, de voir ces jolies créatures à la chair de neige rejeter leurs vêtements et se tenir debout toutes nues, puis entrer une par une dans le bain... Mais le plus beau spectacle était de les voir s'essuyer, particulièrement à l'endroit où frisaient les bouclettes de leurs cons.

L'une, le con tourné vers nous, se frottait des deux mains, et par cette friction on voyait frissonner ses fesses, ses reins, ses cuisses. Une autre, placée de face, mettait un pied sur une chaise pour mieux s'essuyer la vulve, qui nous apparaissait ensuite toute rose.

Puis vinrent les servantes, et j'éprouvai de nouveau un plaisir plus intense à voir ces femmes se déshabiller et se tenir devant moi, avec leurs bas et leurs chaussures, qu'à voir les autres jeunes vierges complètement nues.

Naturellement, dans la collection, nous avions vu la sœur de Fred, et il me chuchota à ce moment qu'on était fort poilu dans la famille. Nous vîmes aussi les deux demoiselles qui s'étaient examiné le con, mais elles ne répétèrent pas cette fantaisie.

Les deux gougnottes ne se livrèrent pas non plus à leur exercice de la semaine passée. Elles se savonnèrent réciproquement le dos et s'aidèrent mutuellement à s'essuyer, placées devant le feu ; c'était un joli couple de femmes.

— J'ai besoin de pisser, fit l'une.

— Pissez dans le bain, dit l'autre. Il n'y a plus personne qui doive venir.

C'est ce qu'elle fit, tout debout dans la baignoire. On vit le jet gicler entre les cuisses. Toutes les deux riaient.

Le souvenir de ces voluptueuses visions resta fortement ancré dans mon esprit. Bien des années après, quand j'étais en train de baiser une femme, le spectacle du bain se représentait encore à mon imagination et déterminait au même instant le jaillissement du sperme.

Nous devions quitter la pension le lundi. A mon grand étonnement, Fred ne put sortir du lit, tant son entorse le faisait souffrir. Je partis donc seul avec ma

tante pour rentrer au manoir. Mais je ne fus pas plus tôt rentré qu'encore tout excité par les scènes entrevues, j'éprouvai le besoin de me rendre à Londres. Je me précipitai le soir même chez Laura.

— Les deux dames sont au lit, monsieur, me dit la servante qui m'ouvrit la porte.

Ne trouvant personne dans la chambre de Mabel, je descendis au premier étage. Les deux femmes étaient couchées ensemble. Laura m'ouvrit la porte dans l'obscurité et se remit tout de suite au lit.

Irrité par une chasteté prolongée et avec l'image des deux servantes dans la cervelle, je m'assis près de leur lit. Je glissai une main sous les draps jusqu'au con de Mabel et je demandai :

— Vous êtes-vous amusées toutes les deux ? Qui faisait l'homme ? Qui faisait la femme ?

Laura, comme je l'ai dit, ne permettait pas les gros mots ; elle me répliqua :

— Allez-vous-en le premier pour chauffer le lit et Mabel montera avec vous.

— Non, allez-y, vous, Mabel.

— Jamais de la vie.

— Eh bien, moi non plus.

Mabel me paraissait avoir de la peine à parler. Elle était comme à moitié endormie.

J'allumai une bougie. Oh ! que les deux jeunes femmes me parurent fraîches et jolies !

— Je vais me coucher avec vous deux.

Et je commençai à me déshabiller.

Il y eut une légère altercation. Qu'est-ce que dirait Fred ? Qu'est-ce que les servantes allaient penser ? Non, elle ne permettrait pas cela... Elle savait ce qui allait s'ensuivre. Mabel aussi disait : Non ! non !

Mais plus elles disaient non, plus vite je me déshabillai et, avec ma pine qui me soulevait la chemise, je m'introduisis de force dans le lit, à côté de Mabel.

Laura se jeta de l'autre côté d'un mouvement brusque qui découvrit ses jambes blanches jusqu'à moitié des cuisses.

Elle se tint ainsi debout à côté du lit, impatiente et néanmoins excitée en dépit d'elle-même.

— C'est honteux. Non, je ne vais pas rester là !

— Bien, ma chère Laura. Allez-vous-en dans mon lit.

— Non.

Fatiguée d'être debout, elle finit par dire :

— Voulez-vous me promettre de vous tenir tranquille ?

— Parfaitement.

— Venez donc, dit Mabel, Fred n'en saura rien.

Alors, éteignant la lumière, Laura se remit au lit.

— Tournez le dos à Mabel, Laura, et dormez ; vous ne devez rien voir ni entendre.

— Oh ! vous savez ce que vous m'avez promis ! Ne le laissez pas faire, Mabel.

— Comment l'en empêcher ? murmura Mabel d'une voix indistincte.

— Ah ! vous êtes un fameux couple de cochons ! dit Laura en nous tournant le derrière.

Mais déjà nous étions en train de foutre. Laura ne disait pas un mot et restait immobile, comme endormie. Après l'acte, je m'endormis à mon tour en caressant Mabel. Je me réveillai, un côté tout froid, l'autre tout chaud, celui que touchait Mabel. Elle dormait profondément. La respiration régulière de Laura me convainquit qu'elle dormait également.

Je bandais et, en songeant aux deux femmes couchées à mes côtés, ma pine devenait impossible à refréner.

« Ah ! pensais-je, comme j'aimerais à la mettre dans le con de Laura ! »

Je pensais à la description que Fred m'avait faite

de l'épaisse toison qu'elle avait sur le con, de la rapidité avec laquelle elle pissait, de toutes les perfections dont elle était pourvue.

« Il ne peut pas y avoir de mal, pensai-je, à lui toucher un peu la chair, personne ne le saura. »

J'étendis la main avec précaution par-dessus Mabel ; je touchai un coin de chemise de nuit enroulé, puis bientôt la chair tiède.

Laura était couchée sur le dos. Mabel avait son derrière tourné vers elle. Je me soulevai doucement pour tâter plus loin. Je touchai les hanches, les cuisses, puis le ventre doux et chaud. Ma main descendit et se trouva enfouie dans l'épaisse toison de son con.

Lentement, je me soulevai sur un bras, craignant d'éveiller Mabel, et je parvins à insérer mon doigt entre les lèvres du con de Laura, que je me mis à frotter doucement. Mabel dormait toujours et la respiration de Laura conservait sa douce régularité.

Je dus produire sur Laura une impression voluptueuse, car, tout en dormant, elle s'agitait et ouvrait les cuisses. A un moment donné, elle saisit ma main, puis se mit à dire d'un ton endormi :

— Non, Mabel, qu'est-ce que vous faites ?

— C'est moi, fis-je doucement, en continuant la douce friction.

— Oh !

Et elle repoussa ma main.

— Oh ! si Mabel allait se réveiller !

Elle essayait de me repousser la main en murmurant toujours : « Non ! non ! », mais je la maintenais en contact avec son clitoris.

Elle tourna son derrière du côté de Mabel ; je me mis alors à lui farfouiller entre les fesses, mais elle était trop loin. Avec précaution, je vins me mettre à côté de Laura.

Posant ma bouche tout près de son oreille, je lui murmurai :

— Laissez-moi faire, chérie !

En même temps, je mettais la main sous les draps et je lui pelotais tout le con, depuis la motte jusqu'au trou du cul.

— Oh ! non ! Si Mabel...

Mais Mabel respirait tranquillement, toujours endormie.

Peu à peu, je découvris Laura, montai sur elle, entrai en elle : et sans un mot, sans un souffle, sans résistance ni refus de sa part, je la baisai gentiment, nous arrêtant par intervalles pour écouter, étouffant nos émotions et nos plaisirs au moment du spasme final.

Les flancs de Laura et ma propre main étaient tout près de la croupe de Mabel, ma jambe touchait la sienne et elle dormait toujours.

— Allez-vous-en ! dit Laura d'une voix douce, en me forçant de déconner.

Doucement, sans répondre, je repris le chemin de tout à l'heure et me remis au lit près de Mabel. Au moment où j'ouvrais les draps pour m'y introduire, Mabel s'éveilla et me dit aussitôt :

— Pourquoi vous levez-vous ? Qu'est-ce que vous voulez ?

— Où est le pot ? demandai-je.

— Sous le lit, dit Mabel... Laura !

Laura ne répondit pas et fit celle qui dormait. Je pissai et me remis au lit. Mabel, complètement éveillée, me prit la queue.

— Tiens, elle est mouillée ! fit-elle.

J'y portai aussi la main. Les poils étaient humides et gluants. Je craignais qu'elle n'eût des soupçons et, pour les éviter, je lui dis :

— Mettez-vous sur le dos, ma chérie.

Elle obéit et je me mis sur elle. Je mis ma pine en contact avec sa vulve, bien qu'elle ne fût pas raide.

— Oh ! non..., fit-elle. Je suis fatiguée. Attendez jusqu'au matin. Non, finissez ! Laura va nous entendre.

C'était une excuse. Sans insister, je tournai le dos à mon amie, comme pour lui laisser plus de place, et bientôt nous étions tous les trois plongés dans le sommeil.

Le lendemain, je les emmenai au théâtre et leur offris à souper. Mabel buvait plus que de mesure et Laura lui dit à un certain moment qu'elle ferait bien mieux de ne pas en prendre autant que la veille. Je m'expliquai ainsi pourquoi elle avait dormi si profondément. Mabel avait un goût prononcé pour les liqueurs fortes.

Quelques jours après, Fred arriva avec l'air d'un homme dont la queue ne serait pas sortie d'un con pendant tout un mois. Je lui demandai des nouvelles de Mme Maria. Il se mit à rire et m'affirma qu'elle ne l'intéressait pas, mais, bien entendu, je n'en crus absolument rien.

ACHEVÉ D'IMPRIMER SUR LES PRESSES
DE COX & WYMAN LTD. (ANGLETERRE)

N° d'édition : 2664
Dépôt légal : juin 1996
Nouveau tirage : août 1996
Imprimé en Angleterre